学ぶ人は、変えてゆく人だ。

目の前にある問

人生の

社会の課題を

挑み続けるために、人は学ぶ。

「学び」で、

少しずつ世界は変えてゆける。

いつでも、どこでも、誰でも、

学ぶことができる世の中へ。

旺文社

JN052032

文部科学省後援

英検®準1級

でる順パス単
書き覚えノート

英検®は、公益財団法人 日本英語検定協会の登録商標です。

改訂版

このコンテンツは、公益財団法人 日本英語検定協会の承認や推奨、その他の検討を受けたものではありません。

旺文社

はじめに

「単語がなかなか覚えられない」「単語集を何度見てもすぐに忘れてしまう」という声をよく聞きます。英検の対策をする上で，単語学習はとても重要です。しかし，どうやって単語学習を進めればいいのか分からない，自分のやり方が正しいのか自信がない，という悩みを抱えている人も多くいると思います。『英検準1級 でる順パス単 書き覚えノート [改訂版]』は，そういった学習の悩みから生まれた「書いて覚える」単語学習のサポート教材です。

本書の特長は，以下の3つです。

❶ 「書いて，聞いて，発音して覚える」方法で効果的に記憶できる

❷ 日本語（意味）から英語に発想する力を養うことができる

❸ 「復習テスト」で単熟語を覚えたかどうか自分で確認することができる

単熟語を実際に書き込んで手を動かすことは，記憶に残すためにとても効果的な方法です。ただ単語集を覚えてそのままにしておくのではなく，本書に沿って継続的に単語学習を進めていきましょう。「書いて」→「復習する」というステップを通して確実に記憶の定着につなげることができるでしょう。本書での学習が皆さんの英検合格につながることを心より願っています。

本書とセットで使うと効果的な書籍のご紹介

本書に収録されている内容は，単語集『英検準1級 でる順パス単 [5訂版]』に基づいています。単語集には，単語の意味のほかに類義語・反意語・派生語・語源・用例なども含まれており，単語のイメージや使われ方を確認しながら覚えることができます。

もくじ

はじめに	2
本書の構成と利用法	4
音声について	6
発音記号について	7
単語の効果的な学習法	8
学習管理表	14
Q&A	16, 66, 118, 182

単語編

でる度 **A** よくでる重要単語 500
Section 1 **Unit 1** ～ *Section* 5 **Unit 25** — 15

でる度 **B** 覚えておきたい単語 500
Section 6 **Unit 26** ～ *Section* 10 **Unit 50** — 67

でる度 **C** 力を伸ばす単語 600
Section 11 **Unit 51** ～ *Section* 16 **Unit 80** — 119

熟語編

熟語 300
Section 17 **Unit 81** ～ *Section* 19 **Unit 95** — 181

ワードリスト	213
索引	217

編集協力：株式会社シー・レップス，株式会社 鷗来堂　　組版協力：幸和印刷株式会社

装丁デザイン：及川真咲デザイン事務所 (浅海新菜)　　本文デザイン：伊藤幸恵

イラスト：三木謙次 (装丁，本文)

本書の構成と利用法

単語編

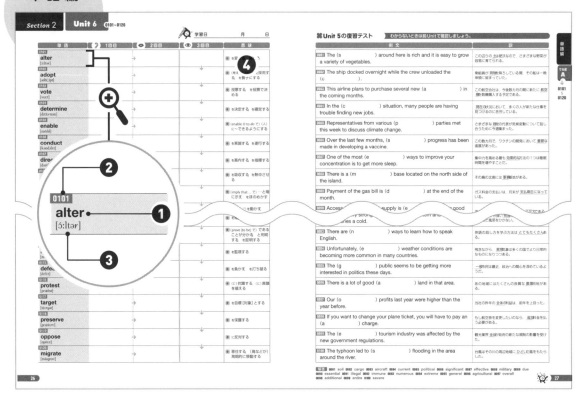

1 書いて記憶

まず，左欄の「単語」と右欄の「意味」を確認します。1回目は「音声を聞きながら」，2回目は「発音しながら」，3回目は「意味を見て」単語を書く流れになっています。

2 復習テスト

1つ前のUnitで学習した単語を使った例文です。訳文の下線＋赤字の意味の単語を思い出して例文中の空欄に書きます。解き終わったらページ下の解答を見て，答え合わせをします。できなかったものは，再度前のUnitで単語と意味を確認しておきましょう。

※別解がある場合も，原則として解答は1つのみ掲載しています。

❶ 見出し語	『英検準1級 でる順パス単 [5訂版]』に掲載されている単語です。
❷ 見出し語番号	見出し語には単語編・熟語編を通して0001〜1900の番号が振られています。『英検準1級 でる順パス単 [5訂版]』の見出し語番号に対応しています。
❸ 発音記号	見出し語の読み方を表す記号です。主にアメリカ発音を採用しています。（詳細はp.7参照）
❹ 意味	見出し語の意味は原則として『英検準1級 でる順パス単 [5訂版]』に準じて掲載しています。ただし，同意語・類義語や用例などは掲載しないなど，一部変更しています。

単語編，熟語編ともに 1 Unit が 20 語ずつ区切られており，これが 1 回分の学習の目安となります。

1 日 1 Unit を目安に進めましょう。覚えられなかったものは巻末「ワードリスト」に記入しましょう。

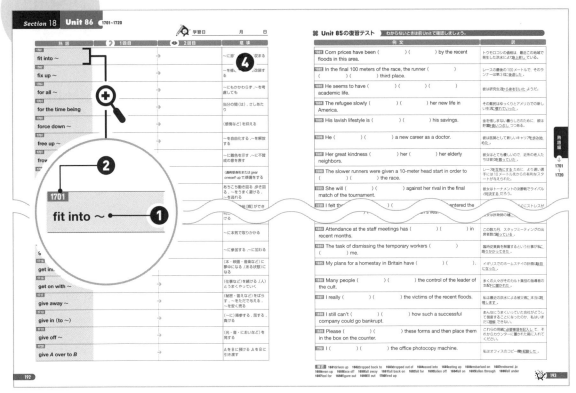

熟語編

Section 18　Unit 86　1701~1720

学習日　　月　　日

熟語	1回目	2回目	意味
1701 fit into ~	→	→	~に溶け込む，収まる
1702 fix up ~	→	→	~を修繕する，~を改善する
1703 for all ~	→	→	~にもかかわらず，~を考慮しても
1704 for the time being	→	→	当分の間 (は)，さしあたり
1705 force down ~	→	→	(感情など) を抑える
1706 free up ~	→	→	~を自由化する，~を解放する
1707 frov	→	→	~に難色を示す，~に不賛成の意を表す
			(通例使節却または gear oneself up で)順番をする
1701 fit into ~			あちこち動き回る，歩き回る，~をうまく避ける，~を逃れる

get in.	→	→	(本・映画・音楽などに)夢中になる，(ある状態)になる
get on with ~	→	→	(仕事など)を続ける，(人)とうまくやっていく
give away ~	→	→	(秘密・答えなど)をばらす，~をただで与える，~を安く売る
give in (to ~)	→	→	(~に)降参する，屈する，負ける
give off ~	→	→	(光・音・においなど)を発する
give A over to B	→	→	A を B に預ける A を B に引き渡す

Unit 85の復習テスト　わからないときは前Unitで確認しましょう。

例文	訳
1681 Corn prices have been (　　) (　　) (　　) by the recent floods in this area.	トウモロコシの価格は，最近この地域で発生した洪水により高騰している。
1682 In the final 100 meters of the race, the runner (　　) (　　) (　　) third place.	レースの最後の100メートルで，そのランナーは第3位に後退した。
1683 He seems to have (　　) (　　) (　　) academic life.	彼は研究生活に引退身を引いたようだ。
1684 The refugee slowly (　　) (　　) her new life in America.	その難民はゆっくりとアメリカでの新しい生活に馴染んでいった。
1685 His lavish lifestyle is (　　) (　　) his savings.	金を惜しまない暮らし方のために，彼は貯蓄を食いつぶしつつある。
1686 He (　　) (　　) a new career as a doctor.	彼は医師として新しいキャリアを歩み始めた。
1687 Her great kindness (　　) her (　　) her elderly neighbors.	彼女はとても優しいので，近所の老人たちは彼女を慕っていた。
1688 The slower runners were given a 10-meter head start in order to (　　) (　　) the race.	遅い走者たちは，より速い選手には10メートル先からの有利なスタートが与えられた。
1689 She will (　　) (　　) against her rival in the final match of the tournament.	彼女はトーナメントの決勝戦でライバルと対決するだろう。
1690 I felt th(　　) (　　)... entered the...	...にストレスが...
1691 Attendance at the staff meetings has (　　) (　　) in recent months.	この数カ月，スタッフミーティングの出席者数が減っている。
1692 The task of dismissing the temporary workers (　　) (　　) me.	臨時従業員を解雇するという仕事が私に降りかかってきた。
1693 My plans for a homestay in Britain have (　　) (　　).	イギリスでのホームステイの計画が白紙になった。
1694 Many people (　　) (　　) the control of the leader of the cult.	多くの人々がそのカルト集団の指導者の支配下に置かれた。
1695 I really (　　) (　　) the victims of the recent floods.	私は最近の洪水による被災者に本当に同情します。
1696 I still can't (　　) (　　) how such a successful company could go bankrupt.	あんなにうまくいっていた会社がどうして倒産することになったのか，私はいまだに理解できない。
1697 Please (　　) these forms and then place them in the box on the counter.	これらの用紙に必要事項を記入して，それからカウンターに置かれた箱に入れてください。
1700 (　　) the office photocopy machine.	私はオフィスのコピー機を起動した。

192　　193

---

1 📝 書いて記憶 ・・・・・・・・・・・・・→ 2 📝 復習テスト

[単語編] と同様に，左欄の「熟語」と右欄の「意味」を確認します。[熟語編] では 1 回目は「音声を聞きながら」，2 回目は「発音しながら」書きます。意味をイメージしながら書いてみましょう。

[単語編] と同様に，1 つ前の Unit の 20 語の例文が並んでいます。訳文中の下線＋赤字の意味にあたる熟語を思い出して例文中の空欄に書きます。

※ 別解がある場合も，原則として解答は 1 つのみ掲載しています。

表記について

動 動詞	名 名詞	形 形容詞
副 副詞	前 前置詞	接 接続詞
(　　)…省略可能／補足説明		[　]… 直前の語句と言い換え可能
〈　　〉…コロケーション		A, B …… A, B に異なる語句が入る
one's, oneself … 人を表す語句が入る		*do* …… 動詞の原形が入る
doing … 動名詞，現在分詞が入る		to *do* …… 不定詞が入る

音声について

本書に掲載されている見出し語の音声（英語）を，公式アプリ「英語の友」（iOS/Android）を使ってスマートフォンやタブレットでお聞きいただけます。

● ご利用方法

① 「英語の友」公式サイトより，アプリをインストール

○ 英語の友

URL : **https://eigonotomo.com/**

左記のQRコードから読み込めます。

② アプリ内のライブラリより『**英検準1級でる順パス単 5訂版**』の「追加」ボタンをタップ

⚠ <u>『英検準1級でる順パス単書き覚えノート 改訂版』はライブラリにはありません</u>。『**英検準1級でる順パス単 5訂版**』を選択してください。

③ 画面下の「**単語**」をタップして「単語モード」を再生

⚠ 「書籍音源モード」には対応していません。**「単語モード」**を選んで再生してください。

※デザイン，仕様等は予告なく変更される場合があります。
※本アプリの機能の一部は有料ですが，本書の音声は無料でお聞きいただけます。
※詳しいご利用方法は「英語の友」公式サイト，あるいはアプリ内のヘルプをご参照ください。
※本サービスは予告なく終了することがあります。

発音記号について

本書で使用している発音記号をまとめました。

※斜体および[(:)]は省略可能であることを示す。

● 母音

発音記号	例		発音記号	例	
[i:]	eat	[i:t]	[u]	casual	[kǽʒuəl]
[i]	happy	[hǽpi]	[u:]	school	[sku:l]
[ɪ]	sit	[sɪt]	[eɪ]	cake	[keɪk]
[e]	bed	[bed]	[aɪ]	eye	[aɪ]
[æ]	cat	[kæt]	[ɔɪ]	boy	[bɔɪ]
[ɑ:]	palm	[pɑːlm]	[aʊ]	house	[haʊs]
[ʌ]	cut	[kʌt]	[oʊ]	go	[goʊ]
[ə:r]	bird	[bə:rd]	[ɪər]	ear	[ɪər]
[ə]	above	[əbʌ́v]	[eər]	air	[eər]
[ər]	doctor	[dá(:)ktər]	[ɑ:r]	heart	[hɑːrt]
[ɔ:]	law	[lɔ:]	[ɔ:r]	morning	[mɔ́:rnɪŋ]
[ʊ]	pull	[pʊl]	[ʊər]	poor	[pʊər]

※母音の後の[r]は，アメリカ英語では直前の母音がrの音色を持つことを示し，イギリス英語では省略されることを示す。

● 子音

発音記号	例		発音記号	例	
[p]	pen	[pen]	[v]	very	[véri]
[b]	book	[bʊk]	[θ]	three	[θri:]
[m]	man	[mæn]	[ð]	this	[ðɪs]
[t]	top	[tɑ(:)p]	[s]	sea	[si:]
[ṱ]	water	[wɔ́:ṱər]	[z]	zoo	[zu:]
[d]	dog	[dɔ(:)g]	[ʃ]	ship	[ʃɪp]
[n]	name	[neɪm]	[ʒ]	vision	[víʒən]
[k]	cake	[keɪk]	[h]	hot	[hɑ(:)t]
[g]	good	[gʊd]	[l]	lion	[láɪən]
[ŋ]	ink	[ɪŋk]	[r]	rain	[reɪn]
[tʃ]	chair	[tʃeər]	[w]	wet	[wet]
[dʒ]	June	[dʒu:n]	[hw]	white	[hwaɪt]
[f]	five	[faɪv]	[j]	young	[jʌŋ]

※[ṱ]はアメリカ英語で弾音（日本語のラ行に近い音）になることを示す。

英検準1級を目指す方のお悩みとして非常によく聞かれるのが「単語が難しい」「単語がなかなか覚えられない」などの言葉です。準1級で必要とされる語彙レベルは約7,500語と言われていますが，確かに2級までと比較するとかなり難しいと感じられることと思います。単語集を買ってしばらくは毎日せっせと暗記に取り組むのですが，どこかの時点で続かなくなってしまうことがよくあります。本書『英検準1級 でる順パス単 書き覚えノート』を手に取ってくださった皆さんも，もしかするとそのような経験をされているのかもしれません。

英語に限らず，語学学習に継続は欠かすことができません。ここでは「書き覚え」に入る前に，なぜ続かなくなってしまうのかを解き明かしていきたいと思います。また，準1級ではこれまでとは少し違った方法で語彙を増やしていく必要があります。記憶を確かにする効果的な方法，そしてその過程において，書いて覚えるとどのような効果が期待できるのかについて考えてみることにしましょう。

間違った単語学習をしていませんか？

単語学習でつまずいてしまう大きな原因として，そもそもの誤解から生じた悩みがあります。まずはよく耳にする「症状」を示し，それぞれにおいて簡単な「処方箋」をお出しすることにしましょう。

症状 1 まずは単語から覚えようと思うが，実際にはなかなか覚えられず，学習が進まない。

処方箋 ⇒ 「単語を覚えてから」という完璧主義は捨てましょう。『英検準1級 でる順パス単 [5訂版]』を目安にするとすれば「でる度A」の単語をある程度マスターしたころからは，単語も覚えながら同時にできるだけ多くの英語を読み，聞くべきです。少々分からない単語があっても過度に気にせず，「そのうち分かるようになる」くらいに少し大らかに構えましょう。

症状 2 単語を覚えては忘れ，覚えては忘れの繰り返しで，モチベーションが下がってしまう。

処方箋 ⇒ 忘れるのは自然なことです。人間全てのことを覚えていたらとてもつらいことになります。何度か出会っているうちに「どうもこれは重要な情報らしい」と脳が認識し，やがて必ず長期記憶として定着します。

症状 3 英検準1級の単語を覚えても文章で見かけることがなく，覚える意義に疑問を持つ。

処方箋 ⇒ 英検準1級レベルの単語は難しく思えるかもしれませんが，実際によく使われるものばかりです。英字新聞や雑誌はもちろんのこと，ニュースの英語でも頻繁に登場します。また，英語で仕事をする上でも必要不可欠な語彙レベルと言えるでしょう。

効果的単語学習のための基本3R

　例えば，明日単語テストがあるとしましょう。テスト範囲の単語を懸命に覚えます。テスト用紙が配られる直前まで最終確認。するとおそらく満点，あるいはそれに近い点数がとれるでしょう。でもどうでしょうか？　1週間後にはほとんど忘れてしまっている，という経験は多くの方がお持ちではないでしょうか。これは，単語テスト用に記憶されたものが「**短期記憶 (Short-Term Memory)**」だったことが要因です。記憶されたものはまず脳内で短期記憶として一時的に保存されます。しかし，単語テストの後に何もせずに放置しておくと短期記憶は自然に消えてしまう仕組みができています。脳が「忘れても構わない情報なのだ」と自動的に処理するのです。多くの方が悩む「単語をすぐに忘れてしまう」というのはまさにこの状態で，人間として当然の姿です。では，どうしたら忘れなくなるのでしょうか？　短期記憶として保存されたものを「**長期記憶 (Long-Term Memory)**」へと移行させればよいのです。いったん長期記憶として保存されれば，簡単には忘れることがありません。30年前に覚えた詩を今でも覚えているのに，なぜ1週間前に覚えた単語を忘れるのか？　前者は何かのきっかけで，短期記憶から長期記憶へと移行されたからにほかなりません。

　さて，英検準1級を目指す方ならもちろんできるだけ多くの英単語を「長期記憶」として保存しておきたいところです。短期記憶を長期記憶に移行するには，基本となる3Rを同時に進めていくことが最も有効な方法と言えます。

《**効果的単語学習のための基本3R**》

❶ 反復 (**R**epetition)　　❷ 補強 (**R**einforcement)　　❸ 検索 (**R**etrieval)

---

❶ 反復 (Repetition)

　単語は1度覚えただけでは短期記憶として保存されるだけですが，繰り返し記憶しようと努力すると脳がそれを重要な情報だと分類し，長期記憶へと移行されます。その繰り返す方法ですが，ただ単語集を見るだけよりも，**音声を利用しながら，声に出し，さらには手を使って書いてみる**とより効果的です。これについては後で再び触れることにします。

　ただし，ここには問題点があります。英検準1級合格に必要な語彙は約7,500語と言われています。これだけ多くの単語を何度も覚え直すのには膨大な時間を要します。これが挫折の原因になるわけですが，ここで2つ目の"R"の登場です。「反復」を最小限にとどめながら，覚えた単語を長期記憶に保存するヒントになることと思います。

❷ 補強 (Reinforcement)

　英単語とその日本語訳を機械的に暗記するのでは，あまり印象に残らず短期記憶で終わってしまいがちです。ところが，**記憶するプロセスにちょっとした工夫を加える**ことで格段に記憶が強化され，忘れにくいものとなるのです。

　それでは，記憶を補強する手段を3つご紹介しましょう。

✿ 同意語・類義語

　ネイティブスピーカーと英語で会話をしていて，分からない単語が出てきたときにどうしますか？前後から理解できれば問題ないのですが，それができなければ例えば，**"What does ○○ mean?"** などと尋ねます。すると相手はきっと同じ意味の別の単語で置き換えてくれるでしょう。これがまさしく母語，外国語に関係なく，私たちが語彙を増やす典型的な方法の1つです。つまり初めて出会った単語をこれまで知っているものに結びつけて記憶にとどめるわけです。

　　　　authentic, genuine, real

　これらはいずれも「本物の，真正の」などを表す形容詞です。似た意味の語は，同じ記憶の引き出しにしまっておくようにしましょう。細かい意味の違いは，実際に文章で出会う中で少しずつ理解していけばよいのです。まずは**既習の単語を中心にネットワークを作っていく**ことを心がけましょう。

✿ 語源

　漢字は意味を持つ「へん」や「つくり」から成り立っていて，漢字を覚えるときにはそれらが大きなヒントになります。また，私たちは初めて出会う漢字であっても，その成り立ちから読み方や意味のおおよその見当がつきます。英単語も同様に考えましょう。もちろん全ての単語がこれによって覚えられるという訳ではありませんが，多くはラテン語などのほかの言語に由来していて，意味を持つ**接頭辞・語根・接尾辞**などに分類できます。特に覚えにくい単語や紛らわしい単語を辞書で引いた際には，語源も合わせて確認してみるとよいでしょう。このほんの数秒の手間により，記憶が強化され，長期記憶として保存されやすくなります。

　　　　0276 flexible 「融通 [調整] のきく，柔軟性のある」

　　　　　　　flex = 曲げる，-ible = 〜できる

　　　　1303 deflect 「をそらす，の方向を変えさせる」

　　　　　　　de- = 分離，flect = 曲げる

　　　　1320 reflect 「を反映する，を反射する，熟考する」

　　　　　　　re- = 後ろへ，もとへ，flect = 曲げる

0423 proceed「向かう，先へ進む」

    pro- = 前へ，ceed = 行く

1329 recede「後退する，退く」

    re- = 後ろへ，cede = 行く

1504 precede「に先行する」

    pre- = 〜より前に，cede = 行く

1510 concede「(しぶしぶ) …と認める」

    con- = 一緒に，cede = 行く

✿ コロケーション

　コロケーション（collocation）とはよく使われる語と語の自然なつながりのことで「連語」などと訳されています。例えば他動詞であれば，その動詞の単独の意味ではなく，よく使われる目的語とともにフレーズで覚えることを習慣づけるとよいでしょう。また形容詞であれば相性のよい名詞とともに覚えると，イメージがしやすくインプット後に定着する可能性が高くなります。

　では，『英検準1級 でる順パス単 [5訂版]』の中の単語から例を挙げてみることにしましょう。単独で日本語訳を覚えるよりもきっと覚えやすいと感じるはずです。

1029 fulfill「を果たす，を満たす」

fulfill one's promise	約束を果たす
fulfill one's duty	任務を果たす
fulfill the conditions	条件を満たす
fulfill the requirements	要求を満たす

1271 lenient「寛大な」

lenient sentence	寛大な判決
lenient punishment	軽い刑罰
lenient criteria	甘い基準

❸ 検索 (Retrieval)

　過去問題などを解いていて知っている単語に出会い，「あ，これこの間覚えた単語だ！」とうれしくなる経験はどなたにもあるでしょう。これこそが3つ目のR，「検索 (Retrieval)」なのです。前述のとおり短期記憶のまま放置しておくと自然に忘れてしまうものですが，いったん覚えたものを取り出してさらに参照することによってそれが長期記憶へと移行する可能性が高くなります。日常生活でよく使うカードや印鑑の場所を決して忘れることがないのは，これと同じ理由によるものです。ただし「検索」をするためには，それだけ多くの英語に触れ，検索の機会を意識的に増やす必要があります。語彙力強化に多読多聴が効果的であることが，これでご理解いただけたのではないでしょうか。

ディクテーションに挑戦しよう！

　ここで，単語を書いて覚える方法の発展版として，「ディクテーション」をご紹介します。ディクテーションは，聞こえてきた英文の一部，または全てを書き取るという作業です。リスニング力アップに効果的であることはよく知られていますが，実はリスニングだけでなく，英語の総合力を強化するのに絶大な効果があり，もちろん語彙を習得する上でも有効です。本書の例文音声はディクテーションをするのにちょうどよい長さです（※）。1回聞いて全て書き取るのが難しければ，何度も聞いて書き取ってみましょう。よほど長いセンテンスでない限り途中で切らず，あくまでセンテンス単位で聞き，ディクテーションするのがおすすめです。

　その際の目標として，以下を挙げておきます。

目標 1　覚えた単語の音声を瞬時に聞き取り理解する。

　単語を「見て」分かるだけでなく，「聞いて」分かるようになって，初めてその単語を本当に覚えたことになります。本書で書きながら覚えた単語をリーディングだけでなく，リスニングでも理解できるようにしましょう。ディクテーションはその確認に役立ちます。

目標 2　単語だけでなく，センテンスとして意味を理解する。

　覚えた単語が前後の単語とどのようにつながり，意味をなしているのかを聞き取りましょう。文章のディクテーションをしていると，自然とこれが意識されるようになります。単語をセンテンスの中で理解できると，その意味や類語との使い分け方も定着します。

目標 3　アウトプットで使えるレベルにする。

　動詞の場合，意味を知っていても語法が分からなければ，ライティングやスピーキングで使うことができません。また，形容詞の場合は，どんな名詞を修飾できるか知っておかなければなりません。インプットした単語の用法を知りアウトプットにつなげる上でもディクテーションは有効です。ただし，p.118で書いているとおり，アウトプットで使えるようになるのは先のステップですので，まずはインプットを確実にすることを目指しましょう。

　例文を何度か聞いてディクテーションをした後は，必ずスクリプトと比べてスペリングもしっかりと確認しましょう。聞き取れなかった部分は，再度音声を聞いて音読をします。ディクテーションは非常に手間のかかるトレーニングですが，1日15分でも効果があります。無理をして1日に何時間も取り組むより，少しずつでも継続することが何より重要です。特に本書の学習がある程度進んだ方は，ぜひディクテーションに挑戦してください。きっと効果を実感できることと思います。

※公式アプリ「英語の友」（p.6）の「書籍音源モード」を利用することで，例文音声を聞くことが可能です。ただし，書き覚えノートの Unit には対応していませんので，ご了承ください。

「書いて覚える」効果とは？

効果的な学習法は分かったけれど，「書いて覚える」ことの効果のほどはどうなのかと不安を感じている方もいらっしゃるかもしれません。最後に，「書いて覚える」という行為によって，長期記憶に有効な3Rがいかに効果的に実践できるかについて考えてみましょう。

効果 1 複数の感覚を同時に刺激！

ただ単語を見て覚えるだけでなく，必ず耳で聞きながら同時にその発音をまねて声に出して覚えるようにしましょう。さらに手を使って単語を書いてみることでその効果は倍増します。同時に複数の感覚を刺激することで記憶に残りやすくなるのです。早速始めてぜひその効果を実感してみてください。

効果 2 スペリングを意識！

書くことでこれまであまり意識していなかったスペリングを意識するようになります。接頭辞，接尾辞を始めとする語源に気づくことも少なくないでしょう。このような単語の成り立ちを知ることによって記憶が助けられる（Reinforcement）ことは前章で述べたとおりです。また英語特有のスペリングのパターンも習得し，英作文対策としても有効です。

効果 3 コロケーションの確認！

本書には各 Unit で単語を書いて覚えた後，今度はセンテンスの中に覚えた単語を書き入れる「復習テスト」がついています。単語を書き入れることによりセンテンスの中でのコロケーションを最終的に確認し，効果的にインプットすることができます。

さて，それではいよいよ『英検準1級 でる順パス単 書き覚えノート [改訂版]』のスタートです。毎日少しずつ計画的に進め，最終ページまで「完走」を目指してがんばりましょう！ その先に見える大きな目標である「英検準1級合格」を確実に手にされることをお祈りしております。

田中亜由美 (たなか　あゆみ)
上智大学外国語学部卒業。ペンシルベニア州立テンプル大学大学院教育学修士課程 TESOL (教育学英語教授法) 専攻。大企業や大学にて役員秘書，通訳などを経験後，語学学校および官公庁，企業，大学にて，英検，TOEIC，TOEFL，通訳案内士国家試験の指導を始める。指導歴は20年以上。英検1級取得，TOEIC 990，通訳案内士試験 (英語) 合格。

学習管理表

1日1Unitを目安に進めていきましょう。

その日の学習が終わったら下の表の／部分に日付を記入して記録をつけていきましょう。

Unit 1	/	Unit 2	/	Unit 3	/	Unit 4	/	Unit 5	/	Unit 6	/
Unit 7	/	Unit 8	/	Unit 9	/	Unit 10	/	Unit 11	/	Unit 12	/
Unit 13	/	Unit 14	/	Unit 15	/	Unit 16	/	Unit 17	/	Unit 18	/
Unit 19	/	Unit 20	/	Unit 21	/	Unit 22	/	Unit 23	/	Unit 24	/
Unit 25	/	Unit 26	/	Unit 27	/	Unit 28	/	Unit 29	/	Unit 30	/
Unit 31	/	Unit 32	/	Unit 33	/	Unit 34	/	Unit 35	/	Unit 36	/
Unit 37	/	Unit 38	/	Unit 39	/	Unit 40	/	Unit 41	/	Unit 42	/
Unit 43	/	Unit 44	/	Unit 45	/	Unit 46	/	Unit 47	/	Unit 48	/
Unit 49	/	Unit 50	/	Unit 51	/	Unit 52	/	Unit 53	/	Unit 54	/
Unit 55	/	Unit 56	/	Unit 57	/	Unit 58	/	Unit 59	/	Unit 60	/
Unit 61	/	Unit 62	/	Unit 63	/	Unit 64	/	Unit 65	/	Unit 66	/
Unit 67	/	Unit 68	/	Unit 69	/	Unit 70	/	Unit 71	/	Unit 72	/
Unit 73	/	Unit 74	/	Unit 75	/	Unit 76	/	Unit 77	/	Unit 78	/
Unit 79	/	Unit 80	/	Unit 81	/	Unit 82	/	Unit 83	/	Unit 84	/
Unit 85	/	Unit 86	/	Unit 87	/	Unit 88	/	Unit 89	/	Unit 90	/
Unit 91	/	Unit 92	/	Unit 93	/	Unit 94	/	Unit 95	/		

単語編

でる度 **A**　よくでる重要単語　**500**

Section 1　**Unit** 1 ~ 5
Section 2　**Unit** 6 ~ 10
Section 3　**Unit** 11 ~ 15
Section 4　**Unit** 16 ~ 20
Section 5　**Unit** 21 ~ 25

Q スペリングが似ていて紛らわしい単語がなかなか覚えられません。いい方法はないでしょうか。

A スペリングが似ていて発音も似ている単語は，確かに最初は覚えにくい印象を受けます。読解問題やリスニングで出てきたときには，記憶が少々あいまいであってもある程度は文脈からその意味を判断できるかもしれません。困るのは大問1番の語彙問題などで出題された場合です。正解するためには紛らわしい単語はやはり意識して覚える必要があります。基本的には「単語の効果的な学習法」（p.8 ～）でご紹介した3Rの実践となりますが，中でも「補強（Reinforcement）」をさらに取り入れながら五感をフル活用しましょう。例えば次に挙げる紛らわしいペアの意味が分かりますか？

a) reveal（**0029** …と明らかにする）とconceal（**0814** を隠す）

b) redundant（**1386** 不要な，余分な）とabundant（**1500** 豊富な）

c) species（**0030** 種，種類）とspacious（**0582** 広々とした）

紛らわしい単語は必ず**並べて覚える**ようにします。その際，自分なりの覚え方を見つけることが有効です。例えば，a) のペアは反対の意味です。reveal/conceal the fact（事実を明らかにする／隠す）などで印象づけて覚えましょう。b) はスペリングだけでなく意味も似ています。どちらにも含まれる-undantが「あふれる」を意味するからです。redundant workers（余剰労働者），abundant supply of food（豊かな食糧供給）などのように，形容詞は相性のよい名詞とセットで覚えるのがおすすめです。c) のペアはスペリングは似ていますが品詞が違います。speciesは名詞で，endangered species（絶滅危惧種）などで使われ，spaciousは「space（空間）の多い」という意味の形容詞ですので，spacious room（広々とした部屋）のように使われます。このようなひと工夫（＝補強）を加えながら，音声を聞き，目で見るだけでなく，実際に声に出して，さらには手を使って書いてみるようにしましょう。当初は紛らわしいと感じた2つの単語も徐々に長期記憶として保存され，やがては悩みも解消されることと思います。

単語学習の不安を
先生に相談してみよう！

学習日　　　月　　　日

単　語	🎧 1回目	👁 2回目	👁 3回目	意　味
0001 **last** [læst]	→			動 続く，継続する，（天候・体力・食品などが）持ちこたえる，長持ちする
0002 **affect** [əfékt]	→			動 に影響を及ぼす
0003 **claim** [kleɪm]	→			動 (claim that ... で)…と主張する [言い張る]，を要求する
0004 **ship** [ʃɪp]	→			動 を出荷する，を輸送する
0005 **issue** [íʃuː]	→			動 (声明など)を出す，を発行する
0006 **purchase** [pə́ːrtʃəs]	→			動 を買う
0007 **occur** [əkə́ːr]	→			動 (予期しない出来事が)起こる
0008 **deal** [diːl]	→			動 対処する〈with ~に〉，扱う，商う〈in ~を〉
0009 **consume** [kənsjúːm]	→			動 を消費する，を使い果たす
0010 **present** [prɪzént]	→			動 を提示する，を進呈する
0011 **fire** [fáɪər]	→			動 を解雇する〈for ~で〉，を首にする
0012 **regard** [rɪɡáːrd]	→			動 を見なす〈as ~と〉
0013 **fine** [faɪn]	→			動 に罰金を科す〈for ~のかどで〉
0014 **transfer** [trænsfə́ːr]	→			動 を移す，移る
0015 **decline** [dɪkláɪn]	→			動 減少する，を丁重に断る
0016 **eliminate** [ɪlímɪnèɪt]	→			動 を取り除く〈from ~から〉，を外す
0017 **indicate** [índɪkèɪt]	→			動 を指し示す
0018 **ensure** [ɪnʃúər]	→			動 (ensure that ... で)…ということを確実にする，を保証する
0019 **expand** [ɪkspǽnd]	→			動 を拡大 [拡張] する
0020 **address** [ədrés]	→			動 (問題など)を扱う，に話しかける

学習日　　　　　　　月　　　日

単 語	) 1回目	👁 2回目	👁 3回目	意 味
0021 **identify** [aɪdénʈəfàɪ]	→			動を(同一であると)確認する
0022 **construct** [kənstrʌ́kt]	→			動 (建物など)を建設する,(機械など)を組み立てる
0023 **invest** [ɪnvést]	→			動 (金など)を投資する〈in ~に〉
0024 **obtain** [əbtéɪn]	→			動を手に入れる,を獲得する
0025 **struggle** [strʌ́gl]	→			動 (逆境にあって)懸命に努力する〈to do ~するのを〉,奮闘する
0026 **counter** [káunʈər]	→			動 (counter that ... で)…と反論する,に反対する
0027 **associate** [əsóuʃìèɪt]	→			動を結びつけて考える〈with ~と〉,交際する
0028 **register** [rédʒɪstər]	→			動を登録する,を示す,名前を登録する
0029 **reveal** [rɪvíːl]	→			動 (reveal that ... で)…と明らかにする,(秘密など)を暴露する
0030 **species** [spíːʃiːz]	→			名種,種類
0031 **diet** [dáɪət]	→			名 (日常の)食べ物,療養食
0032 **site** [saɪt]	→			名 用地,場所,遺跡
0033 **cell** [sel]	→			名 細胞,(独)房,電池
0034 **facility** [fəsíləti]	→			名 施設,機能,才能
0035 **practice** [prǽktɪs]	→			名 (社会の)慣習,しきたり,練習,実践
0036 **resident** [rézɪdənt]	→			名 居住者
0037 **option** [ɑ́(ː)pʃən]	→			名 選択肢,選択(の自由)
0038 **organ** [ɔ́ːrgən]	→			名 (動植物の)臓器,器官
0039 **critic** [krítɪk]	→			名 批判する人,批評家
0040 **region** [ríːdʒən]	→			名 地域,地方

例 文	訳
0001 The meeting between management and workers only (l) a few minutes.	経営者と労働者間の話し合いは数分だけ<u>続いた</u>。
0002 Scientists are studying how air pollution (a) children's health.	科学者は大気汚染が子供たちの健康にいかに<u>影響を及ぼす</u>のかを研究している。
0003 The manufacturer (c) **that** their product was better than others on the market.	そのメーカーは自社の製品が市販されるほかの製品より優れている<u>と主張した</u>。
0004 All the goods are supposed to be (s) by the end of the week.	全ての商品は週末までに<u>出荷される</u>予定である。
0005 The police (i) a statement on the bank robbery.	警察はその銀行強盗事件に関する声明<u>を出した</u>。
0006 It is advisable to (p) a plane ticket before making a hotel reservation.	ホテルを予約する前に航空券<u>を購入する</u>のが望ましい。
0007 It is highly likely that another earthquake will (o) in this area in the future.	将来，この地域でまた地震が<u>起きる</u>可能性は高い。
0008 The government had trouble (d) **with** the situation effectively.	政府はその状況に効果的に<u>対処する</u>ことに苦労した。
0009 This type of big car (c) a lot of gasoline.	このタイプの大型車は大量のガソリン<u>を消費する</u>。
0010 The team used a number of slides to (p) the data to the audience.	そのチームはいくつかのスライドを使って聴衆にデータ<u>を提示した</u>。
0011 The sales clerk was (f) **for** stealing money from the cash register.	その販売員はレジから金を盗んだこと<u>で解雇された</u>。
0012 She is (r) **as** one of the leading economists in the country.	彼女はその国の一流のエコノミストの1人だ<u>と考えられている</u>。
0013 The government plans to (f) companies that break the new environmental regulations.	政府は新しい環境規制に従わない企業<u>には罰金を科す</u>ことを計画している。
0014 Once we receive the items, we will (t) payment into your account.	商品を受け取りしだい，あなたの口座に支払い<u>を送金</u>します。
0015 The number of tourists visiting the area has (d) in recent years.	その地域を訪れる旅行者の数は，近年<u>減少した</u>。
0016 The new office security system has (e) the need for ID cards.	職場の新しいセキュリティーシステムのおかげで，IDカードは必要<u>なくなった</u>。
0017 He picked up a train map and (i) the best route.	彼は鉄道路線図を取り上げて，一番よい行き方<u>を指し示した</u>。
0018 Please (e) **that** you lock the door when you leave the house.	家を出るときは<u>必ず</u>ドアに鍵をかける<u>ようにして</u>ください。
0019 The company plans to (e) its market to include the Far East.	その会社は販売地域<u>を広げて</u>，極東も取り込むことを計画している。
0020 The first problem to be (a) is that of inner-city pollution.	第一に<u>取り組む</u>べき問題は，都心部の汚染問題である。

解答 0001 lasted　0002 affects　0003 claimed　0004 shipped　0005 issued　0006 purchase　0007 occur　0008 dealing
0009 consumes　0010 present　0011 fired　0012 regarded　0013 fine　0014 transfer　0015 declined　0016 eliminated　0017 indicated
0018 ensure　0019 expand　0020 addressed

	単 語	1回目	2回目	3回目	意 味
0041	tax [tæks]	→			图 税金，税
0042	access [ǽkses]	→			图 接近（の手段）〈to ~への〉，利用の機会
0043	virus [váɪərəs]	→			图 ウイルス，ウイルス（性）疾患
0044	bill [bɪl]	→			图 請求書，法案，🇺🇸紙幣
0045	evidence [évɪdəns]	→			图 証拠，根拠，証言
0046	attempt [ətémpt]	→			图 試み〈to do ~しようとする〉，企て，努力
0047	account [əkáʊnt]	→			图 (銀行)口座，勘定，説明
0048	theory [θíːəri]	→			图 理論，原理，学説
0049	factor [fǽktər]	→			图 要因，要素
0050	stock [stɑ(:)k]	→			图 在庫品，蓄え，株式
0051	chemical [kémɪkəl]	→			图 化学薬品[物質]，薬物
0052	media [míːdiə]	→			图 (the ~, 集合的に)マスメディア，マスコミ
0053	income [ínkʌm]	→			图 所得，収入
0054	supply [səpláɪ]	→			图 (-plies)生活必需品，供給，支給
0055	shortage [ʃɔ́ːrt̬ɪdʒ]	→			图 不足〈of ~の〉，欠如
0056	poverty [pá(:)vərt̬i]	→			图 貧困，欠乏
0057	criminal [krímɪnəl]	→			图 犯人，犯罪者
0058	budget [bʌ́dʒət]	→			图 予算(案)，経費
0059	authority [əːθɔ́ːrət̬i]	→			图 (通例 the -ties)(関係)当局，権威，権限，権威者
0060	genome [dʒíːnòʊm]	→			图 ゲノム

✖ Unit 2の復習テスト 　わからないときは前 Unit で確認しましょう。

例 文	訳
0021 The police are still trying to (i　　　　) the body found on the mountain.	警察は今なお，山で見つかった死体の<u>身元確認</u>を進めている。
0022 No one really knows how Stonehenge was (c　　　　　).	ストーンヘンジがどのように<u>建設された</u>のかは誰にも分からない。
0023 The couple (i　　　　) their life savings **in** their son's company.	その夫婦は，息子の会社にそれまで貯めてきたお金<u>を投資した</u>。
0024 When preparing to study abroad, it can take some time to (o　　　　) a visa.	海外留学の準備をする際，ビザ<u>を取得する</u>のに少し時間がかかる可能性がある。
0025 The restaurant (s　　　　) **to make** money during the recession.	そのレストランは不況の中，収入<u>を得ようと懸命に努力した</u>。
0026 I tried to explain the drawbacks, but he (c　　　　) **that** it was a good plan.	私は欠点を説明しようとしたが，彼はそれはよい計画だ<u>と言って反論した</u>。
0027 I always (a　　　　) the smell of mosquito coils **with** summer.	私はいつも蚊取り線香のにおい<u>から</u>夏<u>を連想する</u>。
0028 He went to the ward office to (r　　　　) the birth of his baby son.	彼は息子の出生届けを<u>出す</u>ために区役所に行った。
0029 The survey (r　　　　) **that** most people were dissatisfied with the childcare options in their town.	調査により，ほとんどの人々が町の保育の選択肢に不満であることが<u>明らかになった</u>。
0030 The scientist discovered a new (s　　　　) of beetle in the jungle.	その科学者はジャングルでカブトムシの新種を発見した。
0031 The doctors advised him to add more fruit and vegetables to his (d　　　　).	医師たちは<u>食事</u>にもっと果物と野菜を加えるように彼に勧めた。
0032 We are looking for an appropriate (s　　　　) for our new factory.	我々は新しい工場に適した<u>用地</u>を探している。
0033 The medical students looked at blood (c　　　　) with a microscope.	医学生たちは，顕微鏡を使って血液細胞を見た。
0034 The new sports (f　　　　) will be open to the public by the middle of next week.	新しいスポーツ<u>施設</u>は来週の半ばまでに一般に公開される。
0035 The job candidate said he was familiar with local business (p　　　　).	その仕事への応募者は地元のビジネス<u>慣行</u>に精通していると言った。
0036 Only (r　　　　) of the ward can use its public facilities for free.	その区の<u>居住者</u>だけが，無料で区の公共施設を使用することができる。
0037 We have two (o　　　　): we can wait here or we can go.	私たちには 2 つの<u>選択肢</u>がある。ここで待ってもいいし，行ってしまってもいい。
0038 The medical students studied the effect of smoking on (o　　　　) such as the heart and lungs.	医学生は喫煙の心臓や肺などの<u>臓器</u>への影響について研究した。
0039 (C　　　　) of the new tax law say it is unfair to those with lower incomes.	新しい税法を<u>批判する人たち</u>は，それは低所得者には不公平だと言う。
0040 California is located in the western (r　　　　) of the United States.	カリフォルニアは合衆国の西部<u>地域</u>に位置している。

解答 0021 identify　0022 constructed　0023 invested　0024 obtain　0025 struggled　0026 countered　0027 associate
0028 register　0029 revealed　0030 species　0031 diet　0032 site　0033 cells　0034 facility　0035 practices　0036 residents
0037 options　0038 organs　0039 Critics　0040 region

学習日　　　月　　　日

単 語	1回目	2回目	3回目	意 味
0061 **atmosphere** [ǽtməsfìər]	→			图 雰囲気，大気(圏)
0062 **aid** [eɪd]	→			图 援助，助けとなる人
0063 **measure** [méʒər]	→			图 (しばしば ~s)措置〈to *do* ~する〉，程度，基準
0064 **subject** [sʌ́bdʒekt]	→			图 被験者，主題，学科
0065 **decade** [dékeɪd]	→			图 10年間
0066 **weapon** [wépən]	→			图 兵器，武器
0067 **nutrient** [njúːtriənt]	→			图 栄養分，栄養になるもの
0068 **expense** [ɪkspéns]	→			图 費用，(必要)経費
0069 **structure** [strʌ́ktʃər]	→			图 建造物，構造
0070 **adolescent** [æ̀dəlésənt]	→			图 青年期の人
0071 **procedure** [prəsíːdʒər]	→			图 手順〈for 物事を行う〉，手続き
0072 **minimum** [mínɪməm]	→			图 最低限
0073 **fuel** [fjúːəl]	→			图 燃料
0074 **resource** [ríːsɔːrs]	→			图 (通例 ~s)資源，資金，財産
0075 **regulation** [règjuléɪʃən]	→			图 規則，規制
0076 **contract** [ká(ː)ntrækt]	→			图 契約(書)，請負
0077 **insurance** [ɪnʃʊ́ərəns]	→			图 保険
0078 **employment** [ɪmplɔ́ɪmənt]	→			图 雇用，職
0079 **ban** [bæn]	→			图 禁止(令)〈on ~の〉
0080 **vehicle** [víːəkl]	→			图 車，(特に陸上の)乗り物，輸送機関，伝達手段

✖ Unit 3の復習テスト　〔わからないときは前Unitで確認しましょう。〕

例 文	訳
0041 The government announced that small businesses will be required to pay more (t＿＿＿＿＿) from next year.	政府は，小企業は来年からより多くの<u>税金</u>を払う必要があると発表した。
0042 (A＿＿＿＿＿) **to** the main temple building was blocked.	寺院の本堂<u>へ向かう道</u>は閉鎖されていた。
0043 This flu (v＿＿＿＿＿) is not very strong and you should feel better soon.	このインフルエンザ<u>ウイルス</u>はあまり強力ではないので，あなたの体調はすぐによくなるはずだ。
0044 For some reason, my gas (b＿＿＿＿＿) is much higher than usual this month.	何らかの理由で，今月はガスの<u>請求額</u>が通常よりもかなり高い。
0045 There is little (e＿＿＿＿＿) to suggest that this treatment is effective against the virus.	この治療法がそのウイルスに対して有効であることを示唆する<u>証拠</u>はほとんど存在しない。
0046 The firefighters made several (a＿＿＿＿＿) **to rescue** the residents from the burning building.	消防士たちは燃えている建物から住民<u>を救助しようと</u>何度か<u>試み</u>た。
0047 Only residents of the country are able to open a bank (a＿＿＿＿＿).	国内の居住者のみが銀行<u>口座</u>を開設することができる。
0048 When it comes to dancing, practice is more important than (t＿＿＿＿＿).	ダンスに関して言えば，<u>理論</u>よりも実践が重要だ。
0049 The police said the accident was caused by a number of (f＿＿＿＿＿).	警察はその事故はいくつかの<u>要因</u>によって引き起こされたと言った。
0050 These headphones are presently out of (s＿＿＿＿＿), but we are expecting a delivery early next week.	このヘッドホンは現在<u>在庫</u>切れだが，来週初めには入荷予定だ。
0051 This company produces (c＿＿＿＿＿) for use in the plastic industry.	この会社はプラスチック工業で使われる<u>化学薬品</u>を製造している。
0052 There were many complaints about how the (m＿＿＿＿＿) reported on the incident.	その事件に関する<u>メディア</u>の報道の仕方には多くの苦情があった。
0053 The (i＿＿＿＿＿) of many people in this area is well below the national average.	この地域の多くの人の<u>所得</u>は国の平均をはるかに下回っている。
0054 The aid workers delivered essential (s＿＿＿＿＿) to people affected by the storm.	救助隊員は嵐の被害に遭った人々に不可欠な<u>生活必需品</u>を届けた。
0055 Due to the aging population, there is likely to be a (s＿＿＿＿＿) **of** workers in the future.	人口の高齢化が原因で，将来は労働者<u>の不足</u>が予想される。
0056 It is unacceptable that children should live in (p＿＿＿＿＿) in this country.	この国で子供たちが<u>貧困</u>の中で暮らすのは受け入れ難い。
0057 (C＿＿＿＿＿) broke into the warehouse during the night and stole several items.	<u>犯人</u>は夜間，その倉庫に侵入し，いくつかの商品を盗んだ。
0058 We have a (b＿＿＿＿＿) of one million dollars for this movie.	私たちには，この映画のための100万ドルの<u>予算</u>がある。
0059 The (a＿＿＿＿＿) warned our city's mayor about the high levels of water pollution.	<u>関係当局</u>が水質汚染の高い水準に関して市長に警告した。
0060 After many years of work, scientists successfully decoded the human (g＿＿＿＿＿).	長年の研究の結果，科学者たちは<u>ヒトゲノム</u>の解読に成功した。

解答 0041 taxes　0042 Access　0043 virus　0044 bill　0045 evidence　0046 attempts　0047 account　0048 theory　0049 factors　0050 stock　0051 chemicals　0052 media　0053 income　0054 supplies　0055 shortage　0056 poverty　0057 Criminals　0058 budget　0059 authorities　0060 genome

学習日　　　　　　　月　　　　日

単語	1回目	2回目	3回目	意 味
0081 **soil** [sɔil]	→			名 土, 国, 国土
0082 **cargo** [ká:rgou]	→			名 (主に船・飛行機の)積荷, 貨物
0083 **aircraft** [éərkræft]	→			名 航空機, 飛行機
0084 **current** [ká:rənt]	→			形 現在の, 現代の
0085 **political** [pəlítɪkəl]	→			形 政治の, 政治に関する
0086 **significant** [sɪgnífɪkənt]	→			形 重要な, 意味のある
0087 **effective** [ɪféktɪv]	→			形 効果的な, 有効な
0088 **military** [mílətèri]	→			形 軍隊の, 軍人の
0089 **due** [dju:]	→			形 支払期日になって, (当然)支払われる(べき)
0090 **essential** [ɪsénʃəl]	→			形 必要不可欠な〈to, for ~ にとって〉, 非常に重要な
0091 **illegal** [ɪlíːgəl]	→			形 違法の, 非合法の
0092 **immune** [ɪmjúːn]	→			形 免疫の, 免疫を持つ, 免除された, 影響されない
0093 **numerous** [njúːmərəs]	→			形 非常に数の多い, たくさんの
0094 **extreme** [ɪkstríːm]	→			形 極端な, 過激な, 急進的な
0095 **general** [dʒénərəl]	→			形 全体の, 一般的な
0096 **agricultural** [ægrɪkʌltʃərəl]	→			形 農業の, 農耕の
0097 **overall** [òuvəró:l]	→			形 全体[全般]的な, 総合的な
0098 **additional** [ədíʃənəl]	→			形 追加の, 付加的な
0099 **entire** [ɪntáɪər]	→			形 全体の, 全部の
0100 **severe** [sɪvíər]	→			形 (天候・損害などが)ひどい, 深刻な, (人・規律などが)厳格な

例　文	訳
0061 Toward the end of the game, the (a　　　　) in the stadium was very tense.	試合が終盤にさしかかり，スタジアムの雰囲気は非常に緊張していた。
0062 A number of NPOs provided (a　　　　) to the refugees fleeing the war zone.	いくつかの非営利組織が，交戦地帯から逃れる難民たちに援助を行った。
0063 The government is planning to introduce (m　　　　) **to combat** unemployment.	政府は，失業をなくそうとするための措置を導入するつもりだ。
0064 The soldiers were the (s　　　　) of an experiment on stress.	その兵士たちはストレスに関する実験の被験者だった。
0065 Three (d　　　　) ago, there were far fewer foreign tourists in Japan.	30年前，日本には外国からの観光客がはるかに少なかった。
0066 It was discovered that the site had been used to store nuclear (w　　　　).	その敷地は核兵器を保管するために使用されていたことが分かった。
0067 There are a variety of (n　　　　) that are essential for health.	健康のために不可欠なさまざまな栄養分が存在する。
0068 University education is a major (e　　　　) for most families.	大学教育は，ほとんどの家庭で大きな出費になっている。
0069 The (s　　　　) was very weak and had to be rebuilt.	その建造物はとても脆弱だったので，建て替えが必要だった。
0070 The counselor's job is mainly to help (a　　　　) with their problems.	カウンセラーの仕事は，主に問題を抱える青年期の人々に手を差しのべることだ。
0071 The (p　　　　) **for** applying for a passport is very simple.	パスポートの申請手順はとても単純である。
0072 I need a (m　　　　) of two weeks to finish this report.	私はこの報告書を完成させるのに最低限2週間必要だ。
0073 When purchasing a car, it is better to choose a smaller model, which uses less (f　　　　).	車を購入するときは，使う燃料がより少ない，より小さなモデルを選ぶ方がよい。
0074 It is important to use our precious natural (r　　　　) in a sustainable manner.	貴重な天然資源を持続可能な方法で使うことは重要である。
0075 The new (r　　　　) restrict how often customers can withdraw money per day.	新しい規則により，顧客が1日に何回お金を引き出せるかは制限されている。
0076 The CEOs of the two companies signed the (c　　　　) this morning.	両社の最高経営責任者は今朝，契約書に署名した。
0077 Hopefully, the cost of car (i　　　　) will go down again next year.	うまくいけば，自動車保険の費用は来年また下がるだろう。
0078 (E　　　　) rates in the developing nations of Southeast Asia are increasing steadily.	東南アジアの発展途上国における就業率は，着実に増加している。
0079 There is to be a total (b　　　　) **on** cigarette advertisements in the near future.	近い将来，タバコの広告の全面的な禁止があるだろう。
0080 The driver crashed into a wall after losing control of his (v　　　　).	そのドライバーは車を制御できなくなり，壁に激突した。

解答 **0061** atmosphere　**0062** aid　**0063** measures　**0064** subjects　**0065** decades　**0066** weapons　**0067** nutrients　**0068** expense
0069 structure　**0070** adolescents　**0071** procedure　**0072** minimum　**0073** fuel　**0074** resources　**0075** regulations　**0076** contract
0077 insurance　**0078** Employment　**0079** ban　**0080** vehicle

学習日　　　月　　　日

単語	1回目	2回目	3回目	意 味
0101 **alter** [ɔ́ːltər]	→			動を変える，変わる
0102 **adopt** [ədá(ː)pt]	→			動(考え・方法など)を採用する，を養子にする
0103 **vote** [voʊt]	→			動投票する，を投票で決める
0104 **determine** [dɪtə́ːrmɪn]	→			動を決定する，を確定する
0105 **enable** [ɪnéɪbl]	→			動(enable O to do で)(人)に〜できるようにする
0106 **conduct** [kəndʌ́kt]	→			動を実施する，を遂行する
0107 **direct** [dərékt]	→			動を案内する，を指揮する
0108 **absorb** [əbzɔ́ːrb]	→			動を吸収する，を熱中させる
0109 **imply** [ɪmplái]	→			動(imply that ... で)…と暗に示す，をほのめかす
0110 **operate** [á(ː)pərèɪt]	→			動(機械など)を動かす，を運営する
0111 **demonstrate** [démənstrèɪt]	→			動を実演してみせる，を論証[証明]する
0112 **boost** [buːst]	→			動を増加させる，を高める
0113 **prove** [pruːv]	→			動(prove (to be) で)であることが分かる，と判明する，を証明する
0114 **monitor** [má(ː)nəṭər]	→			動を監視する
0115 **defeat** [dɪfíːt]	→			動を負かす，を打ち破る
0116 **protest** [prətést]	→			動(に)抗議する，(に)異議を唱える
0117 **target** [tá:rgət]	→			動を目標[対象]とする
0118 **preserve** [prɪzə́ːrv]	→			動を保護する
0119 **oppose** [əpóʊz]	→			動に反対する
0120 **migrate** [máɪgreɪt]	→			動移住する，(鳥などが)周期的に移動する

例　文	訳
0081 The (s　　　　　) around here is rich and it is easy to grow a variety of vegetables.	この辺りの土は肥沃なので，さまざまな野菜が容易に育てられる。
0082 The ship docked overnight while the crew unloaded the (c　　　　　).	乗組員が荷物を降ろしている間，その船は一晩埠頭に留まっていた。
0083 This airline plans to purchase several new (a　　　　　) in the coming months.	この航空会社は，今後数カ月の間に新たに航空機を数機購入する予定である。
0084 In the (c　　　　　) situation, many people are having trouble finding new jobs.	現在の状況において，多くの人が新たな仕事を見つけるのに苦労している。
0085 Representatives from various (p　　　　　) parties met this week to discuss climate change.	さまざまな政党の代表が気候変動について話し合うために今週集まった。
0086 Over the last few months, (s　　　　　) progress has been made in developing a vaccine.	この数カ月で，ワクチンの開発において重要な進展があった。
0087 One of the most (e　　　　　) ways to improve your concentration is to get more sleep.	集中力を高める最も効果的な方法の1つは睡眠時間を増やすことだ。
0088 There is a (m　　　　　) base located on the north side of the island.	その島の北側には軍事基地がある。
0089 Payment of the gas bill is (d　　　　　) at the end of the month.	ガス料金の支払いは，月末が支払期日になっている。
0090 Access to a clean water supply is (e　　　　　) for good health.	浄水を利用できることは，健康に不可欠である。
0091 It is (i　　　　　) to drink and drive in many countries, including Japan.	飲酒運転は，日本を含め多くの国々で違法である。
0092 He has a very strong (i　　　　　) system and almost never catches a cold.	彼にはとても強い免疫系が備わっているので，ほとんど風邪をひかない。
0093 There are (n　　　　　) ways to learn how to speak English.	英語の話し方を学ぶ方法はとてもたくさんある。
0094 Unfortunately, (e　　　　　) weather conditions are becoming more common in many countries.	残念ながら，異常気象は多くの国でより日常的なものになりつつある。
0095 The (g　　　　　) public seems to be getting more interested in politics these days.	一般市民は最近，政治への関心を深めているようだ。
0096 There is a lot of good (a　　　　　) land in that area.	あの地域にはたくさんの良質な農業用地がある。
0097 Our (o　　　　　) profits last year were higher than the year before.	当社の昨年の全体の利益は，前年を上回った。
0098 If you want to change your plane ticket, you will have to pay an (a　　　　　) charge.	もし航空券を変更したいのなら，追加料金を払う必要がある。
0099 The (e　　　　　) tourism industry was affected by the new government regulations.	観光業界全体が政府の新たな規制の影響を受けた。
0100 The typhoon led to (s　　　　　) flooding in the area around the river.	台風はその川の周辺地域にひどい氾濫をもたらした。

解答 0081 soil　0082 cargo　0083 aircraft　0084 current　0085 political　0086 significant　0087 effective　0088 military　0089 due
0090 essential　0091 illegal　0092 immune　0093 numerous　0094 extreme　0095 general　0096 agricultural　0097 overall
0098 additional　0099 entire　0100 severe

学習日　　　月　　　日

単語	1回目	2回目	3回目	意味
0121 **analyze** [ǽnəlàɪz]	→			動を分析する
0122 **discourage** [dɪskə́ːrɪdʒ]	→			動に思いとどまらせる〈from *doing* ～するのを〉，を落胆させる
0123 **confirm** [kənfə́ːrm]	→			動を確認する
0124 **intend** [ɪnténd]	→			動(intend to *do* で)～することを意図する
0125 **predict** [prɪdíkt]	→			動を予測する，を予言する
0126 **extend** [ɪksténd]	→			動を延長する，を伸ばす
0127 **figure** [fíɡjər]	→			图人物，数字，体形，図表
0128 **transportation** [træ̀nspərtéɪʃən]	→			图交通[輸送]機関，輸送
0129 **institution** [ìnstɪtjúːʃən]	→			图機関，施設，慣習
0130 **theft** [θeft]	→			图盗み，窃盗
0131 **candidate** [kǽndɪdèɪt]	→			图候補者，志願者
0132 **mammal** [mǽməl]	→			图哺乳動物
0133 **economist** [ɪká(:)nəmɪst]	→			图経済学者
0134 **protein** [próʊtiːn]	→			图タンパク質
0135 **immigrant** [ímɪɡrənt]	→			图(外国からの)移住者，移民
0136 **property** [prá(:)pərti]	→			图不動産，(集合的に)財産，(通例 -ties) 特性
0137 **fund** [fʌnd]	→			图(しばしば ～s)資金，現金
0138 **habitat** [hǽbɪtæt]	→			图(動植物の)生息場所，(人の)居住地
0139 **symptom** [símptəm]	→			图症状，兆候
0140 **eruption** [ɪrʌ́pʃən]	→			图勃発，噴火

✖ Unit 6の復習テスト | わからないときは前Unitで確認しましょう。

例　文	訳
0101 The typhoon has (a　　　　　) its path and is now heading west.	台風は進路を変更して，今は西に向かっている。
0102 The company decided to (a　　　　　) several new rules in order to reduce working hours.	その会社は，勤務時間を減らすため，いくつかの新たな規則を採用することに決めた。
0103 The number of young people who (v　　　　　) in local elections has been increasing recently.	近年，地方選挙で投票する若者の数は増加している。
0104 Examining the site will help investigators (d　　　　　) the cause of the accident.	現場を調査することは，捜査官が事故原因を決定するのに役立つだろう。
0105 It is hoped that the new system will (e　　　　　) us **to work** more efficiently.	新しいシステムにより，我々がより効率的に仕事ができるようになることが期待されている。
0106 The university (c　　　　　) a survey to find out how satisfied the students were with their courses.	その大学は，学生が講座にどれくらい満足しているかを知るため，調査を実施した。
0107 The police officer (d　　　　　) the truck driver to the correct parking lot.	その警察官はトラックの運転手を正しい駐車場に案内した。
0108 This kitchen towel is very strong and can (a　　　　　) a lot of liquid.	この台所用タオルはとても丈夫で，大量の液体を吸収することができる。
0109 He (i　　　　　) **that** I don't work as hard as he does.	彼は，私が彼ほど一生懸命に仕事をしていないということを暗に示した。
0110 A team of trainers taught the employees how to (o　　　　　) the new machinery.	教育係のチームが従業員に新しい機械を操作する方法を教えた。
0111 The instructor (d　　　　　) the karate move slowly to the students.	インストラクターは，生徒たちに空手の動きをゆっくりとやって見せた。
0112 We hope to (b　　　　　) sales of our shampoo with the new TV commercial.	私たちは，新しいテレビコマーシャルでシャンプーの売り上げを増加させることを願っている。
0113 The treatment (p　　　　　) **to be** more effective than doctors had hoped.	その治療法は医者たちが望んでいた以上に効果があることが分かった。
0114 The doctors (m　　　　　) the patient's condition carefully after the operation.	術後，医師たちはその患者の状態を注意深く監視した。
0115 The team was finally (d　　　　　) in the world cup final.	そのチームはワールドカップの決勝戦についに敗れてしまった。
0116 The students went on strike to (p　　　　　) the government's environmental policy.	学生たちは政府の環境政策に抗議するためにストライキをした。
0117 The new TV advertisements (t　　　　　) people in their 20s and 30s.	その新しいテレビ広告は20代と30代の人を対象にしている。
0118 The class talked about different ways to (p　　　　　) nature and save our planet.	そのクラスでは，自然を保護し，地球を守るためのさまざまな方法を話し合った。
0119 This party will (o　　　　　) any attempts by the government to raise taxes.	この政党は，政府によるいかなる増税の試みにも反対するだろう。
0120 The family (m　　　　　) to California in the 1930s.	その一家は1930年代にカリフォルニアに移住した。

解答 0101 altered　0102 adopt　0103 vote　0104 determine　0105 enable　0106 conducted　0107 directed　0108 absorb
0109 implied　0110 operate　0111 demonstrated　0112 boost　0113 proved　0114 monitored　0115 defeated　0116 protest
0117 target　0118 preserve　0119 oppose　0120 migrated

学習日　　　月　　　日

単　語	1回目	2回目	3回目	意　味
0141 **quantity** [kwá(:)nṭəṭi]	→	↓		图分量〈of ～の〉，量
0142 **ad** [æd]	→	↓		图広告〈for ～の〉
0143 **saving** [séɪvɪŋ]	→	↓		图節約，倹約，(～s)預金(額)，蓄え
0144 **territory** [térətɔ̀:ri]	→	↓		图領土，領地
0145 **threat** [θret]	→	↓		图脅威〈to ～にとっての〉，脅し
0146 **sufferer** [sʌ́fərər]	→	↓		图苦しむ人，被災者，病人
0147 **emission** [ɪmíʃən]	→	↓		图排気，放出(物)
0148 **executive** [ɪgzékjuṭɪv]	→	↓		图重役，幹部，経営者
0149 **strategy** [strǽṭədʒi]	→	↓		图戦略，策略
0150 **riot** [ráɪət]	→	↓		图暴動
0151 **district** [dístrɪkt]	→	↓		图(ある特色を持った)地域，地方
0152 **election** [ɪlékʃən]	→	↓		图選挙
0153 **medication** [mèdɪkéɪʃən]	→	↓		图(医師が処方した)薬，医薬品，薬物治療
0154 **breed** [bri:d]	→	↓		图品種，種類
0155 **conflict** [ká(:)nflìkt]	→	↓		图衝突〈between ～の間の〉，論争
0156 **productivity** [pròʊdʌktívəṭi]	→	↓		图生産性
0157 **organism** [ɔ́:rɡənìzm]	→	↓		图有機体，生物
0158 **representative** [rèprɪzénṭəṭɪv]	→	↓		图代表者，代理人
0159 **warehouse** [wéərhàʊs]	→	↓		图倉庫
0160 **refund** [rí:fʌnd]	→	↓		图返金，払い戻し(金)

例 文	訳
0121 Could you give me a little time to (a) the data?	そのデータを<u>分析する</u>時間を少しくれませんか。
0122 The aim of this campaign is to (d) young people **from drinking**.	このキャンペーンの目的は，若者たちに<u>飲酒を思いとどまらせる</u>ことだ。
0123 The police (c) the identity of the suspect.	警察は容疑者の身元を<u>確認した</u>。
0124 I (i) **to buy** a house within the next five years.	私は5年以内に家を<u>買うつもりである</u>。
0125 It is getting easier to (p) earthquakes than in the past.	地震を<u>予測する</u>ことは以前よりも容易になってきている。
0126 The supermarket plans to (e) its opening hours until 10 p.m. from next week.	そのスーパーは来週から営業時間を午後10時までに<u>延長する</u>予定である。
0127 She is a key (f) in the Canadian business world.	彼女はカナダのビジネス界における重要<u>人物</u>である。
0128 The office manager arranged (t) for the client.	事務所のマネージャーは，顧客のために<u>移動手段</u>の手配をした。
0129 This bank is one of the oldest and most famous (i) in the city.	この銀行は，街で最も古くて有名な<u>機関</u>の1つだ。
0130 Crimes involving intellectual property (t) have been increasing lately.	知的財産の<u>盗用</u>にかかわる犯罪が，最近増えている。
0131 The (c) I voted for lost by 50 votes.	私が投票した<u>候補者</u>は50票差で落選した。
0132 The largest (m) in the world is the blue whale.	世界最大の<u>哺乳類</u>は，シロナガスクジラだ。
0133 Several (e) have warned that more people are likely to lose their jobs in the future.	数名の<u>経済学者</u>が，今後より多くの人々が失業するだろうと警告した。
0134 The doctor recommended replacing meat with plant-based (p) such as beans.	その医師は，肉を豆のような植物由来の<u>タンパク質</u>に替えることを勧めた。
0135 A large number of (i) came to Britain in the 1950s.	多くの<u>移住者</u>が1950年代にイギリスに来た。
0136 (P) prices in that area are continuing to rise.	その地域の<u>不動産</u>価格は上昇し続けている。
0137 Where will they get the (f) to pay for the new school?	その新しい学校のための<u>資金</u>を彼らはどこから調達するのだろうか。
0138 The bamboo forests of China are the giant panda's natural (h).	中国の竹林は，ジャイアントパンダの自然の<u>生息場所</u>だ。
0139 The doctor asked me to describe my (s) in detail.	医師は私に<u>症状</u>を詳細に述べるように求めた。
0140 There has been another sudden (e) of violence in the capital city.	首都でまた突然の暴力事件が<u>発生</u>した。

解答 0121 analyze　0122 discourage　0123 confirmed　0124 intend　0125 predict　0126 extend　0127 figure　0128 transportation
0129 institutions　0130 theft　0131 candidate　0132 mammal　0133 economists　0134 protein　0135 immigrants　0136 Property
0137 funds　0138 habitat　0139 symptoms　0140 eruption

学習日　　　　月　　　日

単 語	1回目	2回目	3回目	意 味
0161 **tuition** [tjuːíʃən]	→			名 授業料，(個人)指導
0162 **range** [reɪndʒ]	→			名 範囲，領域
0163 **victim** [víktɪm]	→			名 被害者，(病気・事故などの)犠牲者
0164 **dose** [doʊs]	→			名 (薬の１回の)服用量
0165 **mainland** [méɪnlənd]	→			名 (通例 the ～)本土
0166 **waterfall** [wɔ́ːtərfɔ̀ːl]	→			名 滝
0167 **satellite** [sǽtəlàɪt]	→			名 人工衛星，衛星
0168 **evolution** [èvəlúːʃən]	→			名 進化，発展，展開
0169 **prey** [preɪ]	→			名 獲物，えじき
0170 **bystander** [báɪstæ̀ndər]	→			名 傍観者
0171 **creature** [kríːtʃər]	→			名 生き物，(特に人間以外の)動物
0172 **civilization** [sìvələzéɪʃən]	→			名 文明
0173 **tribe** [traɪb]	→			名 部族，種族
0174 **permission** [pərmíʃən]	→			名 許可〈to do ～する〉，承認
0175 **barrier** [bǽriər]	→			名 障害(物)〈to, against ～に対する〉，障壁
0176 **wage** [weɪdʒ]	→			名 (しばしば ～s)賃金，給料
0177 **drone** [droʊn]	→			名 ドローン，(無線操作の)無人機
0178 **appearance** [əpíərəns]	→			名 外観，出現
0179 **embassy** [émbəsi]	→			名 大使館，(集合的に)大使および大使館員
0180 **skeleton** [skélɪtən]	→			名 骨格，骸骨，(建物などの)骨組み

例　文	訳
0141 Raising farm animals requires large (q　　　　　) **of** grain and water.	家畜を育てるのは大量の穀物と水を必要とする。
0142 Some people complained that the new TV (a　　　　　) was not suitable for children.	その新しいテレビ広告は子供にはふさわしくないと不平を言う人もいた。
0143 Turning the air conditioner up a few degrees can result in quite a bit of (s　　　　　) in energy costs.	エアコンを数度上げることでかなりのエネルギー費用の節約になり得る。
0144 Under the new agreement, no one is allowed to enter the (t　　　　　) without a valid visa.	新しい協定のもとでは，有効なビザが無ければ誰もその領土に入ることを許されない。
0145 Cigarette packs carry a warning about the (t　　　　　) smoking poses to health.	タバコの箱には，喫煙が健康に与える脅威に関する警告が記載されている。
0146 It was very helpful for her to talk with other allergy (s　　　　　).	彼女にとってアレルギーに苦しむほかの人々と話すことはとても役立った。
0147 Car exhaust (e　　　　　) pollute the environment in several different ways.	自動車の排気ガスの排出は，いくつかの異なる形で環境を汚染する。
0148 Most large corporations have several (e　　　　　) who manage the different departments.	ほとんどの大企業では，異なった部門を統括する複数の重役がいる。
0149 We are developing a new sales (s　　　　　) at the moment.	我々は現在，新たな販売戦略を開発中だ。
0150 The protest against human rights violations turned into a (r　　　　　).	人権侵害に対する抗議運動が暴動になった。
0151 The hotel is located in a lively entertainment (d　　　　　) in the center of town.	そのホテルは，市の中心部の活気ある歓楽街にある。
0152 The number of people who voted in the last (e　　　　　) was very low.	前回の選挙で投票した人の数は非常に少なかった。
0153 She takes a number of (m　　　　　) every day to control her pain.	彼女は痛みを抑えるために毎日いくつかの薬を飲んでいる。
0154 There are hundreds of different (b　　　　　) of dogs all over the world.	全世界には，何百というさまざまな犬種がある。
0155 There was a serious (c　　　　　) **between** members of the political parties.	それらの政党の党員たちの間には深刻な衝突があった。
0156 We are trying to think of ways to increase (p　　　　　).	私たちは，生産性を向上させる方法を考え出そうと努力している。
0157 The first (o　　　　　) appeared on our planet more than 3.8 billion years ago.	最初の有機体が地球に現れたのは，38億年以上前のことだ。
0158 (R　　　　　) of the Football Association met to discuss the player's suspension.	フットボール協会の代表者は，その選手の出場停止について話し合うために会合を開いた。
0159 We keep our stock in a (w　　　　　) near our shop.	当店は店舗近くの倉庫に在庫を保管している。
0160 I asked for a (r　　　　　) because the blender broke after only one day.	ミキサーがたった1日で壊れてしまったので，私は返金を求めた。

解答 0141 quantities　0142 ad　0143 savings　0144 territory　0145 threat　0146 sufferers　0147 emissions　0148 executives
0149 strategy　0150 riot　0151 district　0152 election　0153 medications　0154 breeds　0155 conflict　0156 productivity
0157 organisms　0158 Representatives　0159 warehouse　0160 refund

学習日　　　　　　　月　　　日

単語	1回目	2回目	3回目	意味
0181 **wildlife** [wáɪldlàɪf]	→			图 (集合的に) 野生生物
0182 **potential** [pəténʃəl]	→			形 潜在的な，可能性を秘めた
0183 **limited** [límətɪd]	→			形 限定された，わずかの
0184 **rural** [rúərəl]	→			形 田舎の，田園 (生活) の
0185 **advanced** [ədvǽnst]	→			形 進歩した，前進した，上級の
0186 **beneficial** [bènɪfíʃəl]	→			形 有益な〈to 〜に〉，有利な
0187 **genetic** [dʒənéṭɪk]	→			形 遺伝子の
0188 **radical** [rǽdɪkəl]	→			形 根本的な，急進的な
0189 **hostile** [hɑ́(ː)stəl]	→			形 敵意のある〈to 〜に〉，不都合な
0190 **fit** [fɪt]	→			形 健康な，元気な，ふさわしい〈for 〜に，to *do* 〜するのに〉
0191 **long-term** [lɔ̀(ː)ŋtə́ːrm]	→			形 長期にわたる，長期的な
0192 **Arctic** [ɑ́ːrktɪk]	→			形 北極の
0193 **minor** [máɪnər]	→			形 小さい，重要でない
0194 **risky** [ríski]	→			形 危険な
0195 **complex** [kɑ̀(ː)mpléks]	→			形 複雑な，複合 (体) の
0196 **competitive** [kəmpéṭəṭɪv]	→			形 競争力のある，格安の，競争の
0197 **immediate** [ɪmíːdiət]	→			形 即座の，目下の
0198 **religious** [rɪlídʒəs]	→			形 宗教 (上) の，信仰があつい
0199 **related** [rɪléɪṭɪd]	→			形 関連した〈to 〜に〉，関係のある
0200 **affordable** [əfɔ́ːrdəbl]	→			形 手ごろな，安価な

例 文	訳
0161 (T　　　　) increased by an average of three percent at universities last year.	昨年，大学の授業料は平均3パーセント増えた。
0162 The students learned about a wide (r　　　　) of topics during the course.	学生たちはその講座で広範囲にわたるトピックを学んだ。
0163 (V　　　　) of crimes don't always report them to the police.	犯罪の被害者は必ずしも警察に届けるとは限らない。
0164 This medicine can be dangerous if taken in high (d　　　　).	この薬は多量に摂取されると危険を伴う可能性がある。
0165 Many of the people living on the island commute to work on the (m　　　　).	その島に住む人の多くは，本土へ通勤している。
0166 Many tourists come to this area especially to see the beautiful (w　　　　).	多くの観光客は特にその美しい滝を見るためにこの地域にやってくる。
0167 The first (s　　　　) was launched by the Soviet Union in 1957.	最初の人工衛星はソビエト連邦によって1957年に打ち上げられた。
0168 We studied Darwin's theory of (e　　　　) at school.	私たちは学校でダーウィンの進化論を学んだ。
0169 The lioness stalked her (p　　　　) for several hours before attacking.	雌ライオンは攻撃に出る前に獲物を数時間つけ回した。
0170 During the chase, the police shot an innocent (b　　　　) by mistake.	追跡中に，警察は誤って罪のない通りすがりの人を撃ってしまった。
0171 These beautiful (c　　　　) can only be found in this area of the island.	これらの美しい生き物は島のこの地域でのみ見られる。
0172 From a young age, the professor was very interested in the early (c　　　　) of Greece and Rome.	その教授は幼少期から，ギリシャとローマの古代文明にとても興味があった。
0173 There are several (t　　　　) living in this part of the Amazon.	アマゾンのこの地域ではいくつかの部族が暮らしている。
0174 The students needed written (p　　　　) from their parents in order to go on the school trip.	生徒たちは，修学旅行に行くために両親から書面で許可をもらう必要があった。
0175 A lack of self-confidence is one of the greatest (b　　　　) **to** success in business.	自信の欠如はビジネスで成功する上で最大の障害の1つである。
0176 People's (w　　　　) were badly affected by the economic situation in the country.	人々の賃金は国の経済状況にひどく影響を受けた。
0177 The army used (d　　　　) to locate the enemy base.	軍隊は敵の基地を見つけるのにドローンを使用した。
0178 He doesn't care much about his (a　　　　) and wears the same old jeans every day.	彼は外見をあまり気にせず，毎日同じ古いジーンズをはいている。
0179 He visited the American (e　　　　) to apply for a student visa.	彼は留学ビザを申請するためにアメリカ大使館を訪れた。
0180 Several dinosaur (s　　　　) have been discovered in this area recently.	最近この地域でいくつかの恐竜の骨格が発見された。

解答 **0161** Tuition　**0162** range　**0163** Victims　**0164** doses　**0165** mainland　**0166** waterfall　**0167** satellite　**0168** evolution
0169 prey　**0170** bystander　**0171** creatures　**0172** civilizations　**0173** tribes　**0174** permission　**0175** barriers　**0176** wages
0177 drones　**0178** appearance　**0179** embassy　**0180** skeletons

学習日　　　　　　月　　　日

単語	🎧 1回目	👁 2回目	👁 3回目	意 味
0201 **donate** [dóʊneɪt]	→			動 を寄付する〈to 慈善事業 などに〉，（臓器・血液）を提供する
0202 **lessen** [lésən]	→			動 を減らす
0203 **manufacture** [mænjufæktʃər]	→			動 を（大量に）生産 [製造] する
0204 **commute** [kəmjúːt]	→			動 通学する〈to ~へ〉，通勤する
0205 **exaggerate** [ɪgzædʒərèɪt]	→			動 を誇張する，を強調し過ぎる
0206 **suspect** [səspékt]	→			動 (suspect that ... で）…ではないかと思う，を疑わしく思う
0207 **acquire** [əkwáɪər]	→			動 (知識・技術など)を習得する
0208 **reintroduce** [rìːɪntrədjúːs]	→			動 (動植物など)をかつての分布域に再導入する，（制度など）を復活させる
0209 **reschedule** [rìːskédʒʊl]	→			動 の日時を変更する〈for, to ~に〉
0210 **adapt** [ədǽpt]	→			動 順応する〈to ~に〉，を適合 [適応] させる
0211 **generate** [dʒénərèɪt]	→			動 を発生させる，を引き起こす
0212 **guarantee** [gæ̀rəntíː]	→			動 を保証する〈against 危険・損害などに対して〉，を確約する
0213 **dump** [dʌmp]	→			動 を投棄する，をどさっと降ろす，を見捨てる
0214 **update** [ʌ̀pdéɪt]	→			動 を最新のものにする，をアップデートする
0215 **classify** [klǽsɪfàɪ]	→			動 を分類する〈as ~として〉，を等級分けする
0216 **acknowledge** [əkná(ː)lɪdʒ]	→			動 (acknowledge that ... で）…と認める
0217 **enforce** [ɪnfɔ́ːrs]	→			動 (規則など)を守らせる，を施行する，を強制する
0218 **renew** [rɪnjúː]	→			動 を再開する，を更新する
0219 **overlook** [òʊvərlúk]	→			動 を大目に見る，を無視する，を見落とす
0220 **evaluate** [ɪvǽljuèɪt]	→			動 を評価する

例　文	訳
0181 The volunteers rescued birds and other (w　　　　　) from the forest fires.	ボランティアは鳥やそのほかの<u>野生生物</u>を森林火災から救った。
0182 We discussed the (p　　　　　) benefits of a merger to both our companies.	私たちは，合併が両社にもたらす<u>潜在的な</u>利益について話し合った。
0183 This treatment is far too expensive for those with (l　　　　　) finances.	この治療は<u>限られた</u>資金で生活する人にはあまりにも高過ぎる。
0184 Incomes in many (r　　　　　) areas are much lower than in the cities.	多くの<u>田舎</u>での所得は都会よりもかなり低い。
0185 This country has a very (a　　　　　) healthcare system.	この国には非常に<u>進歩した</u>保健医療制度がある。
0186 A diet rich in fruit and vegetables is (b　　　　　) **to** health.	果物と野菜を多く含む食事は，健康に<u>有益</u>だ。
0187 Some doctors recommend (g　　　　　) testing to people with serious illnesses in their families.	医師の中には，家族が深刻な病気を抱えている人々に<u>遺伝子</u>検査を勧める者もいる。
0188 His first recommendation was a (r　　　　　) reorganization of the company.	彼が第一に勧めることは，その会社の<u>根本的な</u>再編成だった。
0189 Employees may be (h　　　　　) **to** the idea of hiring more part-time workers.	パートタイム労働者をもっとたくさん雇うという考え方**に**，従業員は<u>反感を抱く</u>かもしれない。
0190 This program is designed to help children stay (f　　　　　).	このプログラムは子供たちが<u>健康</u>を維持するのを促すように作られている。
0191 The (l　　　　　) effects of the vaccine are still unknown.	そのワクチンの<u>長期にわたる</u>影響はまだ分かっていない。
0192 The (A　　　　　) explorers took a lot of special equipment with them on their journey.	<u>北極</u>探検隊は多くの特別装備を携えて旅に出た。
0193 Luckily, he only suffered (m　　　　　) injuries in the accident.	幸運にも，彼は事故で<u>軽い</u>けがをしただけだった。
0194 I think it's too (r　　　　　) to buy shares in the company at present.	私は，今その会社の株を買うのはあまりに<u>危険</u>だと思う。
0195 This problem is very (c　　　　　) and will be difficult to solve.	この問題はとても<u>複雑</u>で，解決するのが難しいだろう。
0196 If this company wants to remain (c　　　　　), it will have to cut costs.	もしこの会社が<u>競争力</u>を持ち続けたいと願うなら，経費を削減すべきだろう。
0197 We need to take (i　　　　　) action to help the disaster victims.	私たちは被災者を救うために<u>即座の</u>行動を取る必要がある。
0198 His (r　　　　　) beliefs are very important to him.	彼にとって<u>宗教上の</u>信条はとても重要だ。
0199 He said he was interested in studying something (r　　　　　) **to** biology.	彼は生物学に<u>関連した</u>何かを勉強することに興味があると言った。
0200 Motorized bicycles have become more (a　　　　　) recently.	最近，電動自転車はより<u>手ごろな</u>価格になった。

解答 **0181** wildlife　**0182** potential　**0183** limited　**0184** rural　**0185** advanced　**0186** beneficial　**0187** genetic　**0188** radical
0189 hostile　**0190** fit　**0191** long-term　**0192** Arctic　**0193** minor　**0194** risky　**0195** complex　**0196** competitive　**0197** immediate
0198 religious　**0199** related　**0200** affordable

学習日　　　月　　　日

単語	1回目	2回目	3回目	意味
0221 **commit** [kəmít]	→			動 (罪・過失など)を犯す, を委託する
0222 **argument** [á:rgjumənt]	→			名 議論, 口論
0223 **archaeologist** [à:rkiá(:)lədʒɪst]	→			名 考古学者
0224 **reputation** [rèpjutéɪʃən]	→			名 評判, 名声
0225 **fossil** [fá(:)səl]	→			名 化石, 時代遅れの人 [もの]
0226 **status** [stéɪṭəs]	→			名 地位, 身分, 高い社会的地位
0227 **contrast** [ká(:)ntræst]	→			名 対照, 対比, 差異
0228 **workplace** [wɔ́:rkplèɪs]	→			名 職場
0229 **equality** [ɪkwá(:)ləṭi]	→			名 平等
0230 **colleague** [ká(:)li:g]	→			名 (職場の)同僚
0231 **assistance** [əsístəns]	→			名 援助, 支援
0232 **luxury** [lʌ́gʒəri]	→			名 ぜいたく(品)
0233 **outbreak** [áutbrèɪk]	→			名 (戦争・病気・怒りなどの)突発, 勃発, 発生
0234 **council** [káunsəl]	→			名 (地方自治体の)議会, 評議会, 会議
0235 **pottery** [pá(:)ṭəri]	→			名 (集合的に)陶器類, 焼き物類
0236 **assignment** [əsáɪnmənt]	→			名 任務, 宿題, 割り当て
0237 **particle** [pá:rṭɪkl]	→			名 微粒子, 小片
0238 **radiation** [rèɪdiéɪʃən]	→			名 放射線, 放射
0239 **priority** [praɪɔ́(:)rəṭi]	→			名 優先(権)
0240 **content** [ká(:)ntent]	→			名 コンテンツ, (~s)中身, 内容, 目次

Unit 11の復習テスト

わからないときは前Unitで確認しましょう。

例文	訳
0201 He (d　　　　　) over 1 million dollars **to** charity last year.	彼は昨年，チャリティー**に**100万ドル以上を寄付した。
0202 He asked his boss to (l　　　　　) his workload.	彼は上司に仕事量を減らすように頼んだ。
0203 The company (m　　　　　) several types of car parts at its factory in Vietnam.	その会社はベトナムの工場で数種類の自動車部品を生産している。
0204 He (c　　　　　) **to** school in Manhattan by train every day.	彼は毎日電車でマンハッタンの学校**へ**通っている。
0205 He (e　　　　　) the facts to make his new theory more convincing.	彼は自分の新しい理論をより説得力のあるものにするために，事実を誇張した。
0206 The doctor (s　　　　　) **that** air pollution was behind the high levels of disease in the area.	医師は，その地域の病気の発症率の高さは大気汚染が原因ではないかと考えた。
0207 He spent several years (a　　　　　) the skills necessary to be a car mechanic.	彼は自動車修理工になるために必要な技術を習得するのに数年間を費やした。
0208 Wildlife researchers (r　　　　　) a number of wolves into the national park in the mid-1990s.	野生動物の研究者は，1990年代中ごろ，何頭かのオオカミを国立公園に再導入した。
0209 I had to (r　　　　　) the meeting due to a problem with the meeting room.	会議室の問題があり，私はその会議の日時を変更しなければならなかった。
0210 We had to (a　　　　　) **to** the new financial situation.	私たちは新たな財政状況**に**適応しなければならなかった。
0211 The new scheme should (g　　　　　) more than 6,000 new jobs a year.	その新しい計画は，年に6,000を超える新しい雇用を生み出すはずである。
0212 These scissors are (g　　　　　) **against** breakage for two years.	このはさみには破損**に対し**，2年間の保証がついている。
0213 You are not allowed to (d　　　　　) your garbage in this area.	この地域にごみを投棄することは認められていない。
0214 It is about time that we (u　　　　　) our safety regulations.	そろそろ我々の安全規定を最新のものに更新してもよいころだ。
0215 Scientists (c　　　　　) tomatoes **as** fruits, but most people think of them as vegetables.	科学者はトマトを果物**に**分類するが，たいていの人は野菜と考える。
0216 He (a　　　　　) **that** he didn't know how to solve the problem.	彼はその問題を解決する方法が分からない**と**認めた。
0217 The police say this new law will be very difficult to (e　　　　　).	警察は，この新しい法律は順守させるのが非常に難しいだろうと言っている。
0218 The charity (r　　　　　) their appeal for donations.	その慈善団体は寄付の呼びかけを再開した。
0219 She decided to (o　　　　　) the fact that he was late for the interview.	彼女は，彼が面接に遅刻した事実を大目に見ることにした。
0220 The government tried to (e　　　　　) the effectiveness of the new policy.	政府は新しい政策の効果を評価しようとした。

解答 0201 donated 0202 lessen 0203 manufactures 0204 commutes 0205 exaggerated 0206 suspected 0207 acquiring 0208 reintroduced 0209 reschedule 0210 adapt 0211 generate 0212 guaranteed 0213 dump 0214 updated 0215 classify 0216 acknowledged 0217 enforce 0218 renewed 0219 overlook 0220 evaluate

学習日　　　　　　　　月　　　　日

単語	1回目	2回目	3回目	意 味
0241 **destination** [dèstɪnéɪʃən]	→			图 (旅行などの) 目的地，行き先
0242 **mine** [maɪn]	→			图 鉱山，地雷
0243 **injury** [índʒəri]	→			图 傷害，けが
0244 **lottery** [lá(:)t̬əri]	→			图 宝くじ，抽選
0245 **feature** [fíːtʃər]	→			图 特徴，特集記事
0246 **labor** [léɪbər]	→			图 労働，労働力
0247 **diabetes** [dàɪəbíːt̬əs]	→			图 糖尿病
0248 **bulb** [bʌlb]	→			图 電球，球根
0249 **résumé** [rézəmèɪ]	→			图 ▆▆ 履歴書，要約
0250 **mud** [mʌd]	→			图 ぬかるみ，泥
0251 **psychology** [saɪká(:)lədʒi]	→			图 心理学
0252 **corporation** [kɔ̀:rpəréɪʃən]	→			图 大企業，株式会社
0253 **ecosystem** [íːkoʊsìstəm]	→			图 生態系
0254 **promotion** [prəmóʊʃən]	→			图 昇進⟨to ～への⟩，促進，販売促進
0255 **administration** [ədmìnɪstréɪʃən]	→			图 管理，(the Administrationで) 政府
0256 **complaint** [kəmpléɪnt]	→			图 苦情，不平
0257 **debt** [det]	→			图 借金，負債，恩義
0258 **requirement** [rɪkwáɪərmənt]	→			图 必要条件⟨for ～にとっての⟩，(通例 ～s) 必需品
0259 **workforce** [wə́:rkfɔ̀:rs]	→			图 総従業員，(1国・1産業などの) 労働人口
0260 **preference** [préfərəns]	→			图 ほかより好むこと，好み

例文	訳
0221 The police have no idea who（c　　　　　）this murder.	警察は誰がこの殺人を犯したのか全く分かっていない。
0222 They were involved in a very heated（a　　　　　）.	彼らは非常に白熱した議論に参加していた。
0223（A　　　　　）believe the site to be more than 4,000 years old.	考古学者たちは，その遺跡が4,000年以上前のものであると信じている。
0224 The company's（r　　　　　）was damaged after its president was arrested.	社長が逮捕された後，その会社の評判は傷つけられた。
0225 Many（f　　　　　）of large animals can be found in areas with cold, dry climates.	寒くて乾燥した気候の地域では，大型動物の化石が数多く発見される。
0226 He has achieved a high（s　　　　　）in his company and receives an excellent salary.	彼は会社で高い地位を得て，素晴らしい給料をもらっている。
0227 In（c　　　　　）with his predecessor, the new president seems determined to improve the healthcare system.	前任者とは対照的に，新大統領は医療制度を改善しようと心に決めているようだ。
0228 He took me to his（w　　　　　）and introduced me to his coworkers.	彼は私を彼の職場に連れていき，同僚に紹介した。
0229 Of course, I believe in（e　　　　　）between men and women.	もちろん，私は男女の平等はよいことだと思っている。
0230 I have lunch with my（c　　　　　）three or four times a week.	私は週に3〜4回，同僚と昼食を食べる。
0231 The information desk attendants can give customers（a　　　　　）in finding what they need.	案内デスクのスタッフは，顧客が必要としているものを見つける手助けをすることができる。
0232 She dreams of being rich and living a life of（l　　　　　）.	彼女は金持ちになって，ぜいたく三昧の生活を送ることを夢見ている。
0233 There have been several（o　　　　　）of swine flu in this area.	この地域では数件の豚インフルエンザが突発的に発生している。
0234 The city（c　　　　　）meets every Tuesday at 6 p.m. in the town hall.	市議会は毎週火曜日午後6時に市庁舎で開かれる。
0235 The museum has a large collection of ancient Japanese（p　　　　　）.	その美術館は，古い日本の陶器を数多くそろえている。
0236 He was given the difficult（a　　　　　）of updating the company's computer system.	彼は，会社のコンピューターシステムを最新の状態にするという難しい任務を与えられた。
0237 What is the smallest known（p　　　　　）of matter?	物質の中ですでに知られている最も小さな微粒子は何ですか。
0238 The officials measured the levels of（r　　　　　）on the ground.	職員は地表の放射線レベルを測定した。
0239 The first（p　　　　　）of this government is to improve the education system.	この政府が最優先すべきことは，教育制度の改善だ。
0240 We need to update the（c　　　　　）on our website as soon as possible.	我々はできるだけ早くウェブサイトのコンテンツを更新する必要がある。

解答　0221 committed　0222 argument　0223 Archaeologists　0224 reputation　0225 fossils　0226 status　0227 contrast
0228 workplace　0229 equality　0230 colleagues　0231 assistance　0232 luxury　0233 outbreaks　0234 council　0235 pottery
0236 assignment　0237 particle　0238 radiation　0239 priority　0240 content

単語	1回目	2回目	3回目	意　味
0261 **refugee** [rèfjudʒíː]	→			图難民，亡命者
0262 **inhabitant** [ɪnhǽbəṭənt]	→			图居住者，住民
0263 **subscription** [səbskrípʃən]	→			图予約購読(料)⟨to, for ～の⟩，寄付(金)
0264 **recipient** [rɪsípiənt]	→			图受取人，(臓器などを提供者から)受ける人
0265 **shift** [ʃíft]	→			图変化⟨in ～における, from ～からの, to ～への⟩，転換，(勤務の)交替
0266 **vessel** [vésəl]	→			图(比較的大型の)船，容器
0267 **ingredient** [ɪngríːdiənt]	→			图材料，成分，要素
0268 **qualified** [kwá(ː)lifàɪd]	→			形有能な⟨for ～に関して, to do ～することに⟩，適任の，資格のある
0269 **widespread** [wáɪdsprèd]	→			形広範囲にわたる
0270 **alternative** [ɔːltə́ːrnəṭɪv]	→			形代替の，どちらか一方の
0271 **harsh** [háːrʃ]	→			形厳しい，粗い
0272 **enormous** [ɪnɔ́ːrməs]	→			形並外れた，莫大な
0273 **specific** [spəsífɪk]	→			形明確な，特定の
0274 **artificial** [àːrṭɪfíʃəl]	→			形人工の，不自然な
0275 **toxic** [tá(ː)ksɪk]	→			形有毒な，中毒(性)の
0276 **flexible** [fléksəbl]	→			形融通[調整]のきく，柔軟性のある
0277 **latest** [léɪṭɪst]	→			形最新の，最近の
0278 **former** [fɔ́ːrmər]	→			形以前の，元の，(the ～. 代名詞的に)前者
0279 **capable** [kéɪpəbl]	→			形有能な，能力[才能]がある⟨of doing ～する⟩
0280 **practical** [prǽktɪkəl]	→			形実践的な，実際的な

✖ Unit 13の復習テスト ▶ わからないときは前Unitで確認しましょう。

例 文	訳
0241 We arrived at our (d) about three hours behind schedule.	我々は予定より約3時間遅れて目的地に到着した。
0242 There used to be several coal (m) in this area in the past.	この地域には，かつていくつかの炭鉱があった。
0243 Several people received minor (i) in the car accident.	その自動車事故で数名が軽傷を負った。
0244 The first thing he did after winning the (l) was to call his mother.	宝くじを当てた後，彼が最初にしたのは母親に電話をすることだった。
0245 This apartment has several interesting (f) including a roof garden.	このアパートには屋上庭園を含む，いくつかの面白い特徴がある。
0246 The company decided to move production overseas to save money on (l) costs.	その会社は労働コストを節約するため，生産を海外に移すことを決めた。
0247 In many cases, you can cure (d) by changing your diet.	多くの場合，食事を変えることで糖尿病を治すことができる。
0248 These LED light (b) are more energy-efficient than the ones we used to have.	これらのLED電球は我々が以前持っていたものよりもエネルギー効率がよい。
0249 Job applicants were asked to send a recent photograph along with their (r).	求職者は履歴書と併せて最近の写真を送付するよう求められた。
0250 After the storm, the land was really soft and the car got stuck in the (m).	嵐の後，地面がとても柔らかく，その車はぬかるみにはまってしまった。
0251 The scientist has written many books about child (p).	その科学者には，児童心理学に関する多くの著作がある。
0252 She works for a global (c) with offices in many countries.	彼女は多くの国々に営業所がある世界的大企業で働いている。
0253 Many (e) around the world are being affected by global warming.	世界中の多くの生態系が，地球温暖化の影響を受けている。
0254 His (p) **to** head of department surprised everyone in the office.	彼の事業部長への昇進に，オフィスの誰もが驚いた。
0255 The day-to-day (a) of most companies is handled by middle managers, not presidents.	ほとんどの会社の日常の管理業務は社長ではなく，中間管理職が扱っている。
0256 The landlord ignored the tenants' (c) about the leaky roof.	家主は，屋根が雨漏りするという賃借人の苦情を無視した。
0257 I plan to pay off all my (d) by next September.	私は次の9月までに全ての借金を返済し終えるつもりだ。
0258 The entrance (r) **for** this course is a high school diploma.	この講座の受講要件は，高校を卒業していることだ。
0259 Eighty percent of the (w) in this factory are men.	この工場の総従業員の80パーセントが男性だ。
0260 Many consumers expressed a (p) for this brand of washing detergent.	多くの消費者がこのブランドの洗剤を好んでいることを明らかにした。

解答 0241 destination　0242 mines　0243 injuries　0244 lottery　0245 features　0246 labor　0247 diabetes　0248 bulbs
0249 résumé　0250 mud　0251 psychology　0252 corporation　0253 ecosystems　0254 promotion　0255 administration
0256 complaints　0257 debts　0258 requirement　0259 workforce　0260 preference

学習日　　　　　月　　　日

単語	♪ 1回目	◉ 2回目	◉ 3回目	意 味
0281 **mechanical** [mɪkǽnɪkəl]	→			形 機械の，機械的な
0282 **federal** [fédərəl]	→	↓		形 連邦政府の，米国(政府)の
0283 **aggressive** [əgrésɪv]	→	↓		形 攻撃的な
0284 **adequate** [ǽdɪkwət]	→	↓		形 (ちょうど)十分な〈for ~のために〉，ふさわしい
0285 **unexpected** [ʌ̀nɪkspéktɪd]	→	↓		形 思いがけない
0286 **attractive** [ətrǽktɪv]	→	↓		形 魅力的な
0287 **sufficient** [səfíʃənt]	→	↓		形 十分な〈for ~に, to do ~ するのに〉
0288 **costly** [kɔ́:stli]	→	↓		形 費用のかかる，高価な，犠牲［損失，労力］の大きな
0289 **eventually** [ɪvéntʃuəli]	→	↓		副 ついに(は)，結局(は)
0290 **otherwise** [ʌ́ðərwàɪz]	→	↓		副 そうでなければ，そのほかの点では
0291 **previously** [prí:viəsli]	→	↓		副 以前に
0292 **relatively** [rélətɪvli]	→	↓		副 比較的(に)，相対的に
0293 **consequently** [ká(:)nsəkwèntli]	→	↓		副 その結果(として)，従って
0294 **constantly** [ká(:)nstəntli]	→	↓		副 絶えず，常に
0295 **typically** [típɪkəli]	→	↓		副 通常，概して，典型的に
0296 **barely** [béərli]	→	↓		副 かろうじて，ほとんど…ない
0297 **despite** [dɪspáɪt]	→	↓		前 ~にもかかわらず
0298 **per** [pər]	→	↓		前 ~につき，~ごとに
0299 **beneath** [bɪní:θ]	→	↓		前 ~の下に［の］
0300 **whereas** [hweəræz]	→	↓		接 ~であるのに，~に反して

例　文	訳
0261 The (r　　　　　) from the war zone need our help urgently.	その交戦地域からの<u>難民</u>は我々の支援を緊急に必要としている。
0262 The (i　　　　　) of the city are very proud of how clean it is.	その都市の<u>住人</u>は，都市の清潔さをとても誇りに思っている。
0263 I took out a (s　　　　　) **to** the new fashion magazine.	私は新しいファッション誌の<u>予約購読</u>を申し込んだ。
0264 He has been the (r　　　　　) of several important awards.	彼はいくつかの重要な賞を<u>受賞した人物</u>である。
0265 There has been a (s　　　　　) **in** attitudes toward working women in the last twenty years.	過去20年で働く女性に対する考え方の<u>変化</u>があった。
0266 This large (v　　　　　) can carry over 500 passengers and crew.	この大型<u>船</u>は500人を超える乗客と乗員を運ぶことができる。
0267 You will need several (i　　　　　) in order to make this cake.	このケーキを作るにはいくつかの<u>材料</u>が必要だろう。
0268 The new principal is not only highly (q　　　　　) but also very popular with the students.	新しい校長は非常に<u>有能である</u>ばかりでなく，生徒たちにとても人気がある。
0269 The hurricane caused (w　　　　　) damage along the coast.	ハリケーンは沿岸に<u>広範囲にわたる</u>被害を与えた。
0270 Some types of (a　　　　　) medicine have become very popular in recent years.	<u>代替</u>医療には近年とても人気になったものもある。
0271 Last year's (h　　　　　) winter has had a bad effect on crops in this area.	昨年の<u>厳しい</u>冬がこの地域の農作物に悪影響を与えた。
0272 Employees in large companies feel an (e　　　　　) pressure to succeed.	大企業の社員は，成功しなければならないという<u>途方もない</u>プレッシャーを感じている。
0273 A meeting will be held tomorrow to discuss the (s　　　　　) details of the merger.	合併の<u>具体的な</u>詳細を議論するために，明日会合が開かれる。
0274 These potato chips contain a lot of (a　　　　　) additives.	これらのポテトチップスは，多くの<u>人工</u>添加物を含んでいる。
0275 The company dumped a lot of (t　　　　　) waste into the sea.	その会社は海に大量の<u>有毒な</u>廃棄物を投棄した。
0276 The company plans to introduce (f　　　　　) working hours next year.	その会社は来年，<u>融通のきく</u>労働時間（＝フレックスタイム制）を導入する予定だ。
0277 The doctors performed the operation using the (l　　　　　) technology.	医師たちは<u>最新の</u>技術を使ってその手術を行った。
0278 He returned to his (f　　　　　) home after several years working abroad.	彼は数年海外で仕事をした後，<u>以前の</u>家に戻ってきた。
0279 She is a very (c　　　　　) lawyer and we are sad that she is planning to retire.	彼女はとても<u>有能な</u>弁護士なので，引退を予定していて我々は悲しい。
0280 During your internship, you can gain (p　　　　　) work experience in the workplace.	インターンの期間中には，職場での<u>実践的な</u>仕事体験ができる。

解答 0261 refugees　0262 inhabitants　0263 subscription　0264 recipient　0265 shift　0266 vessel　0267 ingredients
0268 qualified　0269 widespread　0270 alternative　0271 harsh　0272 enormous　0273 specific　0274 artificial　0275 toxic
0276 flexible　0277 latest　0278 former　0279 capable　0280 practical

学習日　　　　　　　　　月　　　日

単語	1回目	2回目	3回目	意味
0301 **post** [poʊst]	→		↓	動 (インターネットで)(情報・メッセージ)を投稿する〈on ~に〉,(ビラなど)を張る
0302 **reject** [rɪdʒékt]	→	↓		動 を拒絶する,を拒否する
0303 **consult** [kənsʌ́lt]	→	↓		動 に相談する〈about, on ~について〉,(辞書など)を調べる
0304 **obey** [oʊbéɪ]	→	↓		動 に服従する,(命令・規則など)に従う
0305 **engage** [ɪngéɪdʒ]	→	↓		動 を従事させる〈in ~に〉,を引きつける,を雇う
0306 **restore** [rɪstɔ́:r]	→	↓		動 を修復する,を復活させる
0307 **colonize** [ká(:)lənàɪz]	→	↓		動 を植民地化する,を入植させる
0308 **interact** [ìnṯərǽkt]	→	↓		動 交流する〈with ~と〉,互いに影響し合う
0309 **inspire** [ɪnspáɪər]	→	↓		動 に創造的刺激を与える,を奮起させる
0310 **sue** [sju:]	→	↓		動 を訴える〈for ~のかどで〉,を告訴する
0311 **estimate** [éstɪmèɪt]	→	↓		動 (estimate that ... で)…と推定する,を見積もる
0312 **strengthen** [stréŋkθən]	→	↓		動 を(より)強くする
0313 **carve** [kɑ:rv]	→	↓		動 を彫って作る〈out of, from ~から〉
0314 **convince** [kənvíns]	→	↓		動 (convince O to do で)を説得して~させる,を納得させる
0315 **propose** [prəpóʊz]	→	↓		動 を提案する〈to ~に〉,結婚を申し込む
0316 **blame** [bleɪm]	→	↓		動 のせいにする〈for 過失などを〉,を非難する,の責任を負わせる〈on ~に〉
0317 **collapse** [kəlǽps]	→	↓		動 (建物などが)崩れ落ちる,(人が)倒れる
0318 **import** [ɪmpɔ́:rt]	→	↓		動 を輸入する〈from ~から〉
0319 **load** [loʊd]	→	↓		動 (車・飛行機・船など)に積む〈with ~を〉
0320 **pollute** [pəljú:t]	→	↓		動 を汚染する〈with ~で〉

例文	訳
0281 We have had several (m⎵⎵⎵) problems with the equipment recently.	最近，その設備に機械の問題がいくつかあった。
0282 Crimes in the United States that happen across state lines are covered by (f⎵⎵⎵) laws.	州の境界線をまたいで起きる合衆国での犯罪は，連邦法の所管となる。
0283 He upset her with his (a⎵⎵⎵) comments.	彼は攻撃的なコメントで彼女を動揺させた。
0284 This apartment is very small, but it is (a⎵⎵⎵) **for** our needs.	このアパートはとても狭いが，私たちのニーズには十分だ。
0285 They were forced to cancel the game due to an (u⎵⎵⎵) rainstorm.	彼らは思いがけない暴風雨のせいで試合の中止を余儀なくされた。
0286 His new girlfriend is really (a⎵⎵⎵), isn't she?	彼の新しいガールフレンドは本当に魅力的だよね。
0287 I didn't have (s⎵⎵⎵) time **to prepare** for the meeting properly.	私にはその会議のためにきちんと準備をする十分な時間がなかった。
0288 Renovating our house is turning out to be more (c⎵⎵⎵) than we thought.	私たちの家の改装には，思っていた以上に費用がかかることが判明しつつある。
0289 The runaway train (e⎵⎵⎵) came to a complete stop.	暴走した列車は，ついに完全に停止した。
0290 We have to take action fast. (O⎵⎵⎵) it will be too late.	我々は素早く行動を起こさなければならない。そうでなければ，手遅れになってしまうだろう。
0291 The report contains a lot of data on volcanoes not (p⎵⎵⎵) published.	その報告書には，火山に関する以前には発表されていなかった多くのデータが含まれる。
0292 Europe's major cities and capitals are all (r⎵⎵⎵) close to each other.	ヨーロッパの主要都市と首都は，互いに比較的近いところにある。
0293 She didn't do well in her exams, and (c⎵⎵⎵) had to take them again.	彼女は試験の出来がよくなかったので，その結果再度受けなければならなかった。
0294 Technology seems to be (c⎵⎵⎵) changing these days and it is hard to keep up.	近ごろ，テクノロジーは絶えず変化しているようで，遅れずについていくのが難しい。
0295 The ferry trip to the island (t⎵⎵⎵) takes around 40 minutes.	フェリーでその島まで行くのは通常約40分かかる。
0296 We were (b⎵⎵⎵) able to escape from the burning building in time.	私たちは手遅れになる前に，炎上する建物からかろうじて逃げ出すことができた。
0297 (D⎵⎵⎵) the difficulties, the researchers are certain to find a cure for the disease.	困難にもかかわらず，研究者たちはきっとその病気の治療法を見つけるだろう。
0298 The budget for the party is 100 dollars (p⎵⎵⎵) person.	そのパーティーの予算は1人につき100ドルである。
0299 The explorers discovered a series of tunnels deep (b⎵⎵⎵) the surface of the earth.	その探検家たちは地表の下深くに一連のトンネルを発見した。
0300 (W⎵⎵⎵) the previous accounting system was very complicated, the new one is simple.	以前の会計制度はとても複雑だったが，新しい制度はシンプルである。

解答 0281 mechanical　0282 federal　0283 aggressive　0284 adequate　0285 unexpected　0286 attractive　0287 sufficient　0288 costly　0289 eventually　0290 Otherwise　0291 previously　0292 relatively　0293 consequently　0294 constantly　0295 typically　0296 barely　0297 Despite　0298 per　0299 beneath　0300 Whereas

学習日　　　　月　　　日

単語	1回目	2回目	3回目	意味
0321 **spot** [spɑ(:)t]	→			图(特定の)場所, 斑点, しみ
0322 **prescription** [prɪskrípʃən]	→	↓		图処方箋, 処方
0323 **duty** [djúːṭi]	→	↓		图仕事, 義務, 責任
0324 **union** [júːnjən]	→	↓		图組合, 統合, 団結
0325 **concept** [ká(:)nsèpt]	→	↓		图概念〈of ~の〉
0326 **root** [ruːt]	→	↓		图根本, 源, (植物の)根
0327 **survival** [sərváɪvəl]	→	↓		图生き残ること, 生き延びること
0328 **maintenance** [méɪntənəns]	→	↓		图保守〈of ~の〉, 整備, 維持
0329 **formation** [fɔːrméɪʃən]	→	↓		图形成, 構成(物)
0330 **educator** [édʒəkèɪṭər]	→	↓		图教育者, 教師
0331 **kidney** [kídni]	→	↓		图腎臓
0332 **nutrition** [njutríʃən]	→	↓		图栄養(物)
0333 **brand** [brænd]	→	↓		图ブランド, 銘柄
0334 **storage** [stɔ́ːrɪdʒ]	→	↓		图保管, 貯蔵(法), 収容力
0335 **firm** [fəːrm]	→	↓		图会社, 商社
0336 **statistics** [stətístɪks]	→	↓		图統計(資料), 統計学
0337 **toll** [toʊl]	→	↓		图(災害・戦争・病気などによる)損失, 死傷者数, (道路などの)使用[通行]料金
0338 **tip** [tɪp]	→	↓		图秘訣〈on, about ~についての〉, チップ
0339 **CEO** [sìːiːóʊ]	→	↓		图最高経営責任者
0340 **circumstance** [sə́ːrkəmstæns]	→	↓		图(通例 ~s)状況, 事情

例　文	訳
0301 The actress usually (p　　　　　) pictures of her life **on** social media several times a day.	その女優は通常，1日に数回，ソーシャルメディアに日常の写真を投稿する。
0302 The President (r　　　　　) the idea that his economic policies were causing problems.	大統領は自分の経済政策が問題を引き起こしているという考えを拒絶した。
0303 It is advisable to (c　　　　　) a lawyer before signing any agreement.	どんな契約書であっても署名する前には弁護士に相談することが望ましい。
0304 The soldiers were expected to (o　　　　　) their superiors.	兵士たちは上官に服従するのが当然だと思われていた。
0305 The two sides are (e　　　　　) **in** negotiations at the moment.	両者は目下のところ，交渉に取り組んでいる。
0306 We hope to (r　　　　　) the house to its original state.	私たちは元の状態に家を修復することを望んでいる。
0307 The British were the first people to (c　　　　　) this area.	イギリス人は，最初にこの地域を植民地化した国民だ。
0308 The teacher watched how the children (i　　　　　) **with** one another.	教師は子供たちがどのようにお互いに交流するのかを観察した。
0309 The children were (i　　　　　) by the acrobat's spectacular performance.	子供たちは軽業師の見事な演技に刺激を受けた。
0310 The actress (s　　　　　) the newspaper **for** publishing private photos of her without her consent.	その女優は，彼女のプライベート写真を同意なく公表したことで新聞社を訴えた。
0311 Local officials (e　　　　　) it will cost around 10 million dollars to repair the historical building.	地元の役人は，その歴史的建造物を修繕するには約1,000万ドルかかるだろうと見積もっている。
0312 The coach decided to bring in some new players to (s　　　　　) the soccer team.	そのコーチはサッカーチームを強化するため，新たな選手を数名入れることに決めた。
0313 The artist (c　　　　　) this famous statue **out of** a single piece of stone.	その芸術家は1つの石からこの有名な彫像を作った。
0314 It took the boy a long time to (c　　　　　) his parents **to let** him study abroad.	その少年が両親を説得して海外留学を許してもらうには長い時間がかかった。
0315 The government minister (p　　　　　) a change to the tax law.	その大臣は税法の改正を提案した。
0316 The bus driver was unfairly (b　　　　　) **for** the road accident.	そのバス運転手は交通事故の責任を不当に負わされた。
0317 Several old buildings (c　　　　　) due to the large earthquake.	いくつかの古い建物が，大地震によって倒壊した。
0318 This Japanese company (i　　　　　) soft drinks **from** the USA.	この日本企業はソフトドリンクをアメリカから輸入している。
0319 The truck was heavily (l　　　　　) **with** fruit and vegetables.	そのトラックには果物と野菜がどっさり積まれていた。
0320 The local people complained that the factory was (p　　　　　) the air and causing them to become sick.	地元の人々はその工場が大気を汚染し，彼らの健康を害していると苦情を訴えた。

解答 0301 posts　0302 rejected　0303 consult　0304 obey　0305 engaged　0306 restore　0307 colonize　0308 interacted
0309 inspired　0310 sued　0311 estimate　0312 strengthen　0313 carved　0314 convince　0315 proposed　0316 blamed
0317 collapsed　0318 imports　0319 loaded　0320 polluting

学習日　　　　　　月　　　日

単 語	1回目	2回目	3回目	意 味
0341 **outsider** [àʊtsáɪdər]	→			图 部外者，門外漢
0342 **reduction** [rɪdʌ́kʃən]	→			图 減少，削減
0343 **settlement** [sétlmənt]	→			图 開拓地，解決，合意
0344 **divorce** [dɪvɔ́ːrs]	→			图 離婚，（完全な）分離
0345 **likelihood** [láɪklihʊ̀d]	→			图 可能性〈of ～の. that … …という〉，見込み
0346 **livestock** [láɪvstà(ː)k]	→			图 (牛・羊・豚などの)家畜(類)
0347 **possession** [pəzéʃən]	→			图 (通例 ～s)所有物，財産，所有
0348 **plot** [plɑ(ː)t]	→			图 小区画(の土地)，陰謀，(小説などの)筋
0349 **category** [kǽt̬əgɔ̀ːri]	→			图 部類，区分
0350 **welfare** [wélfèər]	→			图 福祉，🇺🇸生活保護
0351 **moisture** [mɔ́ɪstʃər]	→			图 湿気，（水）蒸気，水分
0352 **obesity** [oʊbíːsət̬i]	→			图 (病的な)肥満
0353 **grant** [grænt]	→			图 助成金〈from ～からの. for ～のための〉，奨学金
0354 **layer** [léɪər]	→			图 層〈of ～の〉，重なり
0355 **secretary** [sékrətèri]	→			图 秘書〈to ～の〉
0356 **anxiety** [æŋzáɪət̬i]	→			图 不安〈about, over, for ～についての〉，心配
0357 **ownership** [óʊnərʃìp]	→			图 所有権，所有者であること
0358 **foundation** [faʊndéɪʃən]	→			图 基礎〈of, for ～の〉，基盤
0359 **division** [dɪvíʒən]	→			图 不和〈between, among ～の間の〉，分割，部門，仕切り
0360 **establishment** [ɪstǽblɪʃmənt]	→			图 設立，制定，組織

例 文	訳
0321 We found a quiet (s　　　) under some trees to have our picnic.	我々はピクニックをするために，木陰の静かな場所を見つけた。
0322 I took the (p　　　) the doctor had given me to the drugstore.	私は医者からもらった<u>処方箋</u>を薬局に持って行った。
0323 Many couples these days share housework as well as other (d　　　) like childcare.	最近，多くの夫婦は育児のような<u>仕事</u>と同様に家事も分担する。
0324 The labor (u　　　) supported the workers who were unfairly dismissed.	<u>労働組合</u>は不当に解雇された労働者を支援した。
0325 The teacher had trouble explaining the difficult (c　　　) to his students.	その先生は生徒たちにその難しい<u>概念</u>を説明するのに苦労した。
0326 To solve the problem, it is important that we understand its (r　　　) cause.	その問題を解決するために，その<u>根本</u>原因を理解することが重要である。
0327 We must tackle the issue of climate change if we are to ensure the (s　　　) of the human race.	人類の<u>生き残り</u>を確実にしようとするなら，我々は気候変動の問題に取り組まなければならない。
0328 Regular (m　　　) is necessary to keep the machinery running smoothly.	その機械がスムーズに作動し続けるようにするためには定期的な<u>保守点検</u>が必要である。
0329 The experiments taught the children about the (f　　　) of crystals.	実験によって子供たちは結晶の<u>形成</u>について学んだ。
0330 Many (e　　　) are concerned about the funding cuts to public schools.	多くの<u>教育者</u>は公立学校に対する財源の削減について心配している。
0331 The patient is recovering well after receiving a (k　　　) transplant.	その患者は<u>腎臓</u>移植を受けた後，順調に回復しつつある。
0332 Beans are not only inexpensive but also a very good source of (n　　　).	豆類は安価であるだけでなく，非常によい<u>栄養</u>源である。
0333 The supermarket stocks several (b　　　) of breakfast cereal.	そのスーパーはいくつかの朝食用シリアルの<u>ブランド</u>を置いている。
0334 My new apartment has a large amount of (s　　　) space.	私の新しいアパートには，広い<u>収納</u>スペースがある。
0335 Both of my brothers work for my uncle's (f　　　).	私の兄弟は2人ともおじの<u>会社</u>で働いている。
0336 (S　　　) show that consuming plant-based foods is good for the environment.	<u>統計</u>が示すところによると，植物由来の食品を消費することは環境によい。
0337 The forest fire took a heavy (t　　　) on the people living in the area.	その森林火災のせいで，その地域に住む人々は大変な<u>損失</u>を負った。
0338 He gave me several (t　　　) **on** how to write a good résumé.	彼はよい履歴書の書き方についていくつかの<u>秘訣</u>を教えてくれた。
0339 After his 60th birthday, the company's (C　　　) decided to retire.	60歳の誕生日を迎えて，その会社の<u>最高経営責任者</u>は引退を決めた。
0340 The (c　　　) of the crime were not clear to the police.	警察には犯罪の<u>状況</u>が明らかではなかった。

解答 0321 spot　0322 prescription　0323 duties　0324 union　0325 concept　0326 root　0327 survival　0328 maintenance
0329 formation　0330 educators　0331 kidney　0332 nutrition　0333 brands　0334 storage　0335 firm　0336 Statistics　0337 toll
0338 tips　0339 CEO　0340 circumstances

学習日　　月　　日

単語	1回目	2回目	3回目	意 味
0361 **conservation** [kà(:)nsərvéɪʃən]	→			图（動植物・森林などの）保護，（建物・文化遺産などの）保存
0362 **murder** [mə́ːrdər]	→			图 殺人
0363 **presence** [prézəns]	→			图 存在，出席
0364 **paradox** [pǽrədà(:)ks]	→			图 パラドックス，逆説，矛盾
0365 **prisoner** [prízənər]	→			图 囚人
0366 **surgeon** [sə́ːrdʒən]	→			图 外科医
0367 **frequency** [fríːkwənsi]	→			图 頻度，しばしば起こること
0368 **port** [pɔːrt]	→			图 港
0369 **reception** [rɪsépʃən]	→			图 歓迎会，受付，（テレビなどの）受信状態
0370 **coworker** [kóuwə̀ːrkər]	→			图 同僚，仕事仲間
0371 **rust** [rʌst]	→			图 さび
0372 **athletics** [æθlétɪks]	→			图 ■ スポーツ，運動競技
0373 **voyage** [vɔ́ɪɪdʒ]	→			图（ゆったりした長い）旅，船旅
0374 **ecologist** [ɪká(:)lədʒɪst]	→			图 生態学者，環境保護論者
0375 **soul** [soul]	→			图 魂，精神
0376 **isolated** [áɪsəlèɪṭɪd]	→			形 孤立した，孤独な
0377 **biased** [báɪəst]	→			形 偏った，偏見を持った〈against ～に対して〉
0378 **multiple** [mʌ́ltɪpl]	→			形 多数の，多様な
0379 **critical** [kríṭɪkəl]	→			形 批判的な〈of ～に〉，重大な
0380 **remote** [rɪmóut]	→			形 人里離れた，遠い〈from ～から〉

例　文	訳
0341 I always felt like an (o　　　　　　) when I was in high school.	私は高校生だったとき，いつも部外者のように感じていた。
0342 After a (r　　　　　　) in the market price, sales increased dramatically.	市場価格の引き下げの後，売り上げは劇的に増加した。
0343 There are many (s　　　　　　) in the northern part of the country.	その国の北部地域には，多くの開拓地がある。
0344 The rate of (d　　　　　　) has increased in the last ten years.	この10年間で離婚率が増加している。
0345 There is a strong (l　　　　　　) **that** the next president will be a woman.	次の社長が女性になる可能性は高い。
0346 The farmer sold all his (l　　　　　　) and went to live in the city.	その農場経営者は全ての家畜を売り，市街地に移り住んだ。
0347 You should take better care of your (p　　　　　　).	あなたは持ち物にもっと気を配った方がいい。
0348 Each family in the area was assigned a (p　　　　　　) of land.	その地域の各家族に小区画の土地が割り当てられた。
0349 I filed the papers under three main (c　　　　　　).	私は3つの主な分類に沿って書類を整理した。
0350 The new government announced several changes to the social (w　　　　　　) system.	新政府は社会福祉制度に対するいくつかの変更を発表した。
0351 She wiped the (m　　　　　　) off the inside of her goggles before putting them on.	彼女はゴーグルをつける前に，内側の湿気をぬぐい取った。
0352 (O　　　　　　) can raise the risk of a number of diseases.	肥満はいくつかの病気のリスクを高め得る。
0353 The Ph.D. student received a (g　　　　　　) **from** the government for her research.	その博士課程の学生は，自分の研究に対して政府から助成金を得た。
0354 A thick (l　　　　　　) **of** dust covered everything in the old house.	その古い家では，厚いほこりの層が全てを覆っていた。
0355 I asked my (s　　　　　　) to prepare the documents I needed for the meeting.	私は会議に必要な書類を準備するように秘書に頼んだ。
0356 It is not unusual for students to experience (a　　　　　　) when waiting for exam results.	学生が試験結果を待つとき，不安に思うのは珍しくない。
0357 The two groups have been fighting over (o　　　　　　) of the land for several years now.	2つのグループはその土地の所有権をめぐってもう数年間争っている。
0358 Their discoveries laid the (f　　　　　　) **for** modern scientific thought.	彼らの発見は近代科学思想の基礎を築いた。
0359 The (d　　　　　　) **between** the rich and the poor is getting worse in that country.	その国では，富裕層と貧困層の分断が悪化している。
0360 The two universities announced the (e　　　　　　) of a joint research laboratory.	その2つの大学は，共同研究所の設立を発表した。

解答　0341 outsider　0342 reduction　0343 settlements　0344 divorce　0345 likelihood　0346 livestock　0347 possessions
0348 plot　0349 categories　0350 welfare　0351 moisture　0352 Obesity　0353 grant　0354 layer　0355 secretary　0356 anxiety
0357 ownership　0358 foundations　0359 division　0360 establishment

学習日　　　月　　　日

単 語	1回目	2回目	3回目	意 味
0381 **encouraging** [ɪnkɔ́ːrɪdʒɪŋ]	→			形 勇気づける，望みを持たせる
0382 **underground** [ʌ̀ndərgráund]	→			形 地下の，秘密の
0383 **stable** [stéɪbl]	→			形 安定した
0384 **domestic** [dəméstɪk]	→			形 国内の，家庭の
0385 **shallow** [ʃǽlou]	→			形 浅薄な，浅い
0386 **willing** [wílɪŋ]	→			形 (willing to do で)〜するのをいとわない，快く〜する
0387 **superior** [supíəriər]	→			形 優れている〈to 〜より〉，勝っている
0388 **profitable** [prá(ː)fəṭəbl]	→			形 利益になる，有利な
0389 **solid** [sá(ː)ləd]	→			形 確実な，固体の，頑丈な
0390 **tremendous** [trəméndəs]	→			形 (大きさ・数量・程度などが)途方もない
0391 **intellectual** [ìnṭəléktʃuəl]	→			形 知的な，知性の
0392 **chief** [tʃiːf]	→			形 主な，最高位の
0393 **steady** [stédi]	→			形 着実な，一定した，固定された
0394 **evil** [íːvəl]	→			形 邪悪な，有害な
0395 **coastal** [kóustəl]	→			形 沿岸(地方)の
0396 **dairy** [déəri]	→			形 ミルクから作られる，酪農の
0397 **digestive** [daɪdʒéstɪv]	→			形 消化の
0398 **loyal** [lɔ́ɪəl]	→			形 忠実な〈to 〜に〉
0399 **sensory** [sénsəri]	→			形 感覚の，知覚の
0400 **fancy** [fǽnsi]	→			形 高級な，装飾的な

単語編

でる度
A
↓
0381
〜
0400

例 文	訳
0361 The new (c　　　　) measures led to a rise in the number of elephants in the area.	新しい保護対策により，その地域の象の数が増えた。
0362 The police reported that the (m　　　　) rate in the city is falling every year.	警察は，その都市の殺人率は年々下がっていると報告した。
0363 The continuing (p　　　　) of the army in the area is upsetting local residents.	その地域に継続して軍がいることが地元の住民を困らせている。
0364 He found it to be a (p　　　　) that the harder he worked, the less he achieved.	働けば働くほど得るものが減るのはパラドックスだと彼は思った。
0365 The political (p　　　　) spent over ten years in jail before he was set free.	その政治犯は釈放されるまで10年以上を刑務所で過ごした。
0366 He spoke with the (s　　　　) about his upcoming heart operation.	彼は今度の心臓手術について外科医と話した。
0367 The (f　　　　) of storms and extreme weather events has been increasing recently.	嵐と異常気象事象の頻度は最近高くなっている。
0368 The large cruise ship sailed slowly into the (p　　　　).	大きなクルーズ船はその港にゆっくりと入った。
0369 There will be a (r　　　　) for conference attendees in the ballroom at 7 p.m.	午後7時に，大宴会場で会議の出席者のための歓迎会がある。
0370 The woman and one of her (c　　　　) decided to ask their boss for a raise.	その女性と彼女の同僚の1人は上司に昇給を要求することに決めた。
0371 Many of the tools in the box were covered in (r　　　　).	その箱の中の道具の多くはさびに覆われていた。
0372 In many countries, men's (a　　　　) receives more funding than women's (a　　　　).	多くの国では，男子スポーツが女子スポーツよりも多くの資金援助を受ける。
0373 The sailors' (v　　　　) around the world took several years.	その船員たちの世界一周の航海は数年を要した。
0374 Several famous (e　　　　) gave speeches at the conference on climate change.	数名の著名な生態学者が，気候変動についてその会議で演説した。
0375 The people prayed for the (s　　　　) of those who had died in the shipwreck.	人々は，船の沈没により亡くなった人たちの魂に祈りを捧げた。
0376 Elderly people who live alone can feel (i　　　　).	ひとり暮らしのお年寄りは，孤立しているように感じることがある。
0377 This report found that the media has become more (b　　　　) in recent years.	この報告によると，近年メディアはより偏っている。
0378 These days, the number of people who work (m　　　　) jobs is increasing.	近ごろ，多数の仕事を持つ人の数が増えている。
0379 Community leaders have been very (c　　　　) **of** the proposed cuts to welfare benefits.	コミュニティーの指導者たちは，提案された生活保護の削減に非常に批判的である。
0380 The Air Force used helicopters to deliver aid to those living in (r　　　　) areas of the country.	空軍はヘリコプターを使って，その国の僻地に住む人々に救援物資を届けた。

解答 0361 conservation　0362 murder　0363 presence　0364 paradox　0365 prisoner　0366 surgeon　0367 frequency　0368 port
0369 reception　0370 coworkers　0371 rust　0372 athletics　0373 voyage　0374 ecologists　0375 souls　0376 isolated　0377 biased
0378 multiple　0379 critical　0380 remote

学習日　　　　月　　　日

単語	1回目	2回目	3回目	意 味
0401 spoil [spɔɪl]	→			動 を台無しにする, を甘やかす
0402 stimulate [stímjulèit]	→			動 を刺激する, を激励する
0403 distract [dɪstrǽkt]	→			動 (注意・心など)をそらす〈from 〜から〉, を散らす
0404 bargain [báːrgɪn]	→			動 (売買の)交渉をする〈about, over 〜について, for 〜を求めて〉
0405 emerge [ɪmə́ːrdʒ]	→			動 明らかになる, 現れる
0406 browse [brauz]	→			動 (商品など)を見て歩く, 拾い読みする〈through 本などを〉
0407 define [dɪfáɪn]	→			動 を定義する, を明確に示す
0408 adjust [ədʒʌ́st]	→			動 を調節する〈to 〜に〉, 順応する
0409 deserve [dɪzə́ːrv]	→			動 に値する
0410 undergo [ʌ̀ndərgóu]	→			動 を経験する
0411 contradict [kà(ː)ntrədíkt]	→			動 と矛盾する, に反駁(はんばく)する
0412 withdraw [wɪðdrɔ́ː]	→			動 を引き出す〈from 〜から〉, 撤退する
0413 accompany [əkʌ́mpəni]	→			動 と一緒に行く, に付随する
0414 infect [ɪnfékt]	→			動 (人)を感染させる〈with 〜に〉, を汚染する
0415 rebel [rɪbél]	→			動 反抗する〈against 〜に〉, 反逆する
0416 convert [kənvə́ːrt]	→			動 (建物)を改造する〈into, to 〜に〉, (形・用途など)を変える
0417 calculate [kǽlkjulèit]	→			動 (calculate that ... で)…と計算する, …と判断[予測]する, を計算する
0418 utilize [júːtələ̀ɪz]	→			動 を(効果的に)利用する
0419 admit [ədmít]	→			動 (admit that ... で)…と(しぶしぶ)認める, を中に入れる
0420 punish [pʌ́nɪʃ]	→			動 を罰する〈for 罪などに対して〉, を懲らしめる

例 文	訳
0381 The (e　　　　　　) news is that the unemployment figures are down this month.	励みになるニュースは，今月は失業者数が減少しているということだ。
0382 The prisoners of war escaped through an (u　　　　　　) tunnel they had secretly built.	その戦争捕虜たちはひそかに作った地下トンネルを通って逃げた。
0383 Children need a very (s　　　　　) environment when they are growing up.	子供たちが成長する際には，とても安定した環境が必要である。
0384 This new model of car is aimed primarily at the (d　　　　　) market.	この自動車の新型モデルは主に国内市場向けである。
0385 He is a very (s　　　　　) person and only cares about himself.	彼はとても浅薄な人間で，自分のことにしか興味がない。
0386 The nurses said they were (w　　　　　) **to work** extra shifts if necessary.	看護師たちは必要であれば追加のシフトで働くこともいとわないと言った。
0387 The judges felt that the winning essay was vastly (s　　　　　) **to** any of the others.	審査員は，受賞したエッセーはほかのどれよりも圧倒的に優れていると感じた。
0388 The company recently launched a highly (p　　　　　) range of products.	その企業は最近，高い利益を上げる商品一式を発売した。
0389 The police spokesperson said they had (s　　　　　) evidence that the man was guilty.	警察の広報担当者は，その男が有罪である動かぬ証拠を持っていると話した。
0390 Scientists all over the world made a (t　　　　　) effort to find a vaccine for the virus.	世界中の科学者がそのウイルスのワクチンを見つけるために大変な努力をした。
0391 For many years, humans have underestimated the (i　　　　　) capacity of other animals such as pigs.	長年，人間は豚のようなほかの動物の知的能力を過小評価してきた。
0392 The study found that unemployment was the (c　　　　　) cause of poverty.	その研究により，失業が貧困の主な原因であることが分かった。
0393 There has been a (s　　　　　) increase in tourism in the last few years.	この2，3年，観光業には着実な増加がある。
0394 This actor is well known for playing (e　　　　　) characters, but in real life he is very pleasant.	この俳優は，悪役を演じることで有名だが，実生活ではとても感じがよい。
0395 The beaches in many (c　　　　　) areas were spoiled by oil spilling out of the damaged tanker.	多くの沿岸地方の浜は，難破したタンカーから流れ出した油によって損なわれた。
0396 In many countries, sales of (d　　　　　) products have been declining recently.	多くの国では最近，乳製品の売り上げが下がっている。
0397 The doctor decided to test the girl for allergies due to her constant (d　　　　　) problems.	その少女は常に消化不良を起こすため，医師は彼女にアレルギーの検査をすることに決めた。
0398 The actor thanked his (l　　　　　) fans for their support during his illness.	その俳優は，忠実なファンに闘病中の支援を感謝した。
0399 Scientists found that some children were suffering from (s　　　　　) processing difficulties.	科学者は，感覚処理障害に苦しんでいる子供たちがいることに気づいた。
0400 A (f　　　　　) shopping mall recently opened in the center of the town.	最近，町の中心部に高級なショッピングモールがオープンした。

解答 0381 encouraging　0382 underground　0383 stable　0384 domestic　0385 shallow　0386 willing　0387 superior
0388 profitable　0389 solid　0390 tremendous　0391 intellectual　0392 chief　0393 steady　0394 evil　0395 coastal　0396 dairy
0397 digestive　0398 loyal　0399 sensory　0400 fancy

単語	1回目	2回目	3回目	意 味
0421 approve [əprúːv]	→			動(を)承認する〈of ～を〉, (を)認可する
0422 owe [ou]	→			動(owe A to Bで)AはBのおかげである, (owe A B, owe B to Aで)AにBを負って[借りて]いる
0423 proceed [prəsíːd]	→			動向かう〈to ～に〉, 先へ進む
0424 navigate [nǽvɪgèɪt]	→			動(船舶・航空機など)(を)操舵[操縦]する
0425 postpone [poustpóun]	→			動を延期する〈to, until ～まで〉
0426 swallow [swá(ː)lou]	→			動(飲食物など)を飲み込む
0427 tailor [téɪlər]	→			動を合わせて作る〈to, for 要求・条件などに〉
0428 overhear [òuvərhíər]	→			動を偶然耳にする
0429 consequence [ká(ː)nsəkwens]	→			名(通例 ～s) 結果, 重要さ
0430 application [æ̀plɪkéɪʃən]	→			名申請書〈for ～を求める〉, 申し込み, 適用
0431 workout [wɔ́ːrkàut]	→			名運動, (運動競技の)練習
0432 obstacle [á(ː)bstəkl]	→			名障害(物)〈to ～に対する〉
0433 treaty [tríːṭi]	→			名(国家間の)条約, 協定
0434 deforestation [diːfɔ̀(ː)rɪstéɪʃən]	→			名森林破壊[伐採]
0435 infrastructure [ínfrəstrÀktʃər]	→			名インフラ, 基本的施設, 経済基盤
0436 contribution [kà(ː)ntrɪbjúːʃən]	→			名貢献〈to, toward ～への〉, 寄付(金)
0437 congestion [kəndʒéstʃən]	→			名混雑, 密集
0438 exposure [ɪkspóuʒər]	→			名身をさらすこと〈to 危険などに〉, 暴露
0439 blow [blou]	→			名強打, 打撃, 災難
0440 participation [pɑːrtìsɪpéɪʃən]	→			名参加〈in ～への〉

例　文	訳
0401 The continuous rain (s　　　　　) our holiday on the tropical island.	降り続く雨が熱帯の島での我々の休暇を台無しにした。
0402 We have to do something to (s　　　　　) the economy.	私たちは経済を刺激するために何かしなければならない。
0403 The noise (d　　　　　) them **from** doing their homework.	その騒音のせいで，宿題**から**彼らの注意がそれた。
0404 We (b　　　　　) for a long time **over** the price of the handmade rug.	私たちは手織りのラグの価格**をめぐって**長い間交渉した。
0405 New information about the scandal has (e　　　　　) in the last few days.	ここ2，3日で，スキャンダルについての新しい情報が明らかになった。
0406 I (b　　　　　) the shoe department of the store for a pair of sandals.	私はサンダルを1足買おうと思い，店内の靴売り場を見て歩いた。
0407 It is not easy to (d　　　　　) what success is.	成功とは何かを定義することは簡単ではない。
0408 You can use this key to (a　　　　　) the volume on the computer.	このキーを使ってコンピューターの音量を調節することができる。
0409 Many people think the firefighter (d　　　　　) a medal for risking his life to save the girl.	その消防士は命がけで少女を救出したことでメダルに値する，と多くの人は考えている。
0410 You should expect to (u　　　　　) many changes during your life.	あなたは生涯で多くの変化を経験すると考えておくべきだ。
0411 The new witness statement seems to (c　　　　　) the police report.	新たな目撃者の証言は，警察の調書と矛盾するようだ。
0412 There is a limit to how much money a person can (w　　　　　) **from** an ATM at any one time.	現金自動支払機で1度に引き出せる金額は制限されている。
0413 My wife (a　　　　　) me on my business trip to Seoul.	私の妻はソウル出張に私と一緒に行った。
0414 I'm afraid my computer is (i　　　　　) **with** a virus.	残念ながら私のコンピューターはウイルスに感染しているようだ。
0415 He (r　　　　　) **against** his overly strict parents.	彼は過度に厳しい両親に反抗した。
0416 The factory was (c　　　　　) **into** a large art museum.	その工場は大きな美術館に改造された。
0417 He (c　　　　　) **that** it would take about 10 years before he would be able to buy a boat.	彼は船が買えるようになるには約10年かかるだろうと算出した。
0418 Vitamin D helps your body absorb and (u　　　　　) calcium.	ビタミンDは体がカルシウムを吸収し，利用することを助ける。
0419 The driver (a　　　　　) **that** he had been texting just before the accident.	その運転手は事故の直前に携帯電話でメールをしていたことを認めた。
0420 A study found that parents tend to (p　　　　　) older children more severely than younger ones.	ある調査によると，親は年少の子供より年長の子供をより厳しく罰する傾向がある。

解答 0401 spoiled　0402 stimulate　0403 distracted　0404 bargained　0405 emerged　0406 browsed　0407 define　0408 adjust
0409 deserve　0410 undergo　0411 contradict　0412 withdraw　0413 accompanied　0414 infected　0415 rebelled　0416 converted
0417 calculated　0418 utilize　0419 admitted　0420 punish

学習日　　　　　　　月　　　日

単語	1回目	2回目	3回目	意味
0441 **crisis** [kráısıs]	→			图危機, 難局
0442 **ancestor** [ǽnsèstər]	→			图先祖, 祖先
0443 **architect** [á:rkıtèkt]	→			图建築家, 設計者
0444 **existence** [ıgzístəns]	→			图存在, 生存
0445 **deposit** [dıpá(:)zət]	→			图内金〈on ~の〉, 頭金, 預金(額)
0446 **finance** [fáınæns]	→			图金融, 財政(学)
0447 **awareness** [əwéərnəs]	→			图認識, 意識
0448 **intake** [íntèık]	→			图摂取量, (空気・水などの)取り入れ
0449 **witness** [wítnəs]	→			图目撃者〈to ~の〉, (法廷に立つ)証人
0450 **coverage** [kávərıdʒ]	→			图報道, ■(保険の)補償範囲, 適用範囲
0451 **lawsuit** [lɔ́:sjù:t]	→			图(民事)訴訟〈against ~に対する〉
0452 **session** [séʃən]	→			图会議, 集会, 会期
0453 **means** [mi:nz]	→			图(単数・複数扱い)手段〈of ~の〉, 方法
0454 **pioneer** [pàıəníər]	→			图先駆者, 草分け, (未開地の)開拓者
0455 **satisfaction** [sæ̀tısfǽkʃən]	→			图満足
0456 **basis** [béısıs]	→			图根拠〈for, of ~の〉, 基礎
0457 **element** [élımənt]	→			图(構成)要素〈of ~の〉, 成分
0458 **phenomenon** [fəná(:)mənà(:)n]	→			图現象, 事象
0459 **scale** [skeıl]	→			图規模, 程度
0460 **journal** [dʒɔ́:rnəl]	→			图(専門)雑誌, 日刊[週刊]新聞

例　文	訳
0421 Ireland was the first country to (a　　　　) same-sex marriage by referendum.	アイルランドは国民投票によって同性婚を認めた最初の国だ。
0422 I (o　　　　) my success in life **to** my parents.	私が人生において成功したのは両親のおかげである。
0423 The passengers were told to (p　　　　) immediately **to** the departure gate.	乗客たちはすぐに出発ゲートに向かうようにと言われた。
0424 The captain (n　　　　) his ship safely past the rocks.	船長は船を操舵して無事に岩礁を通り過ぎた。
0425 The conference had to be (p　　　　) due to the snowstorm.	その会議は吹雪により，延期せざるを得なかった。
0426 These tablets should be (s　　　　) with a glass of water.	これらの錠剤はコップ1杯の水と一緒に飲み込むべきだ。
0427 At this language school, we (t　　　　) our lessons to meet the needs of each student.	当語学学校では，各学習者のニーズに添うようレッスンを作っています。
0428 I (o　　　　) two of my friends discussing my surprise birthday party.	私は友人2人が私のサプライズ誕生パーティーについて話しているのを偶然耳にしてしまった。
0429 His decision to leave school could have serious (c　　　　) for his future.	退学するという彼の決断は，彼の将来にとって深刻な結果をもたらすかもしれない。
0430 I handed in my passport (a　　　　) last Tuesday.	私はこの前の火曜日にパスポートの申請書を提出した。
0431 He does a 30-minute (w　　　　) three times a week.	彼は週に3回，30分の運動をする。
0432 He had to overcome a lot of (o　　　　) before becoming president.	彼は社長になる前にたくさんの障害を乗り越えなければならなかった。
0433 The two sides met in order to sign a new peace (t　　　　).	新しい平和条約に調印するため，両国は会談した。
0434 The students learned about (d　　　　) and why it is bad for our planet.	生徒たちは森林破壊とそれが地球に悪影響を与える理由について学んだ。
0435 After the war, one of the basic needs of the country was to rebuild its (i　　　　).	戦後その国の基本的ニーズの1つは，インフラを再建することであった。
0436 He thanked her for her positive (c　　　　) **to** the conference.	彼は彼女の会議への積極的な貢献に感謝した。
0437 Drivers were advised to avoid Highway 10 due to heavy (c　　　　).	大渋滞のため，ドライバーたちは10号線を避けるように忠告を受けた。
0438 (E　　　　) **to** secondhand cigarette smoke has been known to cause cancer.	副流煙に身をさらすことはガンを引き起こすことが知られている。
0439 The boxer received several (b　　　　) to the head during the match.	そのボクサーは試合中に頭に何度か強打を受けた。
0440 (P　　　　) **in** the school festival is required of all students.	全生徒に学園祭への参加が求められている。

解答 0421 approve　0422 owe　0423 proceed　0424 navigated　0425 postponed　0426 swallowed　0427 tailor　0428 overheard
0429 consequences　0430 application　0431 workout　0432 obstacles　0433 treaty　0434 deforestation　0435 infrastructure
0436 contribution　0437 congestion　0438 Exposure　0439 blows　0440 Participation

単 語	1回目	2回目	3回目	意 味
0461 **grain** [greɪn]	→			图 (集合的に) 穀物，穀類
0462 **continent** [ká(:)ntənənt]	→			图 大陸，(the Continentで) (イギリスから見て) ヨーロッパ大陸
0463 **headquarters** [hédkwɔ̀:rtərz]	→			图 (単数・複数扱い) 本社，(軍・警察・会社などの) 本部
0464 **globalization** [glòʊbələzéɪʃən]	→			图 グローバル化
0465 **brochure** [broʊʃʊ́ər]	→			图 パンフレット，小冊子
0466 **inspection** [ɪnspékʃən]	→			图 検査，点検
0467 **attendance** [əténdəns]	→			图 (集合的に) 出席 [入場] 者数〈at ～への〉，出席
0468 **copper** [ká(:)pər]	→			图 銅
0469 **dozen** [dʌ́zən]	→			图 12 (個)，1ダース
0470 **flu** [flu:]	→			图 (しばしば the ～) インフルエンザ
0471 **burial** [bériəl]	→			图 埋葬
0472 **mold** [moʊld]	→			图 カビ
0473 **patch** [pætʃ]	→			图 小区画の土地，継ぎ
0474 **diagram** [dáɪəgræm]	→			图 図 (表)，グラフ
0475 **placement** [pléɪsmənt]	→			图 (就職先・学校・里親などの) 斡旋，配置
0476 **shame** [ʃeɪm]	→			图 残念 [遺憾] なこと，恥，不名誉
0477 **wheelchair** [hwíːltʃèər]	→			图 車椅子
0478 **experienced** [ɪkspíəriənst]	→			形 熟練した
0479 **initial** [ɪníʃəl]	→			形 初めの，語頭にある
0480 **mainstream** [méɪnstri:m]	→			形 主流の

✖ Unit 23の復習テスト　わからないときは前Unitで確認しましょう。

例　文	訳
0441 Many people were worried about the economic (c　　　　　) in the country.	多くの人々がその国の経済**危機**を心配していた。
0442 My father took me there to visit the grave of my (a　　　　　).	父は**先祖**の墓参りをするために，私をそこへ連れていった。
0443 The (a　　　　　) are working on the plans for the new sports stadium.	その**建築家**たちは新たなスポーツ競技場の設計図面に取り組んでいる。
0444 The (e　　　　　) of life outside our solar system has yet to be proven.	太陽系の外での生命の**存在**はまだ証明されていない。
0445 I put down a (d　　　　　) of 200 dollars **on** the car.	私は自動車の**内金**200ドルを支払った。
0446 He is an expert on global (f　　　　　).	彼は国際**金融**の専門家だ。
0447 He seems to lack (a　　　　　) of the dangers of drunk driving.	彼は飲酒運転の危険性に関する**認識**を欠いているようだ。
0448 The doctor suggested that he reduce his (i　　　　　) of salt by half.	医師は塩分の**摂取量**を半分に減らすことを彼に勧めた。
0449 The police have interviewed several (w　　　　　) **to** the car accident.	警察はその自動車事故の**目撃者**数人から話を聞いた。
0450 There was a lot of media (c　　　　　) of the royal wedding.	そのロイヤルウエディングに関するマスコミの**報道**はたくさんあった。
0451 I filed a (l　　　　　) **against** the company because the staff refused to replace the faulty goods.	社員が欠陥製品の交換を拒否したため，私はその会社**に対して訴訟**を起こした。
0452 An emergency (s　　　　　) of the UN Security Council was called to discuss the incident.	その紛争について話し合うため，国連安全保障理事会の緊急**会合**が招集された。
0453 Music can be a very powerful (m　　　　　) **of** communication.	音楽は非常に強力なコミュニケーションの**手段**になり得る。
0454 He was a real (p　　　　　) in the computer industry.	彼はコンピューター業界における真の**先駆者**だった。
0455 All the workers were asked to fill out a survey on employee (s　　　　　).	全ての従業員が，社員の満足度に関する調査に記入するように求められた。
0456 There is no (b　　　　　) **for** the story reported in today's newspaper.	今日の新聞で報じられた記事には何も**根拠**がない。
0457 One of the key (e　　　　　) **of** effective leadership is trust.	効果的な指導力の重要**要素**の1つは信頼である。
0458 The research team studies natural (p　　　　　) such as auroras.	その研究チームはオーロラのような自然**現象**を研究している。
0459 The government doesn't seem to understand the (s　　　　　) of the problem.	政府はその問題の**大きさ**を理解していないようだ。
0460 The doctor submitted several articles to a well-respected medical (j　　　　　).	その医師は，評判の高い医学**雑誌**に記事をいくつか投稿した。

解答 0441 crisis　0442 ancestors　0443 architects　0444 existence　0445 deposit　0446 finance　0447 awareness　0448 intake
0449 witnesses　0450 coverage　0451 lawsuit　0452 session　0453 means　0454 pioneer　0455 satisfaction　0456 basis
0457 elements　0458 phenomena　0459 scale　0460 journal

学習日　　　　月　　　日

単語	♪ 1回目	◉ 2回目	◉ 3回目	意　味
0481 **appropriate** [əpróupriət]	→			形 適切な〈for, to ~に〉
0482 **fake** [feɪk]	→			形 偽の，偽造の
0483 **alert** [ələ́:rt]	→			形 油断のない〈to, for ~に 対して〉
0484 **fatal** [féɪṭəl]	→			形 致命的な，破滅的な
0485 **nutritious** [njutríʃəs]	→			形 栄養になる
0486 **sophisticated** [səfístɪkèɪṭɪd]	→			形 洗練された，精巧な
0487 **automatic** [ɔ̀:ṭəmǽṭɪk]	→			形 自動の
0488 **raw** [rɔ:]	→			形 生の，未加工の
0489 **slight** [slaɪt]	→			形 (量・程度などが) わず かな
0490 **man-made** [mǽnmèɪd]	→			形 (物質などが) 合成の， 人工の
0491 **aging** [éɪdʒɪŋ]	→			形 高齢化が進む，老朽化 している
0492 **spiritual** [spírɪtʃuəl]	→			形 精神的な，精神の
0493 **endangered** [ɪndéɪndʒərd]	→			形 (動植物が) 絶滅の危機 にある
0494 **sticky** [stíki]	→			形 ねばねばの，粘着性の
0495 **fertile** [fə́:rṭəl]	→			形 (土地などが) 肥沃な
0496 **elsewhere** [élshwèər]	→			副 どこかほかのところで [に，へ]
0497 **altogether** [ɔ̀:ltəgéðər]	→			副 完全に
0498 **strictly** [stríktli]	→			副 厳格に，厳しく
0499 **beforehand** [bɪfɔ́:rhænd]	→			副 前もって，あらかじめ
0500 **likewise** [láɪkwàɪz]	→			副 同じように

例　文	訳
0461 The main (g　　　　　) grown in this region are wheat and oats.	この地域で育てられている主な<u>穀物</u>は小麦とオート麦である。
0462 Africa is a vast (c　　　　　) of 54 independent nations and a large variety of cultures.	アフリカは54の独立国と多様な文化を持つ広大な<u>大陸</u>である。
0463 The company plans to move its (h　　　　　) in the near future.	その会社は，近い将来<u>本社</u>を移転する計画である。
0464 Although (g　　　　　) is a good thing, it can lead to the destruction of local cultures.	<u>グローバル化</u>は望ましいことだが，地域の文化を破壊することにもなり得る。
0465 The travel agent gave the elderly couple several (b　　　　　) to look through.	旅行代理店の店員は年配の夫婦が目を通せるようにいくつか<u>パンフレット</u>を渡した。
0466 Passengers are asked to have their passports ready for (i　　　　　) upon arrival at the destination.	乗客は目的地に着くとすぐに，<u>検査</u>のためパスポートを準備するように言われる。
0467 (A　　　　　) **at** the team's matches has risen by 50 percent in the past year.	そのチームの試合の<u>入場者数</u>はこの1年で50パーセント増えた。
0468 There used to be a number of (c　　　　　) mines in this area.	かつてこの地域には，いくつかの<u>銅</u>山が存在した。
0469 There were about a (d　　　　　) children playing in the park.	その公園では<u>12人</u>ほどの子供たちが遊んでいた。
0470 Several students and teachers are off with the (f　　　　　) at the moment.	今のところ，数名の生徒と先生が<u>インフルエンザ</u>で休んでいる。
0471 There is an ancient (b　　　　　) ground just near here.	このすぐ近くに，古代の<u>埋葬</u>地がある。
0472 It took me about an hour to clean some (m　　　　　) off the bathroom wall.	風呂場の壁の<u>カビ</u>を落とすのに約1時間かかった。
0473 I planted some cabbages in a small (p　　　　　) of land behind my house.	私は自宅裏の小さな土地の<u>区画</u>にキャベツを植えた。
0474 The engineers studied a (d　　　　　) of the building's air conditioning system.	技術者たちは，そのビルの空調システムの<u>図</u>を詳しく調べた。
0475 The child was given a (p　　　　　) with a foster family.	その子供は里親の家族の<u>斡旋</u>を受けた。
0476 It's a (s　　　　　) that you can't join us at the class reunion.	あなたが同窓会に来られないのは<u>残念なこと</u>だ。
0477 He has been in a (w　　　　　) since his motorbike accident.	彼はバイクの事故以来，<u>車椅子</u>で生活をしている。
0478 She is an (e　　　　　) climber who has conquered many famous mountains around the world.	彼女は世界中の数多くの有名な山々を征服してきた，<u>熟練した</u>登山家だ。
0479 After the (i　　　　　) shock of having won the prize, the contestant thanked the judges.	受賞の<u>最初の</u>驚きの後，出場者は審査員たちに感謝した。
0480 She writes a weekly column for a (m　　　　　) newspaper.	彼女は<u>主要紙</u>に毎週のコラムを書いている。

解答 0461 grains　0462 continent　0463 headquarters　0464 globalization　0465 brochures　0466 inspection　0467 Attendance
0468 copper　0469 dozen　0470 flu　0471 burial　0472 mold　0473 patch　0474 diagram　0475 placement　0476 shame
0477 wheelchair　0478 experienced　0479 initial　0480 mainstream

Q 文字を見れば分かる単語でも，リスニングでは分からないことがよくあります。リスニングでも即座に意味が分かるようになるためにはどうすればいいですか。

A スクリプトで確認すると知っている単語なのに，リスニングで聞いたときにはその単語を認識できなかったという経験は誰にでもあるでしょう。これはある意味「単語の効果的な学習法」（p.8 ～）の中でもご紹介した「検索」ができていないためと言えます。単語学習においては，読解時に検索できるだけでなく，リスニングでも同様に検索できるようにしておかなければなりません。

　解決法としてすべきことは，単語を最初に覚える時点で常に**音声とともにインプットする**ことです。すでに覚えている単語でも反復して音声を聞きながら定着させます。ともすると文字だけを見て，自己流に間違った発音で覚えていることも考えられます。これではリスニングで出てきても認識できるはずがありません。本書では無料で音声が聞けますので，ぜひこれを活用してください。まずは単語の発音を確認し，聞き取れるようにしましょう。その後，必ず発音してください。ただまねするだけでなく意味を考えながら単語を発音します。聞いて分かるというだけでなく，**発音をすることで確実に音声情報としてインプットされます**。文章を読むときにはいったん止まって考えることができますが，リスニングはどんどん先に進んでしまいます。即座に意味が分かるようにするためにはこの「聞く⇒リピート」の繰り返しが最も効果的です。

単語学習の不安を先生に相談してみよう！

単語編

でる度 B 覚えておきたい単語 500

Section 6 Unit 26 ~ 30

Section 7 Unit 31 ~ 35

Section 8 Unit 36 ~ 40

Section 9 Unit 41 ~ 45

Section 10 Unit 46 ~ 50

学習日　　　月　　　日

単語	1回目	2回目	3回目	意 味
0501 **detect** [dɪtékt]	→			動 を感知する, を見つける
0502 **combat** [kəmbǽt]	→			動 を撲滅しようとする, と交戦する
0503 **pose** [pouz]	→			動 (問題など)を引き起こ す, を提起する
0504 **emphasize** [émfəsàɪz]	→			動 を強調する
0505 **highlight** [háɪlàɪt]	→			動 を強調する, を目立たせ る
0506 **resist** [rɪzíst]	→			動 に抵抗する, (通例否定文 で) に耐える
0507 **exceed** [ɪksíːd]	→			動 を超える, に勝る
0508 **relocate** [rìːlóʊkeɪt]	→			動 (住居・事務所・住民など) を移転 [移動] させる
0509 **disprove** [dɪsprúːv]	→			動 の誤りを証明する, の反 証を挙げる
0510 **crawl** [krɔːl]	→			動 (人・虫などが)はって 進む, はう
0511 **foster** [fɑ́(ː)stər]	→			動 を促進する, (里子とし て)育てる
0512 **harass** [hərǽs]	→			動 を絶えず悩ます〈with ~で〉, を苦しめる
0513 **magnify** [mǽɡnɪfàɪ]	→			動 を拡大する, を誇張する
0514 **sneak** [sniːk]	→			動 こっそり動く
0515 **stray** [streɪ]	→			動 迷い出る〈from ~から〉, (考えなどが)わきへそ れる
0516 **worsen** [wə́ːrsən]	→			動 悪化する, を悪化させ る
0517 **advocate** [ǽdvəkèɪt]	→			動 を主張する, を弁護する
0518 **evacuate** [ɪvǽkjuèɪt]	→			動 を避難させる, から立ち 退く
0519 **verify** [vérɪfàɪ]	→			動 の正しさを確認する, を実証する
0520 **abuse** [əbjúːz]	→			動 を虐待する, を悪用する

Unit 25の復習テスト　わからないときは前Unitで確認しましょう。

例文	訳
0481 I don't think your outfit is (a　　　　　) **for** that kind of formal party.	その手のフォーマルなパーティー**に**君の服装は適切ではないと思う。
0482 I was shocked to find out that my diamond necklace was (f　　　　　).	私はダイヤモンドのネックレスが偽物だと分かってショックだった。
0483 The soldiers were (a　　　　　) **to** the possibility of an attack.	兵士たちは攻撃の可能性**に**用心していた。
0484 There was a (f　　　　　) car crash on Highway 26 yesterday afternoon.	昨日の午後，26号線で死者を出す自動車事故があった。
0485 I try to cook my family a healthy, (n　　　　　) meal every evening.	私は毎晩，家族のために健康的で栄養のある食事を作ることに努めている。
0486 She has very (s　　　　　) taste in clothes and music.	彼女の服と音楽の好みはとても洗練されている。
0487 I walked through the (a　　　　　) doors into the airport.	私は自動ドアを通って空港へ入った。
0488 He put some slices of (r　　　　　) onion in his sandwich.	彼は生タマネギの薄切りをサンドイッチに入れた。
0489 I read in the newspaper that there was a (s　　　　　) increase in crime last year.	私は，昨年は犯罪がわずかに増加したと新聞で読んだ。
0490 All the clothes we produce are made of (m　　　　　) fibers such as nylon and polyester.	当社が生産する全ての衣類はナイロンやポリエステルのような合成繊維でできている。
0491 The committee discussed how to deal with the problem of an (a　　　　　) population.	その委員会は高齢化する人口の問題にどのように対処するかに関して議論した。
0492 He is considered to be the (s　　　　　) leader of the country.	彼はその国の精神的指導者と考えられている。
0493 This project aims to protect orangutans and other (e　　　　　) species.	このプロジェクトはオランウータンやほかの絶滅危惧種を保護することを目的としている。
0494 I cleaned the (s　　　　　) jam off the kitchen floor with a mop.	私は台所の床のべとついたジャムをモップで掃除した。
0495 The scientists found that the land in the valley was surprisingly (f　　　　　).	科学者たちは，その低地の土地が驚くほど肥沃であることを発見した。
0496 I couldn't find the book I wanted in the library and decided to look (e　　　　　).	私は欲しかった本を図書館で見つけられず，どこかほかで探すことに決めた。
0497 On advice from his doctor, the man decided to give up drinking (a　　　　　).	医師からのアドバイスに従って，その男性は完全に飲酒をやめることに決めた。
0498 The use of smartphones is (s　　　　　) prohibited in this area of the hospital.	病院のこの区域では，スマートフォンの使用が固く禁止されている。
0499 I wish I'd known the teacher was planning to give us a test (b　　　　　).	先生がテストをしようとしていると前もって分かっていたらよかったのに。
0500 I work hard and I expect my employees to do (l　　　　　).	私は一生懸命働き，従業員にも同じようにすることを期待する。

解答　0481 appropriate　0482 fake　0483 alert　0484 fatal　0485 nutritious　0486 sophisticated　0487 automatic　0488 raw　0489 slight　0490 man-made　0491 aging　0492 spiritual　0493 endangered　0494 sticky　0495 fertile　0496 elsewhere　0497 altogether　0498 strictly　0499 beforehand　0500 likewise

学習日　　　月　　　日

単語	1回目	2回目	3回目	意味
0521 **scatter** [skǽṭər]				【動】をまき散らす，を追い散らす
0522 **endorse** [ɪndɔ́ːrs]				【動】を推奨する，を是認する，を支持する
0523 **modify** [mɑ́(ː)dɪfàɪ]				【動】を（部分的に）修正［変更］する，を和らげる
0524 **penetrate** [pénətrèɪt]				【動】を貫く，の内部に入る，に浸透する
0525 **conform** [kənfɔ́ːrm]				【動】従う〈to, with 習慣・規則などに〉，一致する
0526 **leave** [liːv]				【名】休暇
0527 **tissue** [tíʃuː]				【名】（動植物の細胞の）組織，ティッシュペーパー
0528 **gut** [gʌt]				【名】腸，消化管，（～s）内臓
0529 **lightning** [láɪtnɪŋ]				【名】雷，稲妻
0530 **camel** [kǽməl]				【名】ラクダ，黄褐色
0531 **antioxidant** [æ̀nṭiɑ́(ː)ksɪdənt]				【名】抗酸化物質，酸化防止剤
0532 **disorder** [dɪsɔ́ːrdər]				【名】障害，病気，混乱，無秩序
0533 **cattle** [kǽṭl]				【名】（集合的に，複数扱い）牛（の群れ）
0534 **oath** [oʊθ]				【名】誓い〈to *do* ～する〉，誓約
0535 **monument** [mɑ́(ː)njumənt]				【名】（人・事件などの）記念碑［塔］
0536 **heating** [híːṭɪŋ]				【名】暖房（装置）
0537 **germ** [dʒəːrm]				【名】細菌，病原菌
0538 **legend** [lédʒənd]				【名】伝説，言い伝え，伝説的な人物
0539 **auditorium** [ɔ̀ːdɪtɔ́ːriəm]				【名】（学校の）講堂，（米）公会堂
0540 **therapy** [θérəpi]				【名】療法，治療，セラピー

例 文	訳
0501 I (d) a slight difference between the two samples.	私は2つのサンプルの間にあるわずかな違いに**気づいた**。
0502 Governments around the world are trying to (c) Internet crime.	世界中の政府が，インターネット犯罪**をなくそ**うとしている。
0503 I don't think this project (p) any special problems.	私はこのプロジェクトは何も特別な問題**を起こ**さないと思う。
0504 Advertisements tend to (e) products' best features.	広告は，商品の一番よい特徴を**強調する**傾向がある。
0505 I have (h) all the spelling and punctuation mistakes in yellow.	全てのつづりと句読点の間違いを黄色で**強調し**ておきました。
0506 The people in the country (r) the changes to the tax law.	その国の国民は，その税法の変更に**抵抗した**。
0507 The number of book orders (e) all our expectations.	書籍の注文数は，我々みんなの予想**を超えるも**のであった。
0508 The company has decided to (r) its head office to another city.	その会社はほかの都市に本社**を移転させる**ことに決めた。
0509 The new DNA evidence (d) the police's theory.	新たなDNAの証拠が警察の仮説の誤りを**証明**した。
0510 The soldiers (c) slowly across the battlefield.	兵士たちは戦場を横切ってゆっくりと**はって進**んだ。
0511 Our group hopes to (f) good relations between teachers and parents.	私たちのグループは，教師と親の間によい関係**を育み**たいと思っている。
0512 The judge ordered the man to stop (h) the actress.	裁判官は，その女優に**嫌がらせをする**ことをやめるよう男に命じた。
0513 I (m) the image of the skin cells using a microscope.	私は顕微鏡を使って皮膚細胞の画像**を拡大し**た。
0514 The children (s) into the back of the movie theater.	子供たちは映画館の裏口に**こっそり潜り込ん**だ。
0515 The children got lost after they (s) too far **from** the campsite.	子供たちはキャンプ場**から**あまりにも遠くまで**さまよい出てしまい**，迷子になった。
0516 The situation in the war zone is (w) day by day.	交戦地帯の状況は日に日に**悪化している**。
0517 This organization (a) the abolition of the death penalty.	この組織は死刑廃止**を主張している**。
0518 During the forest fire, all the local people were (e) to a safer area.	森林火災の間，全ての地元民がもっと安全な地域へ**避難した**。
0519 The police were unable to (v) the woman's alibi.	警察はその女性のアリバイ**の正しさを確認**できなかった。
0520 The child was taken into care after being (a) by his parents.	その子は両親から**虐待を受けた**後，保護された。

単語編

でる度 **B**
↓
0521
〜
0540

解答 **0501** detected　**0502** combat　**0503** poses　**0504** emphasize　**0505** highlighted　**0506** resisted　**0507** exceeded
0508 relocate　**0509** disproved　**0510** crawled　**0511** foster　**0512** harassing　**0513** magnified　**0514** sneaked　**0515** strayed
0516 worsening　**0517** advocates　**0518** evacuated　**0519** verify　**0520** abused

学習日　　　月　　　日

単語	🎧 1回目	👁 2回目	👁 3回目	意味
0541 heritage [hérətɪdʒ]	→			图 遺産, 相続財産
0542 invasion [ɪnvéɪʒən]	→			图 侵害, 侵入〈of ～への〉
0543 instruction [ɪnstrʌ́kʃən]	→			图（～s）(製品の) 使用書, 指示, 教育
0544 extinction [ɪkstíŋkʃən]	→			图 (家系・種などの) 絶滅, 消滅
0545 creativity [krìːeɪtívəti]	→			图 創造性, 独創力
0546 plantation [plæntéɪʃən]	→			图 (熱帯・亜熱帯の) (大) 農園
0547 drought [draʊt]	→			图 干ばつ, 日照り
0548 wealth [welθ]	→			图 財産, 富, 豊富
0549 reminder [rɪmáɪndər]	→			图 思い出させるもの〈of ～を〉, 記念物 [品]
0550 inquiry [ínkwəri]	→			图 問い合わせ〈about ～についての〉, 質問, 調査〈into ～の〉
0551 investigation [ɪnvèstɪgéɪʃən]	→			图 (詳しい) 調査〈into ～の〉, 研究
0552 boundary [báʊndəri]	→			图 境界 (線)〈between ～の間の〉, (通例 -ries) 限界, 範囲
0553 compartment [kəmpáːrtmənt]	→			图 (列車・客室などの) コンパートメント, (仕切った) 区画 [部屋]
0554 substitute [sʌ́bstɪtjùːt]	→			图 代わり (となるもの [人])〈for ～の〉
0555 hybrid [háɪbrɪd]	→			图 (動植物の) 雑種, 混成物, ハイブリッド車
0556 characteristic [kæ̀rəktərístɪk]	→			图 (しばしば ～s) 特徴
0557 routine [ruːtíːn]	→			图 日課, 決まり切った仕事
0558 edge [edʒ]	→			图 優勢〈on, over ～に対する〉, 刃, 端
0559 incident [ínsɪdənt]	→			图 (反乱・戦争などの) 事件, 騒動
0560 clue [kluː]	→			图 手がかり〈to, about, as to ～のなぞを解く〉

例文	訳
0521 After the service, the old man's ashes were (s　　　　　　) near his favorite tree.	葬儀の後、老人の遺灰は彼の大好きだった木の近くに<u>まかれた</u>。
0522 The famous golfer received $25 million for (e　　　　　　) the company's products.	その有名なゴルファーは、その会社の製品を<u>推奨する</u>ことで2,500万ドルを受け取った。
0523 We need to (m　　　　　　) our product to satisfy new customer needs.	我々は、顧客の新しいニーズを満たすため、製品に<u>修正を加える</u>必要がある。
0524 The bullet from the gun (p　　　　　　) the door.	その銃の弾丸はドアを<u>撃ち抜いた</u>。
0525 He finds it hard to (c　　　　　　) **to** school rules.	彼は校則に<u>従う</u>のは大変だと思っている。
0526 In many countries, it is now common for men to take paternity (l　　　　　　).	多くの国において、男性が育児<u>休暇</u>を取るのは今や珍しくない。
0527 The scientists collected human brain (t　　　　　　) for research.	科学者たちは研究のためヒトの脳の<u>組織</u>を採取した。
0528 A healthy person has a countless number of bacteria in their (g　　　　　　).	健康な人は<u>腸</u>に数えきれないほど多くのバクテリアを宿している。
0529 Two golfers are being treated in the hospital after being struck by (l　　　　　　) yesterday.	2人のゴルファーが昨日<u>雷</u>に打たれた後、病院で治療を受けている。
0530 These days, there are very few wild (c　　　　　　) left in Egypt.	近ごろ、エジプトには野生の<u>ラクダ</u>はほとんど残っていない。
0531 Many plant foods such as red beans and berries are very high in (a　　　　　　).	小豆やベリーのような多くの植物性食物には<u>抗酸化物質</u>が非常に多く含まれる。
0532 It is important that those suffering from eating (d　　　　　　) receive effective treatment.	摂食障害を患う人たちが効果的な治療を受けるのは重要なことである。
0533 A large amount of jungle was cleared to create grazing land for (c　　　　　　).	<u>牛</u>の放牧地を作るため、広範囲のジャングルが切り開かれた。
0534 Many American medical students take some kind of (o　　　　　　) on entry to medical school.	多くのアメリカの医学生は医大に入学すると何らかの<u>誓い</u>を立てる。
0535 A (m　　　　　　) was put up to commemorate the victims of the terrorist attack.	テロ攻撃の犠牲者を追悼して、<u>記念碑</u>が建てられた。
0536 It was very cold in the house, so I turned up the (h　　　　　　).	家の中はとても寒かったので、私は<u>暖房</u>の温度を上げた。
0537 You need to wash your hands carefully to remove (g　　　　　　).	<u>細菌</u>を落とすためには、注意深く手を洗う必要がある。
0538 According to a local (l　　　　　　), a dragon once lived in this cave.	地元の<u>伝説</u>によると、かつてこの洞窟には竜が住んでいた。
0539 The (a　　　　　　) was packed, so some of the students had to stand at the back.	<u>講堂</u>は満席だったので、何人かの学生は後ろに立たなければならなかった。
0540 There are many kinds of (t　　　　　　) available to treat cancer these days.	最近では、がん治療のために利用できるたくさんの種類の<u>療法</u>がある。

解答 0521 scattered　0522 endorsing　0523 modify　0524 penetrated　0525 conform　0526 leave　0527 tissue　0528 gut
0529 lightning　0530 camels　0531 antioxidants　0532 disorders　0533 cattle　0534 oath　0535 monument　0536 heating
0537 germs　0538 legend　0539 auditorium　0540 therapy

学習日　　　　　　月　　　日

単　語	1回目	2回目	3回目	意　味
0561 removal [rɪmúːvəl]	→			图 除去，移動
0562 outcome [áutkÀm]	→			图 結果〈of ～の〉
0563 altitude [ǽltɪtjùːd]	→			图 高度，(しばしば ～s)高地
0564 closure [klóuʒər]	→			图 (工場・学校などの)閉鎖
0565 compound [ká(:)mpàund]	→			图 化合物，複合物
0566 surplus [sə́ːrplʌs]	→			图 余剰，余分，黒字
0567 vaccine [væksíːn]	→			图 ワクチン
0568 reference [réfərəns]	→			图 言及〈to ～(へ)の〉，参照
0569 obligation [à(:)blɪɡéɪʃən]	→			图 義務〈to do ～する〉，責任
0570 ritual [rítʃuəl]	→			图 儀式
0571 mean [miːn]	→			形 意地の悪い〈to ～に〉，不親切な
0572 coral [kɔ́(:)rəl]	→			形 サンゴ(製)の
0573 novel [ná(:)vəl]	→			形 斬新な，目新しい
0574 relevant [réləvənt]	→			形 関連[関係]がある〈to ～に〉
0575 efficient [ɪfíʃənt]	→			形 効率的な，有能な
0576 fragile [frǽdʒəl]	→			形 壊れやすい，もろい
0577 impressive [ɪmprésɪv]	→			形 印象的な，感動的な
0578 offensive [əfénsɪv]	→			形 不快な，攻撃的な
0579 distinct [dɪstíŋkt]	→			形 はっきりと分かる，明らかに異なる
0580 temporary [témpərèri]	→			形 一時的な，臨時の

単語編

でる度
B
↓
0561
〜
0580

例 文	訳
0541 This shrine is part of Japan's national (h).	この神社は，日本の国家遺産の1つだ。
0542 Opening another person's mail is an (i) of privacy.	他人の手紙を開封することは，プライバシーの侵害だ。
0543 Please read the (i) carefully before operating the machine.	機械を操作する前に，使用書を注意深く読んでください。
0544 Several species of whale are in danger of (e).	数種のクジラが絶滅の危機にある。
0545 (C) is highly important in developing new and better products.	新しい，よりよい製品を開発するためには，創造性が極めて重要だ。
0546 There are many cotton and tobacco (p) in the southern American states.	アメリカ南部の各州には，綿とタバコの大農園が数多くある。
0547 This is the worst (d) our country has ever experienced.	これは私たちの国が今までに経験した最悪の干ばつだ。
0548 Her personal (w) is said to be around 50 million dollars.	彼女の個人的な財産は約5,000万ドルだと言われている。
0549 The accident serves as a (r) **of** the importance of wearing a bicycle helmet.	その事故は，自転車用ヘルメットの着用の重要性を思い出させるものとして役立っている。
0550 We do our best to handle all (i) quickly and efficiently.	私たちは迅速かつ効率的に全ての問い合わせに対応するため，最善を尽くしている。
0551 The criminal (i) lasted more than two years.	その犯罪捜査は，2年以上続いた。
0552 This bridge marks the (b) **between** Vietnam and China.	この橋はベトナムと中国の境界を示している。
0553 The first-class (c) have very wide and comfortable seats.	1等客室のコンパートメントには非常に広くて，座り心地のよい座席がある。
0554 This recipe uses soy milk as a (s) **for** dairy milk.	このレシピでは，牛乳の代わりとして豆乳を使う。
0555 This big cat is a (h) between a lion and a tiger.	この大きなネコ科の動物は，ライオンとトラの交配種だ。
0556 These two breeds of dogs have very different (c).	これらの2種類の犬には，非常に異なる特徴がある。
0557 His doctor told him to make exercise a part of his daily (r).	医師は彼に運動を毎日の日課の一部とするようにと言った。
0558 When playing tennis on grass, he has the (e) **over** his main rival.	芝生でテニスをする場合，彼は最大のライバルより優勢だ。
0559 The international (i) increased the chances of war breaking out.	その国際的な事件は，戦争勃発の可能性を高めた。
0560 The police had few (c) **as to** who had robbed the bank.	警察には銀行強盗犯に関する手がかりがほとんどなかった。

解答 0541 heritage　0542 invasion　0543 instructions　0544 extinction　0545 Creativity　0546 plantations　0547 drought
0548 wealth　0549 reminder　0550 inquiries　0551 investigation　0552 boundary　0553 compartments　0554 substitute
0555 hybrid　0556 characteristics　0557 routine　0558 edge　0559 incident　0560 clues

学習日　　　　月　　　日

単語	1回目	2回目	3回目	意味
0581 **arrogant** [ǽrəgənt]	→			形 傲慢な，尊大な
0582 **spacious** [spéɪʃəs]	→			形 広々とした
0583 **reasonable** [ríːzənəbl]	→			形 筋の通った，分別のある，（値段などが）手ごろな
0584 **substantial** [səbstǽnʃəl]	→			形 （数量などが）かなりの，重要な，実質的な
0585 **disabled** [dɪséɪbld]	→			形 身体[心身]障害の
0586 **straightforward** [strèɪtfɔ́ːrwərd]	→			形 率直な，単純な
0587 **tame** [teɪm]	→			形 飼い慣らされた，おとなしい
0588 **mandatory** [mǽndətɔ̀ːri]	→			形 義務的な，強制的な，命令の
0589 **edible** [édəbl]	→			形 食用の，（毒性がなくて）食べられる
0590 **outstanding** [àʊtstǽndɪŋ]	→			形 際立った，優れた，未払いの
0591 **deadly** [dédli]	→			形 致命的な，命にかかわる
0592 **petty** [péʈi]	→			形 低級の，心の狭い，取るに足りない
0593 **definitely** [défənətli]	→			副 間違いなく，確かに
0594 **roughly** [rʌ́fli]	→			副 おおよそ，乱暴に
0595 **virtually** [vɔ́ːrtʃuəli]	→			副 ほとんど，実質的に
0596 **apparently** [əpǽrəntli]	→			副 （真偽のほどはともかく）聞いた[見た]ところでは，どうやら
0597 **unfairly** [ʌ̀nféərli]	→			副 不当に，不公平に
0598 **briefly** [bríːfli]	→			副 少しの間，簡潔に
0599 **aside** [əsáɪd]	→			副 わきに，別にして，考慮に入れないで
0600 **legally** [líːgəli]	→			副 法的に，合法的に

例　文	訳
0561 He ordered the (r　　　　　　) of a number of bushes from outside his house.	彼は家の外から何本かの低木を除去することを命じた。
0562 The (o　　　　　　) **of** the contest was in doubt until the very last moment.	コンテストの結果は，最後の最後まで分からなかった。
0563 The plane was flying at an (a　　　　　　) of 5,000 meters when it hit turbulence.	その飛行機は乱気流に入ったとき，高度5,000メートルを飛行していた。
0564 Local people complained about the threatened (c　　　　　　) of the hospital.	地元の人々はその病院が閉鎖の危機にあることに不満を述べた。
0565 Sugar is a (c　　　　　　) which is made of three elements.	砂糖は3つの元素からなる化合物だ。
0566 This state has a (s　　　　　　) of unskilled laborers.	この州では未熟練労働者が余っている。
0567 Scientists hope to develop a (v　　　　　　) against AIDS one day.	科学者たちはいつかエイズ用のワクチンを開発したいと思っている。
0568 There is no (r　　　　　　) **to** the accident in today's newspaper.	今日の新聞には，その事故への言及はない。
0569 We all have a moral (o　　　　　　) **to try** to keep our planet clean.	私たち全員に，地球をきれいに保とうとする道徳上の義務がある。
0570 The priest performed a number of complicated (r　　　　　　) during the ceremony.	その司祭は式典の最中，いくつかの複雑な儀式を執り行った。
0571 The teacher told the children not to be (m　　　　　　) **to** each other.	先生は子供たちに互いに意地悪をしてはいけないと話した。
0572 Ocean warming caused by climate change is endangering (c　　　　　　) reefs worldwide.	気候変動による海洋温暖化は世界中のサンゴ礁を危険にさらしている。
0573 This new smartphone has several (n　　　　　　) features.	この新しいスマートフォンにはいくつかの斬新な特徴がある。
0574 Please ensure that you bring all the (r　　　　　　) documents with you.	必ず全ての関連書類をお持ちください。
0575 This new solar panel will help us make more (e　　　　　　) use of sunlight.	この新型太陽光パネルは太陽光のより効率的な利用に役立つだろう。
0576 This vase is extremely (f　　　　　　). Please handle it carefully.	この花瓶はとても壊れやすいです。慎重に取り扱ってください。
0577 The soccer team has an (i　　　　　　) record in international competitions.	そのサッカーチームは，国際的な大会で印象的な記録を持っている。
0578 I found the comedian's comments about women very (o　　　　　　).	私は女性に関するそのコメディアンのコメントはとても不快だと思った。
0579 There was a (d　　　　　　) smell of burning in the room.	その部屋では何かが燃えていることがはっきりと分かるにおいがした。
0580 He got a (t　　　　　　) job on a construction site for two months.	彼は建設現場で2カ月間の一時的な仕事を得た。

単語編

でる度 **B**
↓
0581
〜
0600

解答 0561 removal　0562 outcome　0563 altitude　0564 closure　0565 compound　0566 surplus　0567 vaccine　0568 reference
0569 obligation　0570 rituals　0571 mean　0572 coral　0573 novel　0574 relevant　0575 efficient　0576 fragile　0577 impressive
0578 offensive　0579 distinct　0580 temporary

学習日　　　　　　月　　　日

単語	1回目	2回目	3回目	意味
0601 **resort** [rɪzɔ́ːrt]	→			動訴える〈to 望ましくない手段に〉，頼る
0602 **submit** [səbmít]	→			動を提出する〈to ～に〉，屈する
0603 **originate** [ərídʒənèit]	→			動由来する〈from ～から，in ～に〉，生じる，始まる
0604 **regret** [rɪgrét]	→			動を後悔する，を遺憾に思う
0605 **cooperate** [kouɑ́(ː)pərèit]	→			動協力する〈with ～と〉
0606 **revise** [rɪváɪz]	→			動(法律など)を改正する，(印刷物)を改訂する，を校訂する
0607 **restrict** [rɪstríkt]	→			動(大きさ・数量・範囲など)を制限する〈to ～に〉
0608 **occupy** [ɑ́(ː)kjupài]	→			動(国・町など)を占領する，(空間・時間)を占める
0609 **fade** [feid]	→			動(記憶などが徐々に)消えていく，(色が)あせる
0610 **relieve** [rɪlíːv]	→			動(苦痛など)を和らげる，(問題など)を軽くする
0611 **suppress** [səprés]	→			動(思い・感情など)を抑える，(暴動など)を制圧する
0612 **starve** [staːrv]	→			動餓死する，飢える
0613 **scratch** [skrætʃ]	→			動を引っかく
0614 **unite** [junáit]	→			動団結する，を一体化する
0615 **grip** [grɪp]	→			動をしっかりつかむ
0616 **surrender** [səréndər]	→			動降伏する〈to ～に〉，を放棄する
0617 **twist** [twɪst]	→			動を捻挫する，をひねる
0618 **remodel** [riːmɑ́(ː)dəl]	→			動を改装する，を改造する
0619 **triple** [trípl]	→			動3倍になる，を3倍にする
0620 **drown** [draʊn]	→			動溺れ死ぬ，を溺死させる

例　文	訳
0581 He is really (a　　　　　) and always thinks he knows better than the rest of us.	彼は本当に<u>傲慢</u>で，いつも私たちの誰よりも自分の方がよく分かっていると考えている。
0582 They plan to move to a more (s　　　　　) apartment soon.	彼らはまもなくもっと<u>広い</u>アパートに引っ越す予定である。
0583 What you said in the meeting seemed (r　　　　　) to me.	会議でのあなたの発言内容は，私には<u>もっとも</u>だと思われた。
0584 The insurance company paid the victim a (s　　　　　) amount of money.	保険会社は被害者に対して，<u>相当な</u>金額を支払った。
0585 This factory employs a large number of (d　　　　　) people.	この工場では，数多くの<u>障害者</u>を雇用している。
0586 His explanation was (s　　　　　) and to the point.	彼の説明は<u>単刀直入</u>で的を射ていた。
0587 This lion cub is very (t　　　　　) and will eat out of your hand.	このライオンの子供はとても<u>人になついている</u>ので，あなたの手から食べ物を食べます。
0588 In this factory, (m　　　　　) safety inspections are carried out twice a year.	この工場では年に2回，<u>義務づけられた</u>安全検査が実施される。
0589 These cakes are wrapped in (e　　　　　) paper.	これらのケーキは<u>食べることができる</u>紙に包まれている。
0590 She gave an (o　　　　　) performance in playing the main role.	彼女は主役を演じて<u>際立った</u>演技を見せた。
0591 A bite from this snake can be (d　　　　　) if not treated in time.	このヘビにかまれると，処置が遅れれば<u>致命傷になる</u>ことがある。
0592 He is a (p　　　　　) thief and has been in trouble several times with the police.	彼は<u>けちな</u>泥棒で，警察に何回かしょっぴかれている。
0593 This is (d　　　　　) the best smartphone I have ever had.	これは<u>間違いなく</u>私が今までに使った中で最高のスマートフォンだ。
0594 That town is (r　　　　　) 100 kilometers away from here.	あの町はここから<u>おおよそ</u>100キロ離れている。
0595 It will be (v　　　　　) impossible to finish this work by the deadline.	締め切りまでにこの仕事を終えることは<u>ほとんど</u>不可能だろう。
0596 (A　　　　　), the CEO of the company decided to quit last week.	<u>聞いたところでは</u>，その会社の最高経営責任者は先週辞任を決めた<u>ようだ</u>。
0597 He claimed that he had been (u　　　　　) dismissed from his job.	彼は<u>不当に</u>仕事を解雇されたと主張した。
0598 We chatted (b　　　　　) at the station before the train arrived.	私たちは電車が到着するまで，駅で<u>少しの間</u>おしゃべりをした。
0599 The two countries decided to put their differences (a　　　　　) and find ways to work together.	その2カ国は，相違点は<u>わきにやり</u>，協力する方法を見つけることに決めた。
0600 The owners of the factory are (l　　　　　) responsible for making sure the working conditions are safe.	その工場の所有者には，安全な職場環境を確保する<u>法的</u>責任がある。

単語編

でる度 **B**
↓
0601
〜
0620

解答 0581 arrogant　0582 spacious　0583 reasonable　0584 substantial　0585 disabled　0586 straightforward　0587 tame
0588 mandatory　0589 edible　0590 outstanding　0591 deadly　0592 petty　0593 definitely　0594 roughly　0595 virtually
0596 Apparently　0597 unfairly　0598 briefly　0599 aside　0600 legally

学習日　　　　月　　　日

単語	1回目	2回目	3回目	意 味
0621 **lean** [li:n]	→			動 傾く〈toward, to ～へ〉，寄りかかる〈against ～に〉
0622 **soak** [souk]	→			動 (雨・汗などが) をずぶ濡れにする，を (液体に) 浸す
0623 **hover** [hávər]	→			動 (鳥・昆虫・ヘリコプターなどが) 空中 (の一点) に止まる〈over, above ～の上で〉
0624 **interrupt** [ìnṭərápt]	→			動 (人の話・行動など) を妨げる，を中断する
0625 **socialize** [sóuʃəlàɪz]	→			動 (社交的に) 交際する〈with ～と〉
0626 **termite** [tə́:rmaɪt]	→			名 シロアリ
0627 **microbe** [máɪkroub]	→			名 微生物，細菌
0628 **beverage** [bévərɪdʒ]	→			名 (水以外の) 飲み物
0629 **paperwork** [péɪpərwə̀:rk]	→			名 (必要) 書類，書類事務
0630 **descendant** [dɪséndənt]	→			名 子孫
0631 **sculpture** [skʌ́lptʃər]	→			名 彫像，彫刻
0632 **handout** [hǽndàut]	→			名 (講演・授業などの) 配布物，プリント
0633 **replacement** [rɪpléɪsmənt]	→			名 交換，交替，代わりの人 [もの]
0634 **minister** [mínɪstər]	→			名 (しばしば Minister で) 大臣
0635 **stream** [stri:m]	→			名 小川
0636 **predator** [prédəṭər]	→			名 捕食動物，略奪者
0637 **observer** [əbzə́:rvər]	→			名 監視員，観察者
0638 **commission** [kəmíʃən]	→			名 代理手数料，歩合，委員会
0639 **committee** [kəmíṭi]	→			名 (集合的に) 委員会
0640 **junk** [dʒʌŋk]	→			名 がらくた，つまらないもの

例 文	訳
0601 There is a danger that the protesters may (r) **to** violence if nobody listens to them.	抗議者たちの話に誰も耳を傾けない場合，彼らが暴力に訴える危険がある。
0602 Do you think you can (s) the report by 10 a.m. tomorrow?	レポートを明日の午前10時までに提出できると思いますか。
0603 The new virus is thought to have (o) **in** bats.	その新しいウイルスはコウモリに由来すると考えられている。
0604 I sincerely (r) the cruel things that I said to him.	私は彼に言ったひどいことを心から後悔している。
0605 The two environmental groups decided to (c) **with** each other on the recycling project.	2つの環境団体は，リサイクルプロジェクトにおいて，互いに協力することに決めた。
0606 After there were several accidents, the company decided to (r) their safety regulations.	いくつか事故が発生した後，その会社は安全規定を見直すことに決めた。
0607 The number of people allowed into the museum at one time is being (r) now.	現在，その博物館に一度に入れる人数は制限されている。
0608 The protesting students (o) the government building.	抗議をする学生たちが，政府の建物を占拠した。
0609 As time passed, his memories of his early life in Africa began to (f).	時間が経つにつれて，彼のアフリカでの若いころの記憶が消え始めた。
0610 Listening to music and talking with friends are both simple ways to (r) stress.	音楽を聞くことと友人と話すことは，どちらもストレスを和らげる簡単な方法である。
0611 The lecture was very boring and the young man found it hard to (s) a yawn.	その講義はとても退屈だったので，若い男性はあくびをかみ殺すのが大変だった。
0612 Many farm animals were left behind to (s) after people left the area due to the fire.	火災のため，人々がその地域を離れた後，多くの家畜は取り残され餓死してしまった。
0613 The cat became frightened and (s) the girl when she tried to pick him up.	その猫は，少女が抱き上げようとすると怖がって彼女を引っかいた。
0614 The factory workers (u) to demand a pay raise from management.	工場労働者は経営側に賃上げを要求するために団結した。
0615 She was afraid of heights and (g) the handrail in the elevator tightly.	彼女は高所恐怖症なので，エレベーターの手りをしっかりつかんだ。
0616 The soldiers were surrounded and had no choice but to (s).	その兵士たちは包囲され，降伏するしかなかった。
0617 I (t) my ankle playing soccer last weekend.	私は，先週末にサッカーをしていて足首を捻挫した。
0618 There are plans to (r) the old station building next year.	古くなった駅舎を来年改装する計画がある。
0619 Sales of the products (t) after the new TV commercials were aired.	その商品の売り上げは新しいテレビコマーシャルが流れると3倍になった。
0620 Several people (d) after the ferry sank in rough seas.	フェリーは荒れた海で沈没し，数名が溺死した。

解答 0601 resort 0602 submit 0603 originated 0604 regret 0605 cooperate 0606 revise 0607 restricted 0608 occupied
0609 fade 0610 relieve 0611 suppress 0612 starve 0613 scratched 0614 united 0615 gripped 0616 surrender 0617 twisted
0618 remodel 0619 tripled 0620 drowned

学習日　　　月　　　日

単語	1回目	2回目	3回目	意味
0641 **departure** [dɪpáːrtʃər]	→			图 出発〈from ~からの，for ~へ向けての〉
0642 **description** [dɪskrípʃən]	→			图 描写，説明
0643 **supervisor** [súːpərvàɪzər]	→			图 監督者，管理者
0644 **guidance** [gáɪdəns]	→			图 指導〈on, about ~についての〉，案内
0645 **landscape** [lǽndskèɪp]	→			图 (通例単数形で)眺め，風景，景色
0646 **crew** [kruː]	→			图 (集合的に)(船の)乗組員，(飛行機・列車などの)乗務員
0647 **drain** [dreɪn]	→			图 排水管[路]，🇺🇸 排水口
0648 **stereotype** [stériətàɪp]	→			图 固定観念，ステレオタイプ
0649 **edition** [ɪdíʃən]	→			图 (刊行物の)版
0650 **graphic** [grǽfɪk]	→			图 図，挿絵
0651 **pathway** [pǽθwèɪ]	→			图 小道，細道
0652 **reunion** [riːjúːnjən]	→			图 再会の集い，再会
0653 **cliff** [klɪf]	→			图 崖，絶壁
0654 **coordinator** [kouɔ́ːrdənèɪtər]	→			图 コーディネーター，取りまとめ役，責任者
0655 **depth** [depθ]	→			图 深さ，深み
0656 **liver** [lívər]	→			图 肝臓，(食用の)レバー
0657 **monopoly** [məná(ː)pəli]	→			图 (商品・事業などの)独占，独占権
0658 **usage** [júːsɪdʒ]	→			图 使用，使い方
0659 **chart** [tʃɑːrt]	→			图 グラフ，図，図表
0660 **expectancy** [ɪkspéktənsi]	→			图 期待，見込み

例　文	訳
0621 We still have not decided which house to buy, but we are (l) **toward** the one by the beach.	我々はまだどの家を買うか決めていないが，海辺の近くの物件に**傾いている**。
0622 I forgot my umbrella and I got (s) on the way home from the station.	私は傘を忘れて，駅から家に帰るまでに**ずぶ濡れ**になった。
0623 An eagle (h) briefly **over** our heads before flying away.	1羽のワシが少しの間，我々の頭**上で止まった**後，飛び去った。
0624 Sorry to (i) your meeting, but there is someone here to see you.	会議の途中に**お邪魔して**すみませんが，お客さまがお見えです。
0625 The members of the sales team often enjoyed (s) together after work.	営業チームのメンバーは仕事後の**付き合い**をよく楽しんでいた。
0626 We discovered that the old wooden building had been damaged by (t).	我々は，その古い木造建築が**シロアリ**の被害を受けていたことを発見した。
0627 (M) are extremely small, and can only be seen under a microscope.	**微生物**は非常に小さいので，顕微鏡でしか見ることができない。
0628 Sales of the new (b) were much lower than expected.	その新しい**飲料**の売り上げは予想よりもはるかに少なかった。
0629 Your student loan will be processed once we have received the necessary (p).	必要な**書類**を受け取りしだい，あなたの学生ローンは処理される。
0630 Many of the people living in the north of the country are (d) of the Spanish settlers.	その国の北部に住む人の多くは，スペインからの入植者の**子孫**である。
0631 The large (s) outside the museum is very popular with tourists.	その美術館の外にある大きな**彫像**は観光客に大人気である。
0632 The lecturer prepared a number of (h) for the students.	その講師は，学生たちのためにいくつかの**配布物**を準備した。
0633 Many of the tiles on the roof are broken and in need of (r).	屋根のタイルの多くは壊れていて，**張り替え**の必要がある。
0634 The new Environment (M) said a shift to green energy is his priority.	新しい環境**大臣**は，環境に優しいエネルギーに移行することが彼の優先事項であると述べた。
0635 The children stood on the bridge throwing sticks into the (s) below.	子供たちは橋の上に立ち，下方の**小川**に小枝を投げていた。
0636 Some animals such as polar bears and sharks have no natural (p).	ホッキョクグマやサメのような一部の動物は**天敵**を持たない。
0637 A team of international (o) said it saw no evidence of fraud in the recent election.	国際**監視員**のチームが，最近の選挙における不正の証拠は見られないと言った。
0638 For every item you sell, you will receive a (c) of 5 dollars.	商品を1つ売るごとに，5ドルの**手数料**を受け取ることになる。
0639 A special (c) was formed to investigate the causes of the accident.	その事故の原因を調査するため，特別**委員会**が設置された。
0640 The family got rid of a lot of (j) when they moved to a new house.	その家族は新しい家へ引っ越す際，多くの**がらくた**を処分した。

解答 **0621** leaning　**0622** soaked　**0623** hovered　**0624** interrupt　**0625** socializing　**0626** termites　**0627** Microbes　**0628** beverage
0629 paperwork　**0630** descendants　**0631** sculpture　**0632** handouts　**0633** replacement　**0634** Minister　**0635** stream
0636 predators　**0637** observers　**0638** commission　**0639** committee　**0640** junk

学習日　　　月　　　日

単語	1回目	2回目	3回目	意 味
0661 **nowhere** [nóuʰwèər]	→			图 どの場所も~ない
0662 **courthouse** [kɔ́ːrthàus]	→			图 裁判所 (の建物)
0663 **cove** [kouv]	→			图 入江, 小湾
0664 **dock** [dɑ(:)k]	→			图 ■ 埠頭, 波止場, (艦船の)ドック
0665 **ministry** [mínɪstri]	→			图 (通例 Ministry で) 省
0666 **inflammation** [ìnfləméɪʃən]	→			图 炎症, 点火, 引火
0667 **cholesterol** [kəléstəròul]	→			图 コレステロール
0668 **gender** [dʒéndər]	→			图 (社会的・文化的) 性別, ジェンダー
0669 **depression** [dɪpréʃən]	→			图 うつ病, 意気消沈, 不景気
0670 **stem** [stem]	→			图 (草木の) 茎
0671 **personnel** [pə̀ːrsənél]	→			图 (集合的に) 職員, 人員, 人事課
0672 **controversy** [ká(:)ntrəvə̀ːrsi]	→			图 (長期の) 論争, 論戦
0673 **recognition** [rèkəgníʃən]	→			图 (人・物が) それと分かること, 認めること, 認識
0674 **applicant** [ǽplɪkənt]	→			图 応募者 ⟨for ~への⟩, 志願者
0675 **anthropologist** [æ̀nθrəpá(:)lədʒɪst]	→			图 人類学者
0676 **sewage** [súːɪdʒ]	→			图 汚水, 下水
0677 **acceptable** [əkséptəbl]	→			形 受け入れられる ⟨to ~に⟩, 容認できる
0678 **nuclear** [njúːkliər]	→			形 原子力利用の, 核エネルギーの
0679 **moral** [mɔ́(:)rəl]	→			形 道徳 (上) の, 倫理的な
0680 **marine** [məríːn]	→			形 海洋の, 海の

例 文	訳
0641 I had to delay my (d) due to the bad weather.	私は悪天候のため**出発**を遅らせなければならなかった。
0642 He was unable to give the police an accurate (d) of his attacker.	彼は警察に対して，彼を襲撃した者の正確な**描写**ができなかった。
0643 My (s) told me I could have the day off next Tuesday.	私の**上司**は，来週の火曜日に休んでもよいと私に言った。
0644 The careers office provides students with (g) **on** which course to choose.	就職課は，どのコースを選択すべきか**について**学生に**指導**する。
0645 Farming has had a big impact on the country's natural (l) and environment.	農業はその国の自然**景観**や環境に多大な影響を及ぼしてきた。
0646 The (c) of the cruise ship rescued the refugees after their boat sank.	そのクルーズ船の**乗組員**は，ボートが沈んでしまった難民を救助した。
0647 The (d) in the building are very old and sometimes become blocked.	その建物の**排水管**はとても古く，ときどき詰まってしまう。
0648 They received some complaints about the outdated gender (s) in their ad.	彼らは，広告の中のジェンダーに関する時代遅れの**固定観念**について苦情を受けた。
0649 The new (e) of the textbook should be in stores by the end of next week.	その教科書の新版は来週末までには書店に並ぶはずだ。
0650 The presentation was easy to understand as it included a lot of (g).	そのプレゼンは，多くの**図**が使われていたので容易に理解できた。
0651 The men cleared a (p) through the snow from the car to the front door.	その男性たちは，車から家の玄関まで，雪をかき分けて**小道**を作った。
0652 The woman was excited to receive a letter inviting her to a school (r).	その女性は，学校の**同窓会**の招待状を受け取って興奮した。
0653 The man slipped and almost fell off the edge of the (c).	その男性は滑って，もう少しで**崖**の端から落ちるところだった。
0654 The (c) will organize all the details of the event.	**コーディネーター**がイベントの全ての詳細を手配するだろう。
0655 The nuclear submarine dived to a (d) of 250 meters.	その原子力潜水艦は，**水深**250メートルまで潜った。
0656 The doctor specializes in treating patients with (l) disease.	その医師は**肝臓**病を持つ患者の治療を専門としている。
0657 The company holds a (m) over the sale of weapons in the region.	その企業は,地域での武器販売を**独占**している。
0658 The survey showed that there were negative effects of smartphone (u) on young people.	その調査は，スマートフォンの**使用**は若者に悪影響を及ぼすことを示した。
0659 This (c) shows the sales figures for the first three months of the year.	この**グラフ**は，年の最初の3カ月の売上高を示している。
0660 People in Japan have a higher life (e) than in many other countries in the world.	日本の人は世界のほかの多くの国よりも平均**余命**が長い。

解答 0641 departure　0642 description　0643 supervisor　0644 guidance　0645 landscape　0646 crew　0647 drains
0648 stereotypes　0649 edition　0650 graphics　0651 pathway　0652 reunion　0653 cliff　0654 coordinator　0655 depth　0656 liver
0657 monopoly　0658 usage　0659 chart　0660 expectancy

学習日　　　　　　　月　　　日

単 語	1回目	2回目	3回目	意 味
0681 **conventional** [kənvénʃənəl]	→			形 伝統的な，型にはまった
0682 **awful** [ɔ́ːfəl]	→			形 ひどい，不愉快な
0683 **consistent** [kənsístənt]	→			形 着実な，安定した，首尾一貫した
0684 **primitive** [prímətɪv]	→			形 （技術が）単純な，原始的な，未開の
0685 **mature** [mətʊ́ər]	→			形 （精神的・肉体的に）十分発達した，成熟した
0686 **unfamiliar** [ʌ̀nfəmíljər]	→			形 （人が）不慣れな〈with ~に〉，精通していない，（物事が）よく知られていない〈to ~に〉
0687 **impractical** [ɪmprǽktɪkəl]	→			形 実用的でない，非現実的な
0688 **unpredictable** [ʌ̀nprɪdíktəbl]	→			形 変わりやすい，予測できない
0689 **misleading** [mɪ̀slíːdɪŋ]	→			形 誤解させる，紛らわしい
0690 **plentiful** [plénṭɪfəl]	→			形 豊富な，十分な
0691 **Mediterranean** [mèdɪtəréɪniən]	→			形 地中海（沿岸地域）の
0692 **unsafe** [ʌ̀nséɪf]	→			形 安全でない，危険な
0693 **bare** [beər]	→			形 露出した，裸の
0694 **feeble** [fíːbl]	→			形 病弱な，（体が）弱々しい
0695 **horrible** [hɔ́(ː)rəbl]	→			形 実にひどい，ぞっとする
0696 **scenic** [síːnɪk]	→			形 景色のよい
0697 **supplementary** [sʌ̀plɪménṭəri]	→			形 補足の，追加の
0698 **nosy** [nóʊzi]	→			形 詮索好きな，おせっかいな
0699 **intermediate** [ìnṭərmíːdiət]	→			形 （程度が）中級の
0700 **universal** [jùːnɪvɔ́ːrsəl]	→			形 （あらゆる人に）共通の，全員の，普遍的な

例　文	訳
0661 If you had no money and (n) to live, how would you survive?	もしも一文無しで住む場所もなければ，どうやって生き延びるのですか？
0662 The lawyer had lunch in a small café just across the street from the (c).	その弁護士は，裁判所から通りを隔てた真向かいの小さなカフェで昼食を取った。
0663 There are several white sand (c) on the west side of the island.	その島の西側には白砂の入江がいくつかある。
0664 The ship was unable to get close to the (d) because the weather was so bad.	天候が非常に悪かったため，その船は埠頭に近づくことができなかった。
0665 The (M) of Tourism made a very helpful guidebook for tourists.	観光省は旅行者に大変役立つガイドブックを作成した。
0666 The doctor gave the man some medicine to reduce the (i) in his throat.	医師はその男性に喉の炎症を抑えるための薬を処方した。
0667 High (c) can lead to the hardening of the arteries.	コレステロールが多いと，動脈硬化が起こり得る。
0668 Regardless of (g), all employees have the right to apply for the top managerial position.	性別にかかわらず，全社員が経営幹部に志願する権利がある。
0669 She suffered from (d) for several months after she lost her job.	彼女は失業してからの数カ月間，うつ病を患った。
0670 The roses she gave me had beautiful, long, leafy (s).	彼女が私にくれたバラには，美しくて長い，葉がたくさんついた茎があった。
0671 Our highly competent (p) are our company's main asset.	我々の非常に優秀な職員は，わが社の主要な財産である。
0672 A (c) has arisen over the site of the new airport.	新空港の建設用地に関して論争が持ち上がった。
0673 He walked straight past us with no sign of (r) whatsoever.	私たちに見覚えがある様子は全くなく，彼は私たちの前を通り過ぎてまっすぐ歩いて行った。
0674 There were more than 20 (a) **for** the driver's position.	ドライバーの職には，20人を超える応募者がいた。
0675 I became an (a) because I'm interested in human customs and beliefs.	私が人類学者になったのは，人間の習慣や信仰に興味があるからだ。
0676 The engineers are working on a new system to deal with (s).	エンジニアたちは，汚水を処理するための新システムに取り組んでいる。
0677 I'm not sure if this proposal will be (a) **to** my boss.	この提案が上司にとって受け入れられるものかどうか分からない。
0678 The French government decided to shut down several (n) plants.	フランス政府は数基の原子力発電所の運転を停止する決定を下した。
0679 Do you think we have a (m) obligation to help the poor?	我々は貧困層を助けるという道徳的義務を負うと思いますか？
0680 The team studied dolphins and other (m) animals living in the area.	チームはその地域に生息するイルカやほかの海洋動物の研究をした。

解答　0661 nowhere　0662 courthouse　0663 coves　0664 dock　0665 Ministry　0666 inflammation　0667 cholesterol
0668 gender　0669 depression　0670 stems　0671 personnel　0672 controversy　0673 recognition　0674 applicants
0675 anthropologist　0676 sewage　0677 acceptable　0678 nuclear　0679 moral　0680 marine

学習日　　　月　　　日

単語	1回目	2回目	3回目	意味
0701 **capture** [kǽptʃər]	→			動 を捕らえる，を捕虜にする
0702 **arise** [əráɪz]	→			動 起こる，出現する
0703 **implement** [ímplɪmènt]	→			動 を実行する
0704 **reproduce** [rìːprədjúːs]	→			動 を複製する，を繁殖させる，を再現する
0705 **seize** [siːz]	→			動 を差し押さえる，をつかむ，を奪い取る
0706 **dominate** [dá(ː)mɪnèɪt]	→			動 を支配する，優勢である〈over ～より〉
0707 **complicate** [ká(ː)mpləkèɪt]	→			動 を複雑にする
0708 **scan** [skæn]	→			動 をざっと見る〈for ～を求めて〉，を注意深く眺め回す
0709 **negotiate** [nɪɡóʊʃièɪt]	→			動 交渉する〈for, about ～について〉，を交渉して取り決める
0710 **illustrate** [íləstrèɪt]	→			動 を説明する，を例示する
0711 **encounter** [ɪnkáʊntər]	→			動 に遭遇する
0712 **confine** [kənfáɪn]	→			動 を限定する〈to ～に〉，を閉じ込める
0713 **transmit** [trænsmít]	→			動 を送る，を伝える
0714 **administer** [ədmínɪstər]	→			動 を管理する，を経営する，を治める，（治療）を施す
0715 **ease** [iːz]	→			動 を和らげる，を緩和する
0716 **resume** [rɪzjúːm]	→			動 を再開する
0717 **pursue** [pərsjúː]	→			動 を追跡する，を追求する
0718 **decay** [dɪkéɪ]	→			動 虫歯になる，腐る，衰退する
0719 **shrink** [ʃrɪŋk]	→			動 縮む，減る
0720 **cherish** [tʃérɪʃ]	→			動 を大事［大切］にする，をいつくしむ

例文	訳
0681 Doctors say that this new therapy works much better than any of the (c　　　　　) treatments.	この新しい療法はどんな**伝統的な**治療よりずっと効果的であると医師たちは言っている。
0682 The weather in this region has been (a　　　　　) recently.	最近，この地域の天気は**ひどく悪い**。
0683 There has been a (c　　　　　) rise in unemployment over the past few years.	この2，3年，失業者数には**着実な**増加が見られる。
0684 Early mobile phones seem very (p　　　　　) when we compare them with the devices we use these days.	最近使っている機器と比較すると，初期の携帯電話はかなり**洗練されていない**ように見える。
0685 She is only 15, but she is very (m　　　　　) for her age.	彼女はまだ15歳だが，年齢のわりにとても**大人っぽい**。
0686 This leaflet is aimed at tourists who may be (u　　　　　) **with** local manners and customs.	このリーフレットは地元の風俗習慣**に不慣れ**かもしれない旅行者向けである。
0687 The waiters complained that their new white uniforms were very (i　　　　　).	ウエーターたちは，新しい白い制服が非常に**実用的でない**と不満を漏らした。
0688 Around this time of year, the weather on the island is very (u　　　　　).	毎年今ごろの時期には，その島の天候はとても**変わりやすい**。
0689 The report found that a lot of information on the company's website was very (m　　　　　).	報告によると，その企業のウェブサイト上の多くの情報は非常に**誤解を招く**ものだった。
0690 In those days, there were a lot of coal mines in the area and jobs were (p　　　　　).	当時，その辺りには炭鉱が多く存在し，**有り余るほど**の仕事があった。
0691 Mainland Greece is almost completely surrounded by the (M　　　　　) Sea.	ギリシャ本土は，ほぼ完全に**地中海**に囲まれている。
0692 There have been several reports that conditions in the factory are (u　　　　　) for workers.	その工場の状況は労働者にとって**安全でない**との報告がいくつかされてきた。
0693 The gardener noticed several (b　　　　　) patches of earth on the lawn.	その庭師は，芝生のところどころで土が**むき出しになって**いることに気づいた。
0694 The (f　　　　　) old man lived alone in the countryside.	その**病弱な**老人はひとりで田舎で暮らしていた。
0695 The weather was really (h　　　　　) last weekend and we decided to cut our vacation short.	先週末の天気は実に**ひどかった**ので，我々は休暇を早めに切り上げることに決めた。
0696 We had a picnic in a (s　　　　　) spot overlooking the beach.	我々は海辺が見える**景色のよい**場所でピクニックをした。
0697 The teacher gave the students several (s　　　　　) materials to study at home.	その教師は，家で勉強するための**補足教材**を生徒にいくつか渡した。
0698 Her new neighbors were very (n　　　　　) and always asking questions.	彼女の新しい隣人たちはとても**詮索好き**でいつも質問をしてきた。
0699 (I　　　　　) students should go to Classroom A on the second floor.	**中級の**生徒は2階のA教室に行ってください。
0700 In many countries, there is a (u　　　　　) healthcare system.	多くの国で，**国民皆保険制度**が存在する。

解答 0681 conventional　0682 awful　0683 consistent　0684 primitive　0685 mature　0686 unfamiliar　0687 impractical
0688 unpredictable　0689 misleading　0690 plentiful　0691 Mediterranean　0692 unsafe　0693 bare　0694 feeble　0695 horrible
0696 scenic　0697 supplementary　0698 nosy　0699 Intermediate　0700 universal

学習日　　　　月　　　日

単　語	1回目	2回目	3回目	意　味
0721 **launch** [lɔːntʃ]	→			動を売り出す，を開始する，(ロケットなど)を発射する
0722 **accommodate** [əká(:)mədèɪt]	→			動を収容できる，を宿泊させる
0723 **withstand** [wɪðstǽnd]	→			動に耐える，に逆らう
0724 **halt** [hɔːlt]	→			動を中止する，を停止させる
0725 **transform** [trænsfɔ́ːrm]	→			動を大きく変える
0726 **transplant** [trænsplǽnt]	→			動を移植する
0727 **retail** [ríːteɪl]	→			動を小売りする
0728 **abandon** [əbǽndən]	→			動を捨てる，を放棄する
0729 **developer** [dɪvéləpər]	→			名宅地造成業者，開発者
0730 **circulation** [sə̀ːrkjuléɪʃən]	→			名発行部数，循環，流布
0731 **appliance** [əpláɪəns]	→			名(特に家庭用の)器具
0732 **bond** [bɑ(:)nd]	→			名きずな〈between ～の間の〉，債券，契約
0733 **circuit** [sə́ːrkət]	→			名周回すること，回路，巡回
0734 **innovation** [ìnəvéɪʃən]	→			名(技術)革新〈in ～における〉，新機軸
0735 **infant** [ínfənt]	→			名幼児，乳児
0736 **transaction** [trænsǽkʃən]	→			名(商)取引，(業務・取引などの)処理
0737 **celebrity** [səlébrə̀ɪ]	→			名有名人，著名人
0738 **checkup** [tʃékʌ̀p]	→			名健康診断，検査
0739 **makeup** [méɪkʌ̀p]	→			名構成，構造，化粧
0740 **respondent** [rɪspá(:)ndənt]	→			名(調査・アンケートなどの)回答者

例 文	訳
0701 The soldiers are thought to have been (c　　　　　　).	その兵士たちは捕らえられたと考えられている。
0702 Please don't hesitate to contact me at once if any problems (a　　　　　).	何か問題が起こったらすぐに私に気兼ねなく連絡してください。
0703 These plans are scheduled to be (i　　　　　) next year.	これらの計画は来年実施される予定である。
0704 We plan to (r　　　　　) several hundred copies of the painting.	私たちはその絵画を数百枚複製することを計画している。
0705 The authorities (s　　　　　) all of the corrupt politician's assets.	当局は, その汚職政治家の資産全てを押収した。
0706 This company has (d　　　　　) the electronics market in the country for over 40 years.	この企業は40年以上にわたりこの国の電子産業市場を支配してきた。
0707 He (c　　　　　) matters by not telling the police the truth immediately.	彼は事実をすぐに警察に告げなかったことで, 事態を複雑にした。
0708 He (s　　　　　) the classified ads looking for a new job.	彼は新しい仕事を探すために, 求人広告に目を通した。
0709 The nurses' union is (n　　　　　) **for** better working conditions.	看護師の組合はよりよい労働条件を求めて交渉している。
0710 He (i　　　　　) his point by telling us a story about his childhood.	彼は, 子供時代の話を私たちにすることによって, 自分の言わんとするところを説明した。
0711 If you (e　　　　　) any difficulties, please contact me.	何でも困ったことに遭遇したら, 私に連絡してください。
0712 The fighting was (c　　　　　) **to** one area of the city.	戦闘は市内のある地域に限定されていた。
0713 The spaceship (t　　　　　) its signal back to the earth.	宇宙船は地球にその信号を送り返した。
0714 The charity's funds are (a　　　　　) by a commercial bank.	その慈善団体の資金は, 商業銀行によって管理されている。
0715 After his operation, the doctor prescribed several medications to (e　　　　　) his pain.	手術後に, 医師は痛みを和らげるため, 彼にいくつかの薬を処方した。
0716 They are scheduled to (r　　　　　) work on the bridge after the winter break.	彼らは冬期休暇の後にその橋の作業を再開する予定だ。
0717 The police (p　　　　　) the stolen car for almost three kilometers.	警察は3キロ近くその盗難車を追いかけた。
0718 The dentist warned the children that eating sweets would make their teeth (d　　　　　).	歯科医は, 甘いものを食べていると虫歯になると子供たちに警告した。
0719 My favorite shirt has (s　　　　　) after being washed many times.	何度も洗濯されて, 私のお気に入りのシャツは縮んでしまった。
0720 I will (c　　　　　) the memories of my wedding day forever.	私はいつまでも, 結婚した日の思い出を大事にするつもりだ。

解答 0701 captured　0702 arise　0703 implemented　0704 reproduce　0705 seized　0706 dominated　0707 complicated
0708 scanned　0709 negotiating　0710 illustrated　0711 encounter　0712 confined　0713 transmitted　0714 administered　0715 ease
0716 resume　0717 pursued　0718 decay　0719 shrunk　0720 cherish

学習日　　　月　　　日

単語	1回目	2回目	3回目	意味
0741 **well-being** [wélbíːɪŋ]		→		图 健康〈of ～の〉，幸福
0742 **flaw** [flɔː]		→		图 欠点，傷，ひび
0743 **strain** [streɪn]		→		图 重圧，緊張
0744 **rivalry** [ráɪvəlri]		→		图 ライバル意識〈with ～と の，between ～の間の〉，競争
0745 **publicity** [pʌblísəti]		→		图 一般に知れ渡ること，評判，宣伝
0746 **consent** [kənsént]		→		图 同意〈to ～についての〉
0747 **addiction** [ədíkʃən]		→		图 依存
0748 **profession** [prəféʃən]		→		图 (主に知的な)職業
0749 **sacrifice** [sǽkrɪfàɪs]		→		图 犠牲〈for ～のための〉
0750 **nerve** [nəːrv]		→		图 度胸〈to do ～する〉，神経
0751 **assumption** [əsʌ́mpʃən]		→		图 (確証のない)仮定〈that … …という〉，想定，思い込み
0752 **context** [ká(ː)ntekst]		→		图 文脈，背景，状況
0753 **era** [íərə]		→		图 時代
0754 **trait** [treɪt]		→		图 特徴，特色
0755 **voucher** [váutʃər]		→		图 クーポン券，商品券
0756 **draft** [dræft]		→		图 下書き，草稿
0757 **blaze** [bleɪz]		→		图 炎，強い輝き
0758 **currency** [kə́ːrənsi]		→		图 通貨，普及
0759 **stance** [stæns]		→		图 立場，対処の姿勢
0760 **fluid** [flúːɪd]		→		图 液体，流動体

例文	訳
0721 The cosmetics company will (l) a new range of products this fall.	その化粧品会社は今秋，新しい製品シリーズを売り出すだろう。
0722 The hotel ballroom can (a) up to 500 guests.	そのホテルのダンスホールは，500人まで客を収容することができる。
0723 The prisoner was too weak to (w) any further punishment.	その囚人はとてもひ弱で，それ以上の罰に耐えることはできなかった。
0724 The government decided to (h) the sale of weapons overseas.	政府は外国への武器販売を中止する決定をした。
0725 In only one year, the new CEO completely (t) the company.	たった1年で，その新CEOは完全に会社を変えた。
0726 The surgeons (t) a patch of skin onto the patient's back.	外科医たちは患者の背中に皮膚の一部を移植した。
0727 This sportswear company (r) its products all over Europe.	このスポーツウエア会社はヨーロッパ中で製品を小売りしている。
0728 After two years in prison, he (a) all hope of ever being released.	彼は刑務所で2年間過ごすと，いつかは釈放されるという一切の望みを捨てた。
0729 The (d) has decided to build a large office building in this area.	その宅地造成業者は，この地域に大型のオフィスビルを建設することを決めた。
0730 This newspaper has the highest (c) of all the English newspapers in Japan.	この新聞は，日本の全ての英字新聞の中で最も発行部数が多い。
0731 Most people these days own a lot of electrical (a).	最近ではほとんどの人がたくさんの電気器具を所有している。
0732 The (b) **between** a parent and a child is very deep.	親と子のきずなは非常に深い。
0733 One (c) around the park takes approximately an hour.	公園を1周するには約1時間かかる。
0734 There have been several important (i) **in** the computer industry recently.	最近，コンピューター業界でいくつかの重要な技術革新があった。
0735 This range of toys is designed for (i).	この一連のおもちゃは幼児向けに作られたものだ。
0736 The two sides finalized the (t) over lunch.	双方は昼食を食べながら取引をまとめた。
0737 A number of (c) are expected to attend the restaurant's opening tonight.	今夜，そのレストランの開店に数人の有名人が出席する見込みだ。
0738 I went to the doctor for my annual (c) last week.	私は先週，年次健康診断を受けに医者に行った。
0739 The coach decided to change the (m) of the team.	監督はチームの構成を変えることに決めた。
0740 Almost all the (r) to the survey said they liked the new drink.	調査の回答者のほぼ全員が，その新しい飲み物が好きだと言った。

単語編

でる度 **B**
↓
0741
～
0760

解答 0721 launch　0722 accommodate　0723 withstand　0724 halt　0725 transformed　0726 transplanted　0727 retails
0728 abandoned　0729 developer　0730 circulation　0731 appliances　0732 bond　0733 circuit　0734 innovations　0735 infants
0736 transaction　0737 celebrities　0738 checkup　0739 makeup　0740 respondents

単語	1回目	2回目	3回目	意 味
0761 dispute [dɪspjúːt]	→			图 論争
0762 counterpart [káunțərpàːrt]	→			图 対応 [相当] する人 [もの] 〈to ~に〉
0763 perception [pərsépʃən]	→			图 認識，知覚
0764 custody [kʌ́stədi]	→			图 親権，保護，管理，拘留
0765 venue [vénjuː]	→			图 会場〈for ~の〉，開催地
0766 dread [dred]	→			图 不安，恐れ
0767 incentive [ɪnséntɪv]	→			图 動機〈to do ~するための〉，誘因
0768 disgust [dɪsgʌ́st]	→			图 嫌悪，反感
0769 province [prɑ́(ː)vɪns]	→			图 (カナダ・フランス・中国などの) 州，県，省
0770 proponent [prəpóunənt]	→			图 支持者〈of ~の〉
0771 commercial [kəmə́ːrʃəl]	→			形 商業 (上) の，営利的な
0772 excessive [ɪksésɪv]	→			形 過度の，法外な
0773 vulnerable [vʌ́lnərəbl]	→			形 弱い〈to 病気などに〉，傷つきやすい
0774 protective [prətéktɪv]	→			形 保護する，守ろうとする
0775 secure [sɪkjúər]	→			形 安全な，確かな
0776 obvious [ɑ́(ː)bviəs]	→			形 明らかな
0777 reluctant [rɪlʌ́ktənt]	→			形 気が進まない〈to do ~することに〉
0778 confident [kɑ́(ː)nfɪdənt]	→			形 確信して〈that ... …と，of, about ~を〉，自信に満ちた
0779 intelligent [ɪntélɪdʒənt]	→			形 知能の高い，利口な
0780 barren [bǽrən]	→			形 不毛の，作物ができない

単語編

でる度
B
↓
0761
～
0780

例 文	訳
0741 The counselor's job is to take care of the emotional (w　　　　　) **of** the children.	そのカウンセラーの仕事は，子供たちの感情面の健康に気をつけることだ。
0742 One of his main (f　　　　　) is that he is extremely short-tempered.	彼の主要な欠点の1つはひどく短気なことだ。
0743 The (s　　　　　) of her demanding job began to show.	彼女のきつい仕事による重圧が表れ始めていた。
0744 We were all aware of the (r　　　　　) **between** the two salespeople.	私たち全員がその2人の販売員の間にあるライバル意識に気がついていた。
0745 The soccer player received a lot of (p　　　　　) after he moved to another team.	そのサッカー選手は，別のチームに移籍した後，非常に注目された。
0746 Her parents refused to give their (c　　　　　) **to** her marriage.	彼女の両親は，彼女の結婚に同意することを拒んだ。
0747 The doctors discussed the best ways to treat drug (a　　　　　).	医師たちは薬物依存の最善の治療法について話し合った。
0748 Law and medicine are (p　　　　　) which require many years of study.	法律と医学は，何年もの勉強を必要とする専門職だ。
0749 She has had to make major (s　　　　　) **for** her children.	彼女は子供たちのために，大きな犠牲を払ってこなければならなかった。
0750 I still can't believe she had the (n　　　　　) **to come** uninvited.	彼女が招待されてもいないのにやってくる度胸を持ち合わせていたとはいまだに信じられない。
0751 We are working on the (a　　　　　) **that** sales will increase.	私たちは，売り上げが増えるという仮定の下に仕事をしている。
0752 It is difficult to guess the meaning of a new word without knowing the (c　　　　　).	文脈が分からないと，知らない語の意味を推測するのは難しい。
0753 The formation of the new government marks the beginning of a new (e　　　　　) for this country.	新政府を組織することは，この国にとって新時代の始まりを示すものだ。
0754 All of her children had very different personality (t　　　　　).	彼女の子供たちは皆，非常に異なる性格の特徴（＝個性）を持っていた。
0755 She gave me some discount (v　　　　　) to use in the cafeteria.	彼女は私にそのカフェテリアで使うことができる割引クーポン券をくれた。
0756 I handed the final (d　　　　　) of my book to my publisher yesterday.	私は昨日，本の最終原稿を出版社に渡した。
0757 Sixty firefighters fought the factory (b　　　　　) for over two days.	60人の消防士たちが2日以上にわたって工場の火災と闘った。
0758 Where can I change some money into the local (c　　　　　)?	どこでお金を現地通貨に両替できますか。
0759 The newspaper took a (s　　　　　) against racism.	その新聞は反人種差別の立場を取った。
0760 The doctor told me to stay in bed and drink plenty of (f　　　　　).	医師は私に安静にして水分を十分摂取するように言った。

解答 0741 well-being　0742 flaws　0743 strain　0744 rivalry　0745 publicity　0746 consent　0747 addiction　0748 professions
0749 sacrifices　0750 nerve　0751 assumption　0752 context　0753 era　0754 traits　0755 vouchers　0756 draft　0757 blaze
0758 currency　0759 stance　0760 fluids

単 語	1回目	2回目	3回目	意 味
0781 **epidemic** [èpɪdémɪk]	→			形 (病気などが) 流行 [伝染] 性の，流行の
0782 **reliable** [rɪláɪəbl]	→			形 信頼できる
0783 **curious** [kjúəriəs]	→			形 好奇心の強い〈about, as to ～に対して〉，詮索好きな
0784 **hasty** [héɪsti]	→			形 急ぎの，早まった
0785 **behavioral** [bɪhéɪvjərəl]	→			形 行動の
0786 **bulky** [bʌ́lki]	→			形 かさばった，扱いにくいほど大きい
0787 **faulty** [fɔ́:lti]	→			形 (機械・装置などが) 欠陥のある
0788 **hectic** [héktɪk]	→			形 やたらと忙しい
0789 **knowledgeable** [ná(:)lɪdʒəbl]	→			形 よく知っている〈about ～を〉，物知りの
0790 **tense** [tens]	→			形 緊迫した，緊張した
0791 **intact** [ɪntǽkt]	→			形 損なわれていない，手をつけられていない
0792 **comprehensive** [kà(:)mprɪhénsɪv]	→			形 包括的な，広範囲にわたる
0793 **hesitant** [hézɪtənt]	→			形 ためらいがちな〈to do ～するのを〉
0794 **scarce** [skeərs]	→			形 十分でない，乏しい
0795 **defensive** [dɪfénsɪv]	→			形 防御的な
0796 **permanently** [pə́:rmənəntli]	→			副 永遠に，いつも
0797 **nonetheless** [nʌ̀nðəlés]	→			副 それにもかかわらず
0798 **primarily** [praɪmérəli]	→			副 主として，初めに
0799 **intentionally** [ɪnténʃənəli]	→			副 故意に，意図的に
0800 **abruptly** [əbrʌ́ptli]	→			副 突然に

単語編

でる度 **B**

↓

0781
～
0800

例 文	訳
0761 The (d　　　　　　　) has been going on for three years now.	その論争は3年経った今も続いている。
0762 The French Foreign Minister discussed trade issues with his German (c　　　　　　) last night.	フランスの外務大臣は昨夜，ドイツの対応する人（＝外務大臣）と貿易問題について議論した。
0763 Your (p　　　　　　) of war is distinctly different from mine.	あなたの戦争についての認識は，私のものとは明らかに異なっている。
0764 The court awarded (c　　　　　　) of the children to their father.	裁判所は父親にその子供たちの親権を与えた。
0765 We are looking for a suitable (v　　　　　　) **for** our annual conference.	我々は年次総会にぴったりの会場を探している。
0766 The student waited in (d　　　　　) for the result of his math test.	その生徒は数学のテストの結果を不安に思いながら待った。
0767 The workers in this company have little (i　　　　　) **to work** any harder.	この会社の従業員には，これ以上一生懸命に働こうという励みになるものがほとんどない。
0768 Many people expressed (d　　　　　) at the way the animals on the farms are treated.	その農場における動物の扱われ方に対し，多くの人々が嫌悪感を表した。
0769 Canada is divided into several (p　　　　　) with their own local governments.	カナダは，独自の地方政府を持ついくつかの州に分かれている。
0770 He is well known as a (p　　　　　) **of** clean energy.	彼はクリーンエネルギーの支持者としてよく知られている。
0771 There are many (c　　　　　) zones in this city.	この都市には，多くの商業地域がある。
0772 We complained about the (e　　　　　) noise coming from the construction site.	私たちは建設現場からの過度の騒音に関して文句を言った。
0773 Small children and the elderly are more (v　　　　　) **to** flu viruses.	小さな子供とお年寄りはインフルエンザウイルスにより弱い。
0774 Sunscreen provides a (p　　　　　) layer against UV rays.	日焼け止めは紫外線に対する保護層を作る。
0775 Try to use (s　　　　　) websites when shopping on the Internet.	インターネットで買い物をするときは安全なウェブサイトを使うようにしなさい。
0776 The solution to the problem was (o　　　　　) to everyone.	その問題の解決法は誰の目にも明らかだった。
0777 She was (r　　　　　) **to lend** him any more money.	彼女は彼にそれ以上お金を貸すことに気が進まなかった。
0778 He said he was (c　　　　　) **that** the economy would recover soon.	経済がまもなく回復することを確信していると彼は語った。
0779 Everyone knows that whales and dolphins are highly (i　　　　　) animals.	クジラとイルカはとても知能が高い動物だということを誰もが知っている。
0780 The dry, (b　　　　　) land in that area is quite difficult to farm.	乾燥して不毛なその地域の土地は耕すのがとても困難だ。

解答 0761 dispute　0762 counterpart　0763 perception　0764 custody　0765 venue　0766 dread　0767 incentive　0768 disgust
0769 provinces　0770 proponent　0771 commercial　0772 excessive　0773 vulnerable　0774 protective　0775 secure　0776 obvious
0777 reluctant　0778 confident　0779 intelligent　0780 barren

学習日　　　　　月　　　日

単語	1回目	2回目	3回目	意　味
0801 **outsource** [áʊtsɔ̀ːrs]	→			動 を外注する, を業務委託する
0802 **applaud** [əplɔ́ːd]	→			動 に拍手する, を賞賛する
0803 **bribe** [braɪb]	→			動 を買収する
0804 **replicate** [réplɪkèɪt]	→			動 (同一実験など)を繰り返す, を複製する
0805 **stroll** [stroʊl]	→			動 ぶらぶら歩く, 散歩する
0806 **swell** [swel]	→			動 増大する, 腫れる
0807 **uphold** [ʌ̀phóʊld]	→			動 を支持する, を確認する, を維持する
0808 **vomit** [vɑ́(ː)mət]	→			動 吐く, もどす
0809 **expire** [ɪkspáɪər]	→			動 (権利などの)期限が切れる, 終了する
0810 **recruit** [rɪkrúːt]	→			動 (新会員・新社員など)を募集[勧誘]する
0811 **enhance** [ɪnhǽns]	→			動 を増す, を高める
0812 **accumulate** [əkjúːmjulèɪt]	→			動 を蓄積する, を集める
0813 **designate** [dézɪɡnèɪt]	→			動 を指定する〈as, for ~ に〉, を任命[指名]する
0814 **conceal** [kənsíːl]	→			動 を隠す
0815 **disregard** [dìsrɪɡáːrd]	→			動 を無視する, を軽視する
0816 **accelerate** [əksélərèɪt]	→			動 (を)加速する, を促進する
0817 **revive** [rɪváɪv]	→			動 を生き返らせる, を復活させる
0818 **enact** [ɪnǽkt]	→			動 (法案)を制定する, を通過させる
0819 **exert** [ɪɡzə́ːrt]	→			動 を行使する, (exert *oneself* で) 努力する
0820 **leak** [liːk]	→			動 (秘密など)を漏らす〈to ~ に〉, (液体・気体など)を漏らす, 漏れる

✖ Unit 40の復習テスト　〉わからないときは前Unitで確認しましょう。

単語編

でる度
B
↓
0801
〜
0820

例　文	訳
0781 The influenza outbreak has already reached (e 　　　　　　) proportions in this country.	この国では，インフルエンザの発生がすでに<u>大流行の</u>域に達している。
0782 I'm afraid the bus service in this area is not very (r 　　　　　).	残念なことに，この地域のバスの運行はあまり<u>信頼</u>できない。
0783 Small children are naturally very (c 　　　　　) **about** the world around them.	小さな子供たちは生来，自分たちの周りの世界<u>に対する</u><u>好奇心が</u>とても強い。
0784 I don't think you two should be so (h 　　　　　) to get married.	あなたたち2人は結婚をそんなに<u>急ぐべきでは</u>ないと思う。
0785 Her job is to help children with (b 　　　　　) problems.	彼女の仕事は，<u>行動上の</u>問題がある子供たちを助けることだ。
0786 He squeezed the (b 　　　　　) suitcase into the trunk of the car.	彼は<u>かさばる</u>スーツケースを車のトランクに押し込んだ。
0787 I had to return the bicycle because the brakes were (f 　　　　　).	ブレーキに<u>欠陥があった</u>ので，私はその自転車を返品しなければならなかった。
0788 The magazine editor leads a very (h 　　　　　) life.	その雑誌編集者は<u>やたらと忙しい</u>日々を送っている。
0789 He is very (k 　　　　　) **about** Japanese arts and crafts.	彼は日本の美術と工芸を<u>とてもよく知ってい</u>る。
0790 The atmosphere in the hospital waiting room was very (t 　　　　　).	病院の待合室の空気は非常に<u>張り詰めて</u>いた。
0791 Not a single structure remained (i 　　　　　) after the bombing.	爆撃の後に<u>無傷で</u>残っている建造物は1つもなかった。
0792 This (c 　　　　　) report on air pollution contains a lot of new facts.	大気汚染に関するこの<u>包括的な</u>報告書にはたくさんの新事実が含まれている。
0793 The little girl was very (h 　　　　　) **to pet** the large dog.	少女はその大型犬を<u>なでることを</u>大いに<u>ためらっ</u>ていた。
0794 Supplies of daily necessities like drinkable water are (s 　　　　　) in the war zone.	その交戦地域では，飲料水といった日々の生活必需品の供給が<u>十分ではない</u>。
0795 I think the team needs a more (d 　　　　　) strategy.	私はそのチームにはもっと<u>守備的な</u>戦略が必要だと思う。
0796 They decided to settle (p 　　　　　) in the south of Spain.	彼らはスペイン南部に<u>ずっと</u>定住することに決めた。
0797 Everything seems to be OK now, but (n 　　　　　) we should prepare for the worst.	今は全てうまくいっているように思えるが，<u>それでも</u>最悪の事態に備えるべきだ。
0798 This English conversation course was designed (p 　　　　　) for beginners.	この英会話講座は<u>主に</u>初心者のために作られた。
0799 I would never (i 　　　　　) try to hurt your feelings.	私はあなたの感情を<u>故意に</u>傷つけようとは決してしない。
0800 She stopped the car (a 　　　　　) in the middle of the road.	彼女は道路の真ん中で<u>突然</u>車を止めた。

解答 0781 epidemic　0782 reliable　0783 curious　0784 hasty　0785 behavioral　0786 bulky　0787 faulty　0788 hectic
0789 knowledgeable　0790 tense　0791 intact　0792 comprehensive　0793 hesitant　0794 scarce　0795 defensive
0796 permanently　0797 nonetheless　0798 primarily　0799 intentionally　0800 abruptly

学習日　　　　　月　　　日

単語	♪ 1回目	◑ 2回目	◉ 3回目	意味
0821 **jail** [dʒeɪl]	→			動 を投獄 [拘置] する〈for ～のかどで〉
0822 **reform** [rɪfɔ́ːrm]	→			動 を改革する，を改善する
0823 **declare** [dɪkléər]	→			動 を宣言する，を断言する
0824 **outline** [áʊtlàɪn]	→			動 の要点を述べる，の輪郭を描く
0825 **annoy** [ənɔ́ɪ]	→			動 をいらいらさせる，を悩ます
0826 **interfere** [ìnt̬ərfíər]	→			動 妨げる〈with ～を〉，干渉する〈in ～に〉
0827 **nest** [nest]	→			名 (鳥の)巣
0828 **founder** [fáʊndər]	→			名 創設者
0829 **biologist** [baɪá(ː)lədʒɪst]	→			名 生物学者
0830 **arrangement** [əréɪndʒmənt]	→			名 (通例 ～s)準備〈for ～のための〉，配置，取り決め
0831 **landfill** [lǽndfìl]	→			名 ごみ埋め立て地
0832 **trunk** [trʌŋk]	→			名 (木の)幹，(象の)鼻，🇺🇸(自動車の)トランク
0833 **principle** [prínsəpəl]	→			名 (通例 ～s)(個人の)主義，信条，原則
0834 **series** [síəriːz]	→			名 (通例単数形で)連続〈of ～の〉，一続き
0835 **independence** [ìndɪpéndəns]	→			名 独立〈from ～からの〉，自立
0836 **exploration** [èkspləréɪʃən]	→			名 探検，調査
0837 **justice** [dʒʌ́stɪs]	→			名 正義，公正，司法，裁判
0838 **humanity** [hjumǽnəti]	→			名 (通例無冠詞，集合的に)人類
0839 **involvement** [ɪnvá(ː)lvmənt]	→			名 関与〈in ～への〉，巻き込まれること
0840 **accounting** [əkáʊnt̬ɪŋ]	→			名 経理，会計(学)

例　文	訳
0801 We have decided to (o　　　　　　) this job to China.	私たちは中国にこの仕事を<u>外注する</u>ことに決めた。
0802 We (a　　　　　　) the judge's decision to free the prisoner.	私たちは囚人を釈放するという裁判官の判決に<u>拍手を送った</u>。
0803 He (b　　　　　　) the CEO of the company to get the contract.	彼は契約を取るためにその会社のCEOに<u>賄賂を渡した</u>。
0804 The scientist was unable to (r　　　　　　) the results of his original experiment.	その科学者は，最初の実験結果を<u>再現する</u>ことができなかった。
0805 We had a lovely time (s　　　　　　) in the park.	私たちは公園を<u>ぶらぶら散歩して</u>楽しい時間を過ごした。
0806 The crowd of protesters in the square (s　　　　　　) to well over 10,000.	広場の抗議者たちの群れは優に1万人以上に<u>ふくれ上がった</u>。
0807 It is the role of a judge to (u　　　　　　) the law.	法を<u>支持する</u>のが裁判官の役割だ。
0808 The sight of all the blood made him want to (v　　　　　　).	一面の血の海を見て彼は<u>吐き</u>たくなった。
0809 There are only about ten days left before my passport (e　　　　　　).	私のパスポートの<u>期限が切れる</u>までに，約10日しか残っていない。
0810 Our company plans to (r　　　　　　) several university graduates this year.	当社は今年，数人の大学卒業生を<u>募集する</u>予定だ。
0811 This new marketing method should (e　　　　　　) our sales productivity.	この新しいマーケティングの手法は，当社の販売生産性を<u>向上させる</u>はずだ。
0812 He (a　　　　　　) a lot of debt while he was a student.	彼は学生時代に多額の借金を<u>ため込んだ</u>。
0813 This park has been (d　　　　　　) **as** a smoke-free area.	この公園は禁煙地区に<u>指定されて</u>いる。
0814 The passenger (c　　　　　　) an extra bottle of liquor in his hand luggage.	その乗客は手荷物に1びん余分な酒を<u>隠した</u>。
0815 The accident happened because they completely (d　　　　　　) the safety rules.	彼らが安全に関するルールを完全に<u>無視した</u>ことが原因で，その事故は起こった。
0816 Sports cars usually (a　　　　　　) much faster than passenger cars.	スポーツカーはふつう，乗用車よりはるかに速く<u>加速する</u>。
0817 They did all they could, but were unable to (r　　　　　　) the elderly woman.	彼らはできることは全てやったが，その年配の女性を<u>蘇生させる</u>ことはできなかった。
0818 The government will be pushing to (e　　　　　　) the bill as soon as possible.	政府は，できるだけ早くその法案を<u>制定する</u>ために努力するだろう。
0819 The group (e　　　　　　) pressure on the government in an attempt to bring about changes in the law.	そのグループは法律を変えようと試みて，政府に<u>圧力をかけた</u>。
0820 The contents of the report were (l　　　　　　) **to** the press.	その報告書の内容が報道機関に<u>漏れた</u>。

単語編

でる度 **B**

↓
0821
～
0840

解答 **0801** outsource **0802** applauded **0803** bribed **0804** replicate **0805** strolling **0806** swelled **0807** uphold **0808** vomit
0809 expires **0810** recruit **0811** enhance **0812** accumulated **0813** designated **0814** concealed **0815** disregarded
0816 accelerate **0817** revive **0818** enact **0819** exerted **0820** leaked

学習日 _____ 月 ___ 日

単語	🔊 1回目	👁 2回目	👁 3回目	意味
0841 **discrimination** [dɪskrìmɪnéɪʃən]	→			图 差別〈against ～に対する, in favor of ～をひいきしての〉
0842 **inequality** [ìnɪkwá(:)ləti]	→			图 不平等
0843 **master** [mǽstər]	→			图 修士
0844 **millennium** [mɪléniəm]	→			图 (西暦元年から数えて) 1,000年(間), 千年祭
0845 **refusal** [rɪfjúːzəl]	→			图 拒否〈of ～の, to do ～することの〉, 拒絶
0846 **wound** [wuːnd]	→			图 傷, 負傷
0847 **absence** [ǽbsəns]	→			图 不在, 欠席
0848 **distribution** [dìstrɪbjúːʃən]	→			图 分配, 配給
0849 **wilderness** [wíldərnəs]	→			图 荒れ地, 荒野
0850 **concentration** [kà(:)nsəntréɪʃən]	→			图 濃度, 集中, 専念
0851 **craft** [kræft]	→			图 (～s) 工芸品, (手先でする)作業
0852 **crust** [krʌst]	→			图 地殻, パンの耳, (動物の)甲殻
0853 **basement** [béɪsmənt]	→			图 地階, 地下室
0854 **janitor** [dʒǽnəṭər]	→			图 (アパート・ビル・学校などの)用務員, 管理人
0855 **prejudice** [prédʒʊdəs]	→			图 偏見〈against ～への〉, 先入観
0856 **prosperity** [prɑ(:)spérəti]	→			图 繁栄, 繁盛
0857 **robbery** [rá(:)bəri]	→			图 強盗(事件)
0858 **warranty** [wɔ́(:)rənṭi]	→			图 保証(書)〈on ～の〉
0859 **appetite** [ǽpɪtàɪt]	→			图 食欲, 欲求〈for ～への〉
0860 **bullet** [búlɪt]	→			图 銃弾, 弾丸

例 文	訳
0821 The man was (j　　　　　) for five years **for** speaking out against the government.	その男は政府に対して反対意見を述べたことで5年間投獄された。
0822 The government plans to (r　　　　　) the education system to make it fairer for all.	政府は全国民により公平になるように，教育制度を改革することを計画している。
0823 The mayor (d　　　　　) a state of emergency after the city was flooded.	市長は，市が洪水に見舞われた後，非常事態を宣言した。
0824 The architect briefly (o　　　　　) her plans for the new museum.	その建築家は，新しい博物館の計画の概略を簡潔に述べた。
0825 It really (a　　　　　) me when I see people dropping litter on the street.	私は人が道路にごみを捨てているのを見ると，非常にいらいらする。
0826 The bright street lamp outside her bedroom (i　　　　　) **with** her sleep.	寝室の外の明るい街灯が彼女の睡眠を妨げた。
0827 A pair of sparrows built a (n　　　　　) above the station entrance.	2羽のスズメが，その駅の入口の上に巣を作った。
0828 The (f　　　　　) of the university was born in this town.	その大学の創設者はこの町で生まれた。
0829 He is probably the most famous (b　　　　　) of all time.	彼は，おそらく史上最も有名な生物学者であろう。
0830 My secretary will make the (a　　　　　) **for** the trip to Shanghai.	私の秘書が，上海出張の準備をしてくれるだろう。
0831 The local residents opposed the building of a new (l　　　　　) site near the village.	地元住民は，村の近隣に新たなごみ埋め立て地を建設することに反対した。
0832 The squirrel ran quickly up the (t　　　　　) of the tree.	そのリスは木の幹を素早く駆け上がって行った。
0833 The woman refused a disposable straw, saying it was against her (p　　　　　).	その女性は，彼女の主義に反すると言って，使い捨てのストローを拒否した。
0834 I would like to run a (s　　　　　) **of** tests on the computer system to find out what the problem is.	私は問題を見つけるためにそのコンピューターシステムに一連のテストを行いたいと思います。
0835 India achieved (i　　　　　) **from** British rule in 1947.	インドは1947年に英国の支配からの独立を果たした。
0836 Space (e　　　　　) can be extremely expensive as well as dangerous.	宇宙探査は危険であると同時に極めて高額になり得る。
0837 The people demanded (j　　　　　) for the man who had been killed by the police.	人々は警察によって殺された男性のために正義を求めた。
0838 Climate change is probably the biggest threat facing (h　　　　　) at present.	気候変動はおそらく現在人類が直面している最大の脅威である。
0839 The police are investigating the millionaire's (i　　　　　) **in** the crime.	警察はその大富豪の犯罪への関与を調査している。
0840 The man worked in the (a　　　　　) department of the company for over 30 years.	男性はその会社の経理部で30年以上働いた。

単語編

でる度
B
↓
0841
〜
0860

解答 0821 jailed　0822 reform　0823 declared　0824 outlined　0825 annoys　0826 interfered　0827 nest　0828 founder
0829 biologist　0830 arrangements　0831 landfill　0832 trunk　0833 principles　0834 series　0835 independence　0836 exploration
0837 justice　0838 humanity　0839 involvement　0840 accounting

学習日　　　月　　　日

単語	1回目	2回目	3回目	意 味
0861 preparation [prèpəréɪʃən]	→	↓		图 準備〈of, for ～の, to do ～する〉, 支度
0862 citizenship [síṭɪzənʃìp]	→	↓		图 市民権, 公民権, 市民 [国民]であること
0863 stale [steɪl]	→	↓		形 (パンなどが)堅くなった, 鮮度の落ちた, 陳腐な
0864 disadvantaged [dìsədvǽnṭɪdʒd]	→	↓		形 (経済的・社会的に)恵まれない
0865 ongoing [á(ː)ŋgòʊɪŋ]	→	↓		形 継続している, 進行中の
0866 sturdy [stɔ́ːrdi]	→	↓		形 頑丈な, たくましい, 不屈の
0867 unauthorized [ʌnɔ́ːθəràɪzd]	→	↓		形 権限のない, (公的に)認可されていない
0868 verbal [vɔ́ːrbəl]	→	↓		形 口頭での, 言葉の [に関する]
0869 weary [wíəri]	→	↓		形 疲れ果てた, うんざりした
0870 equivalent [ɪkwívələnt]	→	↓		形 相当する〈to ～に〉, 同等の
0871 intense [ɪnténs]	→	↓		形 極度の, 激しい
0872 consecutive [kənsékjuṭɪv]	→	↓		形 連続した
0873 noticeable [nóʊṭəsəbl]	→	↓		形 著しい, 目立つ
0874 crucial [krúːʃəl]	→	↓		形 重大な, 決定的な
0875 electrical [ɪléktrɪkəl]	→	↓		形 電気の, 電気を扱う
0876 steep [stiːp]	→	↓		形 (傾斜が)急な
0877 civil [sívəl]	→	↓		形 (軍人・官吏に対して)民間の, 一般市民の
0878 supreme [supríːm]	→	↓		形 最高の, 至高の
0879 elite [ɪlíːt]	→	↓		形 えり抜きの, エリートの
0880 broad [brɔːd]	→	↓		形 (幅の)広い, 広範囲な

例 文	訳
0841 The report made several suggestions as to how to end race (d　　　　　　) in the workplace.	その報告書は，職場での人種差別をなくす方法について，いくつか提案をした。
0842 (I　　　　　　) in education is an important issue which needs to be addressed.	教育における不平等は，取り組む必要のある重要な問題である。
0843 Applicants for this job need at least a (m　　　　　　)'s degree in economics.	この仕事への応募者は少なくとも経済学修士の学位が必要である。
0844 This stadium was built to celebrate the beginning of the third (m　　　　　　) in the year 2000.	このスタジアムは第3千年紀の始まりを記念して2000年に建設された。
0845 Everyone was surprised by his (r　　　　　　) **to accept** a promotion.	彼が昇進の受け入れを拒否したことには皆が驚いた。
0846 The soldier's (w　　　　　　) became infected and he had to be rushed to the hospital.	その兵士の傷は感染し，彼は病院に救急搬送されなければならなかった。
0847 There is an (a　　　　　　) of information about the long-term effects of this drug.	この薬の長期的影響に関する情報はない。
0848 Who is in charge of the (d　　　　　　) of emergency supplies in this area?	この地域の防災用品の分配の責任者は誰ですか？
0849 The couple spent several years living in the New Zealand (w　　　　　　).	その夫婦はニュージーランドの手付かずの自然の中で数年間暮らした。
0850 High (c　　　　　　) of radiation were found in the area around the power plant.	その発電所の周辺地域で高濃度の放射線が見つかった。
0851 This area is famous for (c　　　　　　) such as pottery and weaving.	この地域は陶器や織物などの工芸品で有名である。
0852 The earth's (c　　　　　　) is composed of several different layers of rock.	地球の地殻はいくつかの異なる岩の層からできている。
0853 There are several shops and restaurants on the (b　　　　　　) level of the building.	その建物の地階にはいくつかの店舗とレストランがある。
0854 The school (j　　　　　　) is responsible for the maintenance and safety of our school buildings.	その学校の用務員は校舎の保守と安全に責任がある。
0855 The students said that they had experienced racial (p　　　　　　) at school.	生徒たちは学校で人種的偏見を経験したと言った。
0856 After the war ended, the country experienced a period of great (p　　　　　　).	戦争が終わった後，その国は素晴らしい繁栄の時期を経験した。
0857 The painting was stolen from the museum during a (r　　　　　　) last week.	その絵画は，先週の強盗事件の際，美術館から盗まれた。
0858 All our washing machines come with a three-year (w　　　　　　).	当店の洗濯機は全て3年間の保証がついております。
0859 I lost my (a　　　　　　) for a few days when I had the flu.	私はインフルエンザにかかったとき，2，3日間，食欲がなかった。
0860 The (b　　　　　　) missed the man's head by a fraction of an inch.	銃弾はあとわずかで男の頭に当たるところだった。

単語編

でる度
B
↓
0861
〜
0880

解答 0841 discrimination　0842 Inequality　0843 master　0844 millennium　0845 refusal　0846 wound　0847 absence
0848 distribution　0849 wilderness　0850 concentrations　0851 crafts　0852 crust　0853 basement　0854 janitor　0855 prejudice
0856 prosperity　0857 robbery　0858 warranty　0859 appetite　0860 bullet

単語	1回目	2回目	3回目	意味
0881 **industrial** [ɪndʌ́striəl]	→			形 産業の，工業の
0882 **allied** [ǽlàɪd]	→			形 連合の〈to, with ～と〉，同盟を結んだ
0883 **external** [ɪkstə́:rnəl]	→			形 外部の，外(側)の
0884 **mere** [mɪər]	→			形 ほんの，単なる
0885 **latter** [lǽtər]	→			形 後半の，後の方の，(the ～)後者の
0886 **presidential** [prèzɪdénʃəl]	→			形 大統領の[による]，社長の
0887 **ethical** [éθɪkəl]	→			形 倫理(上)の，道徳の
0888 **realistic** [rì:əlístɪk]	→			形 現実的な，実際的な
0889 **harmless** [há:rmləs]	→			形 害のない〈to ～にとって〉
0890 **underlying** [ʌ̀ndərláɪɪŋ]	→			形 潜在的な，根本的な
0891 **urgent** [ə́:rdʒənt]	→			形 緊急の，切迫した
0892 **complimentary** [kà(:)mpləméntəri]	→			形 無料の，賞賛する
0893 **eager** [í:gər]	→			形 熱望して〈to do ～したいと〉，熱心な
0894 **loudly** [láʊdli]	→			副 大声で，騒々しく
0895 **accordingly** [əkɔ́:rdɪŋli]	→			副 それ相応に，(通例文頭で)従って，そんなわけで
0896 **occasionally** [əkéɪʒənəli]	→			副 ときどき
0897 **smoothly** [smú:ðli]	→			副 順調に，スムーズに，滑らかに
0898 **frankly** [frǽŋkli]	→			副 率直に，正直に
0899 **notably** [nóʊtəbli]	→			副 とりわけ
0900 **continuously** [kəntínjuəsli]	→			副 継続して，連続して

例　文	訳
0861 I was not able to do as much (p) **for** the exam as I had hoped.	私は思っていたほど試験の<u>準備</u>ができなかった。
0862 What documents do I need to apply for American (c)?	アメリカの<u>市民権</u>を申請するには何の書類が必要ですか？
0863 The food was great, but the bread was a bit (s).	料理は素晴らしかったが，パンは少し<u>堅かった</u>。
0864 They took a group of (d) children on a trip to the seaside.	彼らは<u>恵まれない</u>子供たちの集団を連れて海辺へ旅行に行った。
0865 We are monitoring the (o) hostage situation.	我々は<u>現在発生している</u>人質事件を注視している。
0866 I took cover under the (s) desk during the earthquake.	私は地震の間，<u>頑丈な</u>机の下に避難した。
0867 No (u) persons are allowed in this area.	<u>権限のない</u>人間は誰もこの地域に立ち入ることができない。
0868 We made a (v) agreement to deliver the product by April 1.	我々は4月1日までに製品を届けるという<u>口頭による</u>合意をした。
0869 The firefighters were (w) at the end of the long night.	消防士たちは長い夜の終わりには<u>疲れ果てて</u>いた。
0870 One mile is (e) **to** about 1.6 kilometers.	1マイルは約1.6キロメートル<u>に相当する</u>。
0871 The (i) cold last night caused the pond to freeze over.	昨晩の<u>強烈な</u>寒さのせいで池一面に氷が張った。
0872 She has been world champion eight (c) times.	彼女は今までに8回<u>連続</u>で世界チャンピオンになっている。
0873 There has been a (n) improvement in the patient's health recently.	その患者の健康状態は最近，<u>著しい</u>改善を見せている。
0874 This is a (c) decision which will affect millions of people.	これは何百万人もの人々に影響を与える<u>重大な</u>決定だ。
0875 Several (e) engineers worked all night to repair the power cables.	数名の<u>電気技師</u>が電力ケーブルを修理するため夜通し働いた。
0876 We climbed the (s) slope up to the hotel.	我々はホテルまで<u>急な</u>坂を上った。
0877 The police arrested several (c) rights activists during the demonstration.	警察はデモの最中に数名の<u>公民権運動家</u>を逮捕した。
0878 The (S) Court of the United States is the highest court in the country.	合衆国<u>最高裁判所</u>は，国の最高裁である。
0879 Unlike many of his friends, the company CEO did not go to an (e) university.	多くの友人とは異なり，その企業の最高経営責任者は<u>一流大学</u>に行かなかった。
0880 This university offers a (b) range of courses including medicine and law.	この大学は医学と法律も含め<u>幅広い</u>講座を提供している。

単語編

でる度 **B**

↓

0881
〜
0900

解答 0861 preparation　0862 citizenship　0863 stale　0864 disadvantaged　0865 ongoing　0866 sturdy　0867 unauthorized
0868 verbal　0869 weary　0870 equivalent　0871 intense　0872 consecutive　0873 noticeable　0874 crucial　0875 electrical
0876 steep　0877 civil　0878 Supreme　0879 elite　0880 broad

単語	1回目	2回目	3回目	意 味
0901 **compel** [kəmpél]	→			動 (compel O to *do*で)(人)に強いて〜させる
0902 **distinguish** [dɪstíŋgwɪʃ]	→	↓		動 区別する〈between 〜の間を〉, を区別する〈from 〜と〉
0903 **heighten** [háɪtən]	→	↓		動 を高める, を増大させる
0904 **ruin** [rú:ɪn]	→	↓		動 を台無しにする, を駄目にする
0905 **equip** [ɪkwíp]	→	↓		動 に装備する〈with 〜を〉
0906 **export** [ɪkspɔ́:rt]	→	↓		動 を輸出する〈to 〜へ〉
0907 **glance** [glæns]	→	↓		動 ちらりと見る〈at 〜を〉
0908 **notify** [nóʊṭəfàɪ]	→	↓		動 に知らせる〈of, about 〜を〉
0909 **overdo** [òʊvərdú:]	→	↓		動 を使い過ぎる, をやり過ぎる
0910 **pierce** [pɪərs]	→	↓		動 に穴を開ける, を突き通す
0911 **overestimate** [òʊvəréstɪmèɪt]	→	↓		動 を過大に評価する[見積もる]
0912 **raid** [reɪd]	→	↓		動 (警察が)に手入れを行う, (軍隊が)を襲撃する
0913 **recall** [rɪkɔ́:l]	→	↓		動 を思い出す, (商品など)を回収する
0914 **simplify** [símplɪfàɪ]	→	↓		動 を簡単にする
0915 **wrinkle** [ríŋkl]	→	↓		動 (顔など)にしわを寄せる, (衣服など)にしわを作る
0916 **conspire** [kənspáɪər]	→	↓		動 陰謀を企てる〈to *do* 〜しようと〉, 共謀する
0917 **imitate** [ímɪtèɪt]	→	↓		動 をまねる, を見習う
0918 **inhale** [ɪnhéɪl]	→	↓		動 を吸い込む
0919 **overrate** [òʊvərréɪt]	→	↓		動 (通例受身形で)過大評価される
0920 **sympathize** [símpəθàɪz]	→	↓		動 同情する〈with 〜に〉

例 文	訳
0881 The (i) revolution took place from the 18th century up until the 19th century.	産業革命は，18世紀から19世紀にかけて起きた。
0882 (A) troops bombed the historical city during the war.	連合軍は戦時中その歴史ある都市を爆撃した。
0883 The government denied they had changed the immigration policy due to (e) pressure.	政府は，外部からの圧力によって移民政策を変更したことを否定した。
0884 A (m) three people out of thousands were found to be infected with the virus.	数千人の中のほんの3人だけがそのウイルスに感染していることが判明した。
0885 The weather should get better in the (l) part of the week.	週の後半には天気はよくなるはずだ。
0886 The next (p) election will take place at the end of next year.	次期大統領選挙は来年末に行われる。
0887 Some consumers are against testing cosmetics on animals for (e) reasons.	一部の消費者は倫理上の理由から，動物への化粧品の試験に反対している。
0888 It is not (r) to expect our employees to work every weekend.	従業員が毎週末働くのを期待するのは現実的ではない。
0889 Although this spider looks scary, it is actually (h).	このクモは見た目は恐ろしいが，実際には無害である。
0890 The professor explained the (u) reasons for the growth in crime.	その教授は犯罪増加の裏に潜む理由を説明した。
0891 I received an (u) phone call from the hospital saying my wife had been in an accident.	私は妻が事故に巻き込まれたという緊急の電話を病院から受けた。
0892 The hotel staff informed me that breakfast, Wi-Fi, and parking are (c) during my stay.	滞在中は朝食，Wi-Fi，駐車場が無料だとホテルの従業員が教えてくれた。
0893 The medical students were very (e) **to start** treating patients.	その医学生たちは患者の治療を始めたいととても熱望していた。
0894 I could hear some people singing (l) on the street outside my house.	私には自宅の外の通りで数人が大声で歌っているのが聞こえた。
0895 He is the most popular comedian in the UK and is paid (a).	彼はイギリスで最も人気のあるコメディアンなので，それ相応の報酬が支払われている。
0896 I (o) go out for dinner with my friends from college.	私はときどき大学時代からの友人と一緒に夕食に出かける。
0897 My job interview went more (s) than I had expected.	私の就職の面接は予想していたよりも順調に進んだ。
0898 The soldier spoke (f) about his experiences in the war.	その兵士は戦争の体験をざっくばらんに語った。
0899 Some motorists, (n) truck drivers, were not happy about the new speed restrictions.	運転手の中には，特にトラックのドライバーだが，新しい制限速度に不満を感じる人もいた。
0900 In the last few years, the runner's performance has been (c) improving.	この2，3年，そのランナーの成績は継続してよくなっている。

単語編

でる度 **B**
↓
0901
～
0920

解答 0881 industrial　0882 Allied　0883 external　0884 mere　0885 latter　0886 presidential　0887 ethical　0888 realistic
0889 harmless　0890 underlying　0891 urgent　0892 complimentary　0893 eager　0894 loudly　0895 accordingly
0896 occasionally　0897 smoothly　0898 frankly　0899 notably　0900 continuously

単 語	1回目	2回目	3回目	意 味
0921 **glide** [glaɪd]	→			動 滑らかに動く，音もなく移動する
0922 **kidnap** [kídnæp]	→			動 を誘拐する
0923 **pretend** [prɪténd]	→			動 (pretend to beで)のつもりになる，(pretend to doで)~するふりをする
0924 **simmer** [símər]	→			動 (煮立たない程度に)ことこと煮える
0925 **thaw** [θɔː]	→			動 解凍される，溶ける
0926 **unfold** [ʌnfóʊld]	→			動 (真相などが)明らかになる，を明らかにする
0927 **detain** [dɪtéɪn]	→			動 を勾留 [留置] する，(人) を引き留める
0928 **puncture** [pʌ́ŋktʃər]	→			動 (タイヤ)をパンクさせる，に穴をあける
0929 **strangle** [strǽŋgl]	→			動 (発展・活動など)を抑圧する，を窒息させる
0930 **hygiene** [háɪdʒiːn]	→			名 衛生 (状態)，清潔
0931 **oppression** [əpréʃən]	→			名 抑圧，虐待
0932 **collaboration** [kəlæ̀bəréɪʃən]	→			名 合作〈with ~との，between ~間での〉，共同，協力
0933 **harbor** [háːrbər]	→			名 港，避難所
0934 **lawn** [lɔːn]	→			名 芝生
0935 **pedestrian** [pədéstriən]	→			名 歩行者
0936 **racism** [réɪsìzm]	→			名 人種差別 (主義 [政策])
0937 **summit** [sʌ́mɪt]	→			名 (先進国) 首脳会議，サミット，(山などの)頂上
0938 **bug** [bʌg]	→			名 (小さな)虫，昆虫
0939 **dirt** [dəːrt]	→			名 汚れ，泥，ほこり
0940 **maternity** [mətə́ːrnəti]	→			名 (形容詞的に)妊産婦の，母であること

例　文	訳
0901 The governor was (c　　　　　) **to resign** after his racist comments went viral.	知事は人種差別発言がネット上で拡散された後，**辞任を強いられた**。
0902 Many children are unable to (d　　　　　) **between** real and fake news.	多くの子供たちは，本物のニュースと偽のニュース**を区別する**ことができない。
0903 The government created a series of advertisements to (h　　　　　) awareness of climate change.	政府は気候変動への意識を**高める**ために一連の広告を作成した。
0904 Our picnic in the park was (r　　　　　) by the sudden rainstorm.	私たちの公園でのピクニックは突然の暴風雨で**台無しになった**。
0905 The nurses were (e　　　　　) **with** face shields as well as gloves and gowns.	看護師たちは手袋とガウンに加えてフェースシールド**を身につけていた**。
0906 This company (e　　　　　) luxury cars **to** many countries, including Japan.	この会社は日本を含む多くの国へ高級車を**輸出している**。
0907 The lawyer (g　　　　　) **at** her notes before she began to speak.	その弁護士は，話し始める前に**ちらっとメモに目をやった**。
0908 We will (n　　　　　) you when your visa is ready to be picked up.	ビザの受け取りの準備が整ったら**お知らせします**。
0909 He tends to (o　　　　　) the spices when he makes curry.	彼はカレーを作るときに，スパイスを**使い過ぎる**傾向がある。
0910 I'm thinking of having my ears (p　　　　　) after I graduate from high school.	私は高校を卒業したら，耳に（ピアスの）**穴を開け**ようと考えている。
0911 We seem to have (o　　　　　) the number of tickets sold by about 10 percent.	どうも私たちはチケットの販売枚数を10パーセントほど**多く見積もって**いたようだ。
0912 The police (r　　　　　) the suspect's apartment in the early hours of the morning.	警察は早朝，容疑者のアパート**に手入れを行った**。
0913 I can't (r　　　　　) exactly when I last visited this area.	この地域を最後に訪れたのがいつだったかを，正確に**思い出す**ことができない。
0914 Would it be possible to (s　　　　　) these instructions?	この説明書を**簡略化**していただくことは可能でしょうか？
0915 He (w　　　　　) up his nose in disgust at the bad smell.	彼はいやな臭いを嗅いで，不快そうに**鼻にしわを寄せた**。
0916 The suspect denied (c　　　　　) **to assassinate** the President.	その容疑者は大統領の**暗殺を企てていた**ことを否定した。
0917 The girl began to (i　　　　　) everything her older sister did and said.	その少女は姉のすることと言うこと**を全てまねし**始めた。
0918 The man was treated at the hospital after he (i　　　　　) smoke during the fire.	その男性は火事で煙を**吸い込んだ**後，病院で治療を受けた。
0919 To be honest, I think this restaurant is (o　　　　　).	率直に言うと，このレストランは**過大評価され**ていると思う。
0920 Having experienced something similar myself, I really (s　　　　　) **with** her situation.	私自身，似たような経験をしてきたので，彼女の状況**には本当に同情する**。

解答　**0901** compelled　**0902** distinguish　**0903** heighten　**0904** ruined　**0905** equipped　**0906** exports　**0907** glanced　**0908** notify
0909 overuse　**0910** pierced　**0911** overestimated　**0912** raided　**0913** recall　**0914** simplify　**0915** wrinkled　**0916** conspiring
0917 imitate　**0918** inhaled　**0919** overrated　**0920** sympathize

学習日　　　　　月　　　日

	単語	1回目	2回目	3回目	意味
0941	**stroke** [stroʊk]	→			图脳卒中，（強い）発作，（武器などで）打つこと
0942	**tale** [teɪl]	→	↓		图（事実・伝説・架空の）話，（文学作品としての）物語
0943	**certainty** [sə́ːrtənti]	→	↓		图確実性，確信
0944	**imbalance** [ɪmbǽləns]	→	↓		图不均衡⟨in ～の, between ～の間の⟩，アンバランス
0945	**incidence** [ínsɪdəns]	→	↓		图発生（率）⟨of 事件・病気などの⟩
0946	**pit** [pɪt]	→	↓		图穴，くぼみ
0947	**texture** [tékstʃər]	→	↓		图手［肌］触り，感触，食感
0948	**thumb** [θʌm]	→	↓		图（手の）親指
0949	**undergraduate** [ʌ̀ndərgrǽdʒuət]	→	↓		图大学生
0950	**wisdom** [wízdəm]	→	↓		图知恵，賢明さ
0951	**bride** [braɪd]	→	↓		图花嫁，新婦
0952	**dictator** [díkteɪtər]	→	↓		图独裁者，専制君主
0953	**signature** [sígnətʃər]	→	↓		图署名，サイン
0954	**testament** [téstəmənt]	→	↓		图（通例単数形で）あかし⟨to ～の⟩，証拠
0955	**attachment** [ətǽtʃmənt]	→	↓		图添付ファイル，添付書類
0956	**bachelor** [bǽtʃələr]	→	↓		图独身の男性，学士
0957	**blister** [blístər]	→	↓		图水ぶくれ
0958	**blockade** [blɑ(:)kéɪd]	→	↓		图（港湾などの）封鎖，経済［通信］封鎖
0959	**condo** [kɑ́(:)ndoʊ]	→	↓		图分譲マンション
0960	**invoice** [ínvɔɪs]	→	↓		图明細請求書，納品書

例 文	訳
0921 The actress (g　　　　) gracefully into the ballroom.	その女優は滑るように優雅に舞踏場へ入って行った。
0922 The billionaire's son was (k　　　　) on his way to school this morning.	その億万長者の息子が，今朝学校へ行く途中で誘拐された。
0923 The children (p　　　　) **to be** characters from their favorite TV show.	子供たちは大好きなテレビ番組の登場人物のつもりになっていた。
0924 I left the soup to (s　　　　) on the stove while I laid the table.	私は食卓の準備をする間，スープをコンロでことこと煮ていた。
0925 The frozen strawberries took several hours to (t　　　　) completely.	冷凍のイチゴが完全に解凍されるまで数時間かかった。
0926 Slowly the details of the crime began to (u　　　　).	少しずつ，その犯罪の詳細が明らかになり始めた。
0927 The police have (d　　　　) two suspects in connection with the robbery last week.	警察は先週の強盗事件に関連して2人の容疑者を勾留した。
0928 Somebody (p　　　　) the tires on my bicycle when I left it outside the park yesterday.	昨日公園の外に自転車を置いていたら，誰かがタイヤをパンクさせた。
0929 Some people complained that the new government restrictions were (s　　　　) the economy.	政府による新たな規制は経済を抑制していると不満を漏らす人もいた。
0930 In the interests of (h　　　　), please wash your hands for at least 20 seconds with soap and hot water.	衛生上の理由から，せっけんとお湯で少なくとも20秒は手を洗ってください。
0931 We must do our best to support the victims of political (o　　　　).	我々は政治的抑圧の被害者を支援することに最善を尽くさなければならない。
0932 This new art show is a (c　　　　) **between** artists from various countries in Europe.	この新しい美術展はヨーロッパのさまざまな国の芸術家たちの合作です。
0933 From our hotel room, we had a great view of the boats in the (h　　　　).	ホテルの部屋からは港に停泊している船の素晴らしい景色が楽しめた。
0934 Due to water shortages, residents were asked not to water their (l　　　　).	水不足のため，住民は芝生に水をやらないように依頼された。
0935 There is no safe place for (p　　　　) to cross the road around here.	この辺りには，歩行者が道路を横断できる安全な場所がない。
0936 Thousands of people all over the country recently took part in protests against (r　　　　).	つい最近，国中で何千人もの人々が人種差別に対する抗議に参加した。
0937 Leaders from all over the world attended the (s　　　　) last week.	世界中の首脳が先週首脳会議に出席した。
0938 The small boy loved to look at the (b　　　　) in his grandmother's garden.	その小さな男の子は，祖母の家の庭で虫を見るのが大好きだった。
0939 I can't seem to get all the (d　　　　) off the windows of my car.	車の窓の汚れを全て拭き取ることができそうにない。
0940 She took a year's (m　　　　) leave after the birth of her son.	彼女は息子を出産した後，1年間の産休を取得した。

単語編

でる度
B
↓
0941
〜
0960

解答 0921 glided　0922 kidnaped　0923 pretended　0924 simmer　0925 thaw　0926 unfold　0927 detained　0928 punctured
0929 strangling　0930 hygiene　0931 oppression　0932 collaboration　0933 harbor　0934 lawns　0935 pedestrians　0936 racism
0937 summit　0938 bugs　0939 dirt　0940 maternity

学習日　　　　　　月　　　日

単語	1回目	2回目	3回目	意 味
0961 **leisure** [líːʒər]	→			图 自由な時間，余暇
0962 **meditation** [mèdɪtéɪʃən]	→			图 瞑想，黙想
0963 **procession** [prəséʃən]	→			图 (儀式などの)行列，行進
0964 **unrest** [ʌ̀nrést]	→			图 (社会的な)混乱，不安，(心の)動揺
0965 **equator** [ɪkwéɪtər]	→			图 (the ~) 赤道
0966 **exhausted** [ɪgzɔ́ːstɪd]	→			形 疲れ果てた
0967 **problematic** [prɑ̀(ː)bləmǽtɪk]	→			形 問題のある，疑わしい
0968 **desirable** [dɪzáɪərəbl]	→			形 望ましい
0969 **geological** [dʒìːəlɑ́(ː)dʒɪkəl]	→			形 地質(学)上の
0970 **rash** [ræʃ]	→			形 早まった，軽率な
0971 **solitary** [sɑ́(ː)lətèri]	→			形 ひとりの，孤独の
0972 **uneven** [ʌ̀níːvən]	→			形 でこぼこな，平らでない
0973 **antique** [æntíːk]	→			形 骨董の，時代遅れの
0974 **dense** [dens]	→			形 (霧・雲などが)濃い，(人・物が)密集した
0975 **economical** [ìːkənɑ́(ː)mɪkəl]	→			形 経済的な，安上がりな
0976 **fictional** [fíkʃənəl]	→			形 架空の，フィクションの
0977 **gradual** [grǽdʒuəl]	→			形 徐々の，(傾斜の)なだらかな
0978 **intimate** [íntəmət]	→			形 (場所・状況が)くつろげる，心地よい，(人が)親しい，親密な
0979 **lengthy** [léŋkθi]	→			形 長い，長時間の
0980 **ultimate** [ʌ́ltɪmət]	→			形 最終の，究極の

例文	訳
0941 The man was unable to walk after suffering a (s　　　　　　).	その男性は脳卒中を起こした後，歩くことができなかった。
0942 One of the local people told me an interesting (t　　　　　　) about a giant who lived in the mountains.	地元の人の1人が私に山に住む巨人の面白い話をしてくれた。
0943 I cannot say with (c　　　　　　) if we will be able to take a vacation next year.	来年私たちが休暇を取れるかどうかを確実に言うことはできない。
0944 The minister reported that there was an (i　　　　　　) **between** the country's import and export figures.	その大臣は，国の輸入額と輸出額の間には不均衡があると報告した。
0945 There are several reasons why the (i　　　　　　) **of** crime is so low in this state.	この州で犯罪の発生率がそれほど低いのにはいくつか理由がある。
0946 The ancient people buried their treasures in a deep (p　　　　　　) in the middle of the desert.	古代の人々は，砂漠の真ん中の深い穴に彼らの宝物を埋めた。
0947 I don't like the color or (t　　　　　　) of this carpet.	私はこのカーペットの色も手触りも好きでない。
0948 I hit my (t　　　　　　) with a hammer when I was hanging up a picture.	私は絵を掛けているときに，金づちで親指を打ってしまった。
0949 Several (u　　　　　　) live together in this apartment.	数人の大学生がこのアパートで一緒に暮らしている。
0950 There is a lot of (w　　　　　　) contained in these children's stories.	これらの子供向けの物語には多くの知恵が含まれている。
0951 The (b　　　　　　) wore a long white dress with a veil.	その花嫁はベールの付いた長い白いドレスを身につけていた。
0952 After 10 years, the (d　　　　　　) was finally removed from power.	10年経ってやっと，その独裁者は権力の座から降ろされた。
0953 We require your (s　　　　　　) on each of these insurance documents.	これらの保険書類の全てに署名が必要です。
0954 The fact that this temple survived the earthquake is a (t　　　　　　) **to** the skill of its builders.	この寺院が地震に耐えたという事実は，建築者の技術のあかしである。
0955 I'm sending you the contract and other related information as an (a　　　　　　).	契約書とほかの関連情報を添付ファイルでお送りします。
0956 He said he enjoys life as a (b　　　　　　) and has no plans to get married.	彼は独身者としての生活が楽しく，結婚する予定はないと言った。
0957 My new shoes are very uncomfortable and I have several (b　　　　　　) on my feet.	私の新しい靴はとても履き心地が悪く，足にいくつか水ぶくれができている。
0958 The (b　　　　　　) of the country's ports and airports is causing a great deal of hardship for residents.	その国の港と空港の封鎖は，住民に多大な困難を引き起こしている。
0959 The couple bought a luxury (c　　　　　　) in this area.	そのカップルはこの地域の高級マンションを購入した。
0960 Can you send me the (i　　　　　　) for this job by the end of the month?	この仕事の請求書を月末までに送っていただけますか？

解答 0941 stroke　0942 tale　0943 certainty　0944 imbalance　0945 incidence　0946 pit　0947 texture　0948 thumb
0949 undergraduates　0950 wisdom　0951 bride　0952 dictator　0953 signature　0954 testament　0955 attachment
0956 bachelor　0957 blisters　0958 blockade　0959 condo　0960 invoice

学習日　　　　月　　　日

単語	1回目	2回目	3回目	意味
0981 **victorious** [vɪktɔ́:riəs]	→			形 勝利を得た，勝ち誇った
0982 **witty** [wíti]	→			形 機知に富んだ
0983 **blurry** [blə́:ri]	→			形 ぼやけた，不鮮明な
0984 **exceptional** [ɪksépʃənəl]	→			形 例外的に優れた，まれな
0985 **finite** [fáɪnaɪt]	→			形 有限の，限られた
0986 **on-the-job** [à(:)nðədʒá(:)b]	→			形 実地の，職場での
0987 **vacant** [véɪkənt]	→			形 (部屋・座席などが) 空いている，使用されていない
0988 **cheery** [tʃíəri]	→			形 陽気な，元気な
0989 **cowardly** [káʊərdli]	→			形 卑怯な，臆病な
0990 **immeasurable** [ɪméʒərəbl]	→			形 計り知れない，果てしない，広大な
0991 **impaired** [ɪmpéərd]	→			形 (複合語で) 〜に障害のある，弱った，損なわれた
0992 **impassable** [ɪmpǽsəbl]	→			形 (道・川などが) 通行できない，(困難・障害などが) 克服できない
0993 **inactive** [ɪnǽktɪv]	→			形 不活発な，停止中の
0994 **inconvenient** [ìnkənví:niənt]	→			形 不便な，不都合な
0995 **superstitious** [sù:pərstíʃəs]	→			形 迷信深い，迷信の
0996 **unpleasant** [ʌnplézənt]	→			形 不愉快な，いやな
0997 **wicked** [wíkɪd]	→			形 悪意のある，意地の悪い
0998 **ecological** [ì:kəlá(:)dʒɪkəl]	→			形 環境の，生態 (学) の
0999 **imaginary** [ɪmǽdʒənèri]	→			形 想像上の，架空の
1000 **ripe** [raɪp]	→			形 (果実・穀物が) 熟した，実った

例　文	訳
0961 He has been working in the (l　　　　　) industry for several years.	彼はこの数年間, レジャー産業に従事してきた。
0962 They teach a variety of (m　　　　　) techniques to help the children manage their stress better.	子供たちがより上手にストレスと付き合えるように, 彼らはさまざまな瞑想術を教えている。
0963 Thousands of people gathered to watch the royal (p　　　　　) last Sunday.	先週の日曜日, 何千人もの人が王室の車列を見るために集まった。
0964 The government had trouble dealing with the (u　　　　　) in the city.	政府はその市の混乱に対処するのに苦労した。
0965 The island is located around 100 kilometers south of the (e　　　　　).	その島は, 赤道の南, 約100キロに位置している。
0966 I'm too (e　　　　　) to cook tonight. Shall we order some takeout?	私は今夜はくたくたで料理ができない。テイクアウトを注文しようか？
0967 The political situation in this region is more (p　　　　　) than we first thought.	この地域の政治情勢は, 我々が当初思っていたよりも問題がある。
0968 The house is expensive because it is located in a very (d　　　　　) area.	その家は非常に魅力ある地域にあるため, 価格が高い。
0969 The team carried out a (g　　　　　) survey of the entire region.	そのチームは, 地域全体の地質調査を実施した。
0970 I advise you to think carefully before making any (r　　　　　) decisions.	早まった決断をする前に, 慎重に考えることを勧めます。
0971 The dangerous prisoner was placed in a (s　　　　　) cell.	その危険な囚人は独房に入れられた。
0972 Take care not to trip. The ground around the door is very (u　　　　　).	つまずかないように気をつけて。ドアの辺りの地面はかなりでこぼこになっているので。
0973 The store was filled with beautiful (a　　　　　) furniture.	その店は美しい骨董家具で埋め尽くされていた。
0974 The hikers had trouble finding their camp in the (d　　　　　) fog.	ハイカーたちは濃い霧の中, キャンプ場を見つけるのに苦労した。
0975 This car uses a lot of gas and is not at all (e　　　　　) to drive.	この車は多くのガソリンを使い, 運転が全く経済的ではない。
0976 This story is set in a (f　　　　　) town in the north of Spain.	この物語の舞台は, スペイン北部の架空の町に設定されている。
0977 Over the last few years, there has been a (g　　　　　) change in the weather.	この数年にわたって, 気候が徐々に変化してきた。
0978 This restaurant has an (i　　　　　) atmosphere and is ideal for a date.	このレストランにはくつろげる雰囲気があり, デートにうってつけだ。
0979 The (l　　　　　) report explains the problems with the current school system.	その長々と書かれた報告書では現在の学校制度に関する問題点が説明されている。
0980 Our (u　　　　　) goal is to create an effective treatment for the disease.	我々の最終的な目標は, その病気の効果的な治療法を作り出すことだ。

単語編

でる度
B
↓
0981
〜
1000

解答　0961 leisure　0962 meditation　0963 procession　0964 unrest　0965 equator　0966 exhausted　0967 problematic
0968 desirable　0969 geological　0970 rash　0971 solitary　0972 uneven　0973 antique　0974 dense　0975 economical
0976 fictional　0977 gradual　0978 intimate　0979 lengthy　0980 ultimate

Q 大問4の英作文問題でも大問1の語彙問題で出題されるような単語を使った方がよいのでしょうか。

A 大問4の英作文問題では，無理をして『でる順パス単』レベルの単語を使おうとする必要はありません。それよりもトピックに対する答えとその理由や補足情報を分かりやすく表現しながら，全体の構成をまとめることを優先させましょう。

　英語の4技能とは，インプット（Reading & Listening）とアウトプット（Writing & Speaking）から構成されます。幼児が徐々に母語を習得するプロセスを考えると分かりやすいのですが，多くのインプットがあってこそのアウトプットなのです。単語集で覚えた単語をいきなり英作文で使うことには無理があります。語法がよく分からずに間違って使用してしまうこともあるでしょうし，覚えた日本語訳に惑わされて本来のニュアンスから外れた用法に読み手が違和感を覚えるかもしれません。

　『でる順パス単』に掲載された単語は，まずはインプットの際に認識できるようになることを目指すべきです。語彙問題や読解，リスニングで出てきたときに即座に理解できるレベルです。これをアウトプットでも使えるようにするのは，その先の大きなステップとなります。無理に背伸びをするとほかの大切な要素がおろそかになりよい結果をもたらさない可能性があります。英作文では，自身の持つアウトプットが可能なレベルの語彙を最大限に活用して，合格へ導く解答を作成することを目標としてください。

単語学習の不安を
先生に相談してみよう！

単語編

でる度 **C** 力を伸ばす単語 **600**

Section 11　**Unit 51 ~ 55**
Section 12　**Unit 56 ~ 60**
Section 13　**Unit 61 ~ 65**
Section 14　**Unit 66 ~ 70**
Section 15　**Unit 71 ~ 75**
Section 16　**Unit 76 ~ 80**

学習日　　　　　　月　　　日

単語	♫ 1回目	● 2回目	● 3回目	意　味
1001 disguise [dɪsgáɪz]	→			動 を変装させる〈as ~のように〉
1002 curb [kəːrb]	→			動 を抑制する，を制御する
1003 restrain [rɪstréɪn]	→			動 を制止する，を抑制する
1004 stumble [stʌ́mbl]	→			動 つまずく〈on, over ~に〉，よろめきながら歩く
1005 diminish [dɪmínɪʃ]	→			動 減少する，を減じる
1006 rotate [róʊteɪt]	→			動 回転する，循環する，を回転させる
1007 compress [kəmprés]	→			動 を要約する〈into ~に〉，を短縮する，を圧縮して詰め込む
1008 decode [diːkóʊd]	→			動 (暗号・符号)を解読する
1009 offset [ɔ(ː)fsét]	→			動 を相殺する，を埋め合わせる
1010 bid [bɪd]	→			動 入札する〈for ~に〉
1011 burst [bəːrst]	→			動 破裂する，爆発する
1012 overtake [òʊvərtéɪk]	→			動 を追い越す，に追いつく，を上回る
1013 retain [rɪtéɪn]	→			動 を保持する
1014 litter [lítər]	→			動 (場所)を散らかす〈with ~で〉
1015 prohibit [proʊhíbət]	→			動 を禁止する
1016 discipline [dísəplɪn]	→			動 を罰する〈for ~のことで〉，を訓練する
1017 yield [jiːld]	→			動 を産出する，(権利など)を譲る〈to ~に〉，屈する
1018 sweep [swiːp]	→			動 (ある地域)に広がる，(床・部屋など)を掃く
1019 dictate [díkteɪt]	→			動 を命令する，を決定づける，を書き取らせる
1020 inject [ɪndʒékt]	→			動 を注射[注入]する〈into ~に〉

例　文	訳
0981 France was (v　　　　　) over Croatia in the World Cup final.	フランスはワールドカップの決勝戦でクロアチアに勝利した。
0982 The actor made a number of (w　　　　　) remarks during his radio interview.	その俳優はラジオのインタビューで，いくつかの機知に富む発言をした。
0983 The old photograph was very (b　　　　　), and it was hard to make out the people's faces.	その古い写真はかなりぼやけていて，顔を見分けるのが難しかった。
0984 She showed (e　　　　　) talent as a painter from a very young age.	彼女は幼いころから画家としての並外れた才能を見せた。
0985 It is important to remember that a lot of the natural resources we rely on are (f　　　　　).	我々が依存する多くの天然資源は有限であると忘れないことは重要である。
0986 This position offers (o　　　　　) training as well as full health insurance.	この職では，完全な健康保険のほか，実地訓練が提供される。
0987 The apartment on the first floor of this building has been (v　　　　　) for over a year.	この建物の1階のアパートは1年以上空室になっている。
0988 My neighbor waved and gave me a (c　　　　　) smile as she passed my gate.	隣人は私の家の門を通り過ぎるとき，手を振って陽気な笑顔を見せてくれた。
0989 The judge condemned the (c　　　　　) attack on the homeless man.	裁判官はホームレスの男性に対するその卑怯な攻撃を非難した。
0990 The oil spill caused (i　　　　　) harm to the wildlife living along the coast.	その原油流出は海岸沿いに生息する野生生物に計り知れない害をもたらした。
0991 It is essential that those who are visually (i　　　　　) get the support they need.	視覚障害のある人々が必要な支援を得ることは極めて重要である。
0992 This mountain road is virtually (i　　　　　) during the winter months.	この山道は冬の間は事実上通行できない。
0993 The scientist explained that the volcano had been (i　　　　　) for over 100 years.	その火山は100年以上活動を休止していると，科学者は説明した。
0994 My new office is situated in a very (i　　　　　) location.	私の新しいオフィスはとても不便な場所にある。
0995 My grandmother is more (s　　　　　) than anyone else in my family.	私の祖母は家族の誰よりも迷信深い。
0996 There was a very (u　　　　　) smell coming from the drain in the hotel bathroom.	ホテルの浴室の排水口からとても不快な臭いがした。
0997 In the story, a (w　　　　　) wizard casts a spell on a princess.	その物語では，邪悪な魔法使いがプリンセスに魔法をかける。
0998 Climate change is probably the most important (e　　　　　) issue we face these days.	気候変動はおそらく，近年我々が直面している最も重要な環境問題である。
0999 The author wrote about an (i　　　　　) world where there is no war.	その作家は，戦争のない想像上の世界について書いた。
1000 These kiwis are not (r　　　　　) enough to eat yet.	これらのキウイは，食べるにはまだ十分に熟れていない。

解答　0981 victorious　0982 witty　0983 blurry　0984 exceptional　0985 finite　0986 on-the-job　0987 vacant　0988 cheery
0989 cowardly　0990 immeasurable　0991 impaired　0992 impassable　0993 inactive　0994 inconvenient　1000 superstitious
0996 unpleasant　0997 wicked　0998 ecological　0999 imaginary　1000 ripe

学習日　　　　月　　　日

単語	1回目	2回目	3回目	意 味
1021 **urge** [ə:rdʒ]	→			動 に熱心に勧める〈to *do* ～することを〉
1022 **mimic** [mímɪk]	→			動 をまねる
1023 **roam** [roʊm]	→			動 歩き回る，放浪する
1024 **assess** [əsés]	→			動 を査定する，を評価する
1025 **boast** [boʊst]	→			動 自慢する〈about, of ～を〉
1026 **drag** [dræg]	→			動 を引きずる
1027 **repay** [rɪpéɪ]	→			動 を返済する
1028 **overthrow** [òʊvərθróʊ]	→			動 (政府・体制など)を打倒する
1029 **fulfill** [fʊlfíl]	→			動 (約束・任務など)を果たす，(条件・要求など)を満たす
1030 **doom** [du:m]	→			動 (通例受身形で)運命づけられている〈to *do* ～するように〉
1031 **affiliate** [əfílièɪt]	→			動 を提携させる〈with, to ～と〉，を合併する
1032 **assault** [əsɔ́(:)lt]	→			動 を攻撃する，を非難する
1033 **testimony** [téstəmòʊni]	→			名 証言，証拠
1034 **errand** [érənd]	→			名 (人の)使い，用足し
1035 **friction** [fríkʃən]	→			名 不和〈between 2者間の〉，摩擦
1036 **coalition** [kòʊəlíʃən]	→			名 連立，合同
1037 **influx** [ínflʌks]	→			名 (人・物の)殺到，(水・空気の)流入
1038 **curse** [kə:rs]	→			名 呪い，呪文，ののしり言葉
1039 **app** [æp]	→			名 アプリ
1040 **visibility** [vìzəbíləti]	→			名 視界，視野，目に見えること

例　文	訳
1001 The spy (d 　　　　　) himself **as** an elderly man.	そのスパイは初老の男性に<u>変装した</u>。
1002 The government ministers discussed ways to (c 　　　　　) inflation.	政府の閣僚はインフレを<u>抑制する</u>方法について話し合った。
1003 The teachers (r 　　　　　) the two students fighting in the hall.	先生たちは，廊下で喧嘩をする2人の生徒を<u>制止した</u>。
1004 I (s 　　　　　) **over** a stone on the path.	私は小道の石に<u>つまずいた</u>。
1005 His political power has begun to (d 　　　　　) lately.	最近，彼の政治力が<u>衰え</u>始めた。
1006 All eight planets in our solar system (r 　　　　　) around the sun.	太陽系の8つの惑星は全て太陽の周りを<u>回っている</u>。
1007 The professor (c 　　　　　) all of his research data **into** one short report.	教授は全ての研究データを1つの短い報告書に<u>まとめた</u>。
1008 During the war, the women's job was to (d 　　　　　) enemy messages.	戦時中，その女性たちの仕事は敵のメッセージを<u>解読する</u>ことだった。
1009 Gasoline prices have been raised in order to (o 　　　　　) the higher cost of oil.	上昇する原油価格を<u>相殺する</u>ために，ガソリン価格が引き上げられた。
1010 The city's major contractors all (b 　　　　　) **for** the contract.	市の主な請負業者が全社その契約に<u>入札した</u>。
1011 The water balloon suddenly (b 　　　　　) as the children were tossing it back and forth.	水風船は，子供たちが投げ合っていると，突然<u>割れた</u>。
1012 I waited for a chance to (o 　　　　　) the car in front of me.	私は前の車を<u>追い越す</u>機会を待った。
1013 This swimsuit (r 　　　　　) its shape even after several washes.	この水着は数回洗った後ですらその形を<u>保持する</u>。
1014 After the party, the room was (l 　　　　　) **with** paper cups.	パーティーの後，部屋は紙コップで<u>散らかって</u>いた。
1015 Smoking is (p 　　　　　) everywhere on the university campus.	喫煙は大学のキャンパスの全ての場所で<u>禁じ</u>られている。
1016 He has been (d 　　　　　) three times **for** arriving late at work.	彼はこれまで職場への遅刻で3回懲戒を受けた。
1017 These plum trees (y 　　　　　) a lot of fruit last year.	これらのプラムの木は昨年，たくさんの実を<u>つけた</u>。
1018 These days, a wave of pessimism seems to be (s 　　　　　) the country.	最近，悲観主義の波が国中に<u>広がって</u>いるようだ。
1019 You are in no position to (d 　　　　　) how I live my life.	あなたは私にどう生きるべきかを<u>指図する</u>立場にはない。
1020 The doctor taught the medical students how to (i 　　　　　) the vaccine **into** the patient's arm muscle.	医師は医学生たちに，ワクチンを患者の腕の筋肉に<u>注射する</u>方法を教えた。

解答 1001 disguised　1002 curb　1003 restrained　1004 stumbled　1005 diminish　1006 rotate　1007 compressed　1008 decode
1009 offset　1010 bid　1011 burst　1012 overtake　1013 retains　1014 littered　1015 prohibited　1016 disciplined　1017 yielded
1018 sweeping　1019 dictate　1020 inject

学習日　　　　　月　　　日

単 語	1回目	2回目	3回目	意 味
1041 **fabric** [fǽbrɪk]	→			图布，織物，(通例 the ～) 構造，組織
1042 **collision** [kəlíʒən]	→			图衝突〈with ～との， between ～の間の〉，対立
1043 **dioxide** [daɪɑ́(:)ksàɪd]	→			图二酸化物
1044 **orbit** [ɔ́ːrbət]	→			图軌道
1045 **trial** [tráɪəl]	→			图裁判，試験，試み
1046 **literacy** [líṯərəsi]	→			图(特定分野の)知識，技 能，読み書きの能力
1047 **scheme** [skiːm]	→			图計画〈to *do* ～する〉，陰謀
1048 **completion** [kəmplíːʃən]	→			图完了，完成
1049 **expertise** [èkspə(ː)rtíːz]	→			图専門的知識[技術，意 見]〈in ～についての〉
1050 **diploma** [dɪplóumə]	→			图卒業[修了]証書，(学 位・資格の)証明書
1051 **livelihood** [láɪvlihùd]	→			图(通例単数形で)生計，生 活手段
1052 **motive** [móuṯɪv]	→			图動機〈for ～の〉，誘因
1053 **recession** [rɪséʃən]	→			图(一時的な)景気後退， 不況
1054 **surrounding** [səráundɪŋ]	→			图(～s)周囲の状況，環境
1055 **fortune** [fɔ́ːrtʃən]	→			图財産，幸運，運命
1056 **token** [tóukən]	→			图(気持ちなどの)しる し，記念品
1057 **trace** [treɪs]	→			图跡，形跡
1058 **venture** [véntʃər]	→			图冒険的事業，ベンチャ ー事業
1059 **physician** [fɪzíʃən]	→			图内科医，医師
1060 **perspective** [pərspéktɪv]	→			图観点〈on ～についての〉， 見通し，遠近画法

例　文	訳
1021 I (u　　　　　　) Tom **to reconsider** his decision to quit his job.	私はトムに仕事を辞めるという彼の決断**を再考するように熱心に促した**。
1022 He made the students laugh by (m　　　　　　) the teacher's voice.	彼はその教師の声**をまねる**ことで生徒たちを笑わせた。
1023 The goats were allowed to (r　　　　　　) freely on the mountainside.	ヤギは山腹を自由に<u>歩き回る</u>ことができた。
1024 It will take time to (a　　　　　　) the amount of damage caused by the typhoon.	その台風の被害総額**を算定する**のには時間がかかるだろう。
1025 He (b　　　　　　) **about** his luxury holiday house and speedboat.	彼は豪華な休暇用の別荘とスピードボート**を自慢した**。
1026 I (d　　　　　　) a spare mattress into the guest room.	私は予備のマットレス<u>を引きずって</u>客間に<u>入れた</u>。
1027 He found it difficult to (r　　　　　　) the loan on time.	彼は期日どおりにローン<u>を返済する</u>のは難しいことに気がついた。
1028 The government was (o　　　　　　) in a military coup.	軍のクーデターにより，政府は<u>転覆</u>した。
1029 He has yet to (f　　　　　　) his promise to buy me a ring.	彼はまだ私に指輪を買ってくれるという約束を<u>果たして</u>いない。
1030 Most people agree that this project was (d　　　　　　) **to fail** from the start.	このプロジェクトは最初**から失敗する運命だった**とほとんどの人が同意している。
1031 The dental hospital is (a　　　　　　) **with** UCLA.	その歯科医院はカリフォルニア大学ロサンゼルス校**と提携し**ている。
1032 Several tourists have been (a　　　　　　) in this area recently.	この地域では最近，数人の旅行者が<u>襲われて</u>いる。
1033 The witness's (t　　　　　　) helped to convict the man.	証人の<u>証言</u>は，その男を有罪にするのに役立った。
1034 My mother asked me to run a couple of (e　　　　　　) for her.	母は私に，2，3件<u>お使い</u>に行ってくれないかと頼んだ。
1035 There was always a lot of (f　　　　　　) **between** the two board members.	その2人の役員**の間**には常に多くの<u>あつれき</u>があった。
1036 The two parties that got the most votes in the election formed a (c　　　　　　) government.	選挙で最も多くの票を得た2つの政党が<u>連立</u>内閣をつくった。
1037 After the country opened its borders, they received a large (i　　　　　　) of tourists.	その国は国境を開放した後，<u>押し寄せる大量の</u>観光客を受け入れた。
1038 The princess collapsed after a witch put a (c　　　　　　) on her.	魔女が<u>呪い</u>をかけると，プリンセスは倒れた。
1039 I downloaded several photo editing (a　　　　　　) onto my phone.	私は写真編集<u>アプリ</u>をいくつか携帯電話にダウンロードした。
1040 It was a very foggy day, and (v　　　　　　) on the road was bad.	とても霧の深い日だったので，道路の<u>視界</u>は悪かった。

単語編

でる度 **C**

↓

1041
〜
1060

解答 1021 urged　1022 mimicking　1023 roam　1024 assess　1025 boasted　1026 dragged　1027 repay　1028 overthrown
1029 fulfill　1030 doomed　1031 affiliated　1032 assaulted　1033 testimony　1034 errands　1035 friction　1036 coalition　1037 influx
1038 curse　1039 apps　1040 visibility

学習日　　　　　　月　　　日

単語	1回目	2回目	3回目	意味
1061 **physics** [fízɪks]	→			图 物理学
1062 **legislation** [lèdʒɪsléɪʃən]	→			图 (集合的に)法律〈on ～についての〉，立法
1063 **barn** [bɑːrn]	→			图 家畜小屋，(農家の)納屋
1064 **daring** [déərɪŋ]	→			圏 大胆な，勇敢な
1065 **transparent** [trænspǽrənt]	→			圏 透明な，見えすいた
1066 **tragic** [trǽdʒɪk]	→			圏 悲惨な，悲劇的な
1067 **sinister** [sínɪstər]	→			圏 邪悪な，不吉な
1068 **striking** [stráɪkɪŋ]	→			圏 著しい，目立つ
1069 **plural** [plúərəl]	→			圏 複数の，2つ[2人]以上の，複数形の
1070 **vital** [váɪṭəl]	→			圏 必要不可欠な〈to, for ～にとって〉
1071 **sensitive** [sénsəṭɪv]	→			圏 敏感な，傷つきやすい
1072 **remarkable** [rɪmáːrkəbl]	→			圏 注目に値する，著しい
1073 **minimal** [mínɪməl]	→			圏 最小(限度)の
1074 **bankrupt** [bǽŋkrʌpt]	→			圏 (法律上)破産宣告を受けた
1075 **authentic** [ɔːθénṭɪk]	→			圏 本物の，真正の
1076 **moderate** [mɑ́(ː)dərət]	→			圏 中くらいの，適度な，穏健派の
1077 **alien** [éɪliən]	→			圏 異質の〈to ～にとって〉，外国の
1078 **prompt** [prɑ́(ː)mpt]	→			圏 迅速な
1079 **random** [rǽndəm]	→			圏 無作為の，任意の
1080 **decisive** [dɪsáɪsɪv]	→			圏 決定的な，断固たる

例　文	訳
1041 The firefighter's uniforms were made out of a special fireproof (f　　　　　).	消防士の制服は特殊な不燃性の<u>布</u>で作られていた。
1042 There was a (c　　　　　) **between** a truck and a minibus on the highway.	その幹線道路でトラックと小型バスの<u>衝突</u>があった。
1043 Carbon (d　　　　　) is produced when animals breathe out.	動物が息を吐き出すときに<u>二酸化</u>炭素が作られる。
1044 It takes the earth 365 days to complete one (o　　　　　) around the sun.	地球が太陽の周りの<u>軌道</u>1周を完了するのに365日かかる。
1045 His (t　　　　　) is due to start at the end of next week.	彼の<u>裁判</u>は来週末に始まることになっている。
1046 These days, it is important that children be taught media (l　　　　　).	最近では，子供たちがメディア<u>リテラシー</u>を教わることが重要だ。
1047 We are planning a new (s　　　　　) **to help** the victims of crimes.	我々は犯罪被害者<u>を支援する</u>ための新しい<u>計画</u>を立てている。
1048 We went out to a restaurant to celebrate the (c　　　　　) of the project.	私たちはプロジェクトの<u>完了</u>を祝うためにレストランへ出かけた。
1049 People with (e　　　　　) **in** graphic design are invited to apply for this job.	グラフィックデザイン<u>の専門知識</u>のある方々は，この仕事にぜひ応募してください。
1050 He hung his high school (d　　　　　) on the wall.	彼は高校の<u>卒業証書</u>を壁に掛けた。
1051 Farming is the main source of (l　　　　　) for people in that country.	農業は，その国の人々にとって<u>生計</u>の一番の源となっている。
1052 There seems to be no clear (m　　　　　) **for** this crime.	この犯罪<u>に</u>はっきりとした<u>動機</u>はないようだ。
1053 It is likely that the (r　　　　　) will continue for a long time.	<u>景気後退</u>は長期間続きそうだ。
1054 They checked their (s　　　　　) with a flashlight.	彼らは懐中電灯で周囲の<u>状況</u>を確認した。
1055 The company made a small (f　　　　　) by producing car parts.	その会社は，自動車の部品を作ってちょっとした<u>財産</u>を築いた。
1056 Please accept this gift as a (t　　　　　) of my gratitude.	私の感謝の<u>しるし</u>としてこの贈り物を受け取ってください。
1057 There was no (t　　　　　) of a scar after the doctor took off the bandages.	医師が包帯を取った後，<u>傷跡</u>は全くなかった。
1058 This project is a joint (v　　　　　) between two large banks.	このプロジェクトは，2つの大手銀行による合弁<u>事業</u>だ。
1059 Dr. Brown is a very good (p　　　　　) and is loved by all his patients.	ブラウン医師はとても優秀な<u>内科医</u>で，全ての患者に愛されている。
1060 Maybe we should try looking at this problem from a different (p　　　　　).	私たちはこの問題を違う<u>観点</u>から見てみるべきなのかもしれない。

単語編

でる度
C
↓
1061
〜
1080

解答 **1041** fabric　**1042** collision　**1043** dioxide　**1044** orbit　**1045** trial　**1046** literacy　**1047** scheme　**1048** completion
1049 expertise　**1050** diploma　**1051** livelihood　**1052** motive　**1053** recession　**1054** surroundings　**1055** fortune　**1056** token
1057 trace　**1058** venture　**1059** physician　**1060** perspective

学習日　　　　月　　　日

単　語	1回目	2回目	3回目	意　味
1081 **inevitable** [ɪnévəṭəbl]	→			形 避けられない，必然的な
1082 **acid** [ǽsɪd]	→			形 酸っぱい，酸性の，皮肉な
1083 **climatic** [klaɪmǽṭɪk]	→			形 気候(上)の，風土の
1084 **incredible** [ɪnkrédəbl]	→			形 信じられない，驚くほどの
1085 **precise** [prɪsáɪs]	→			形 正確な，厳格な
1086 **invaluable** [ɪnvǽljuəbl]	→			形 極めて貴重[高価]な
1087 **stern** [stə:rn]	→			形 (顔つきなどが)いかめしい，厳格な
1088 **indifferent** [ɪndífərənt]	→			形 無関心な〈to ～に〉
1089 **charitable** [tʃǽrəṭəbl]	→			形 慈善の，慈悲深い
1090 **massive** [mǽsɪv]	→			形 大量の，大規模な，巨大な
1091 **comparable** [ká(:)mpərəbl]	→			形 匹敵する〈to, with ～に〉，同様の
1092 **irrational** [ɪrǽʃənəl]	→			形 不合理な
1093 **cynical** [sínɪkəl]	→			形 懐疑的な，皮肉な
1094 **overly** [óʊvərli]	→			副 あまりに，過度に
1095 **literally** [líṭərəli]	→			副 文字どおり，まさしく
1096 **voluntarily** [và(:)ləntérəli]	→			副 自発的に
1097 **technically** [téknɪkəli]	→			副 厳密に(言えば)，専門[技術]的に
1098 **wholly** [hóʊli]	→			副 完全に，全く
1099 **approximately** [əprá(:)ksɪmətli]	→			副 おおよそ，ほぼ
1100 **uniquely** [juní:kli]	→			副 比類なく，独特に

例 文	訳
1061 He is the most famous figure in the field of (p　　　　).	彼は**物理学**の分野で最も有名な人物だ。
1062 New (l　　　　) **on** the sale of tobacco was introduced last fall.	昨秋、タバコ販売**に関する**新しい**法律**が施行された。
1063 The farmer kept the animals in the (b　　　　) during the winter.	その農場経営者は冬の間、動物たちを**小屋**に入れていた。
1064 The captured soldiers made a (d　　　　) escape from the prison camp.	捕虜となった兵士たちは、捕虜収容所から**大胆な**脱走を果たした。
1065 Her jacket was made of a fine, almost (t　　　　) silk.	彼女のジャケットは、繊細な、ほとんど**透明な**絹でできていた。
1066 The actress was killed in a (t　　　　) skiing accident yesterday.	その女優は昨日、**悲惨な**スキー事故で亡くなった。
1067 There was something cold and (s　　　　) about the way she spoke to me.	彼女の私に対する話し方はどこか冷たく、**悪意**を感じるものだった。
1068 The crime bore a (s　　　　) resemblance to several others.	その犯罪は、ほかのいくつかの事件と**著しい**類似点があった。
1069 At the present time, Japan doesn't allow (p　　　　) citizenship.	現在のところ、日本では**複数の**国籍は認められていない。
1070 There are several vitamins that are (v　　　　) **for** health.	健康に**必要不可欠な**ビタミンがいくつかある。
1071 She is a very (s　　　　) and gentle child who loves animals.	彼女は、動物を愛する、とても**繊細**で優しい子だ。
1072 She was a (r　　　　) woman who did a lot to help the poor.	彼女は、貧しい人々を助けるために多くのことをした、**注目に値する**女性だった。
1073 In this book, you will learn how to master English with (m　　　　) effort.	この本であなたは、**最小限の**努力で英語を身につける方法が分かるだろう。
1074 The company I work for is about to go (b　　　　).	私が勤める会社は**倒産**しそうだ。
1075 The art expert said that the painting was definitely (a　　　　).	その美術品の専門家は、その絵画は間違いなく**本物**だと言った。
1076 Simmer over (m　　　　) heat until the vegetables are tender.	野菜が柔らかくなるまで**中火**で煮てください。
1077 The idea of eating insects was completely (a　　　　) **to** him.	虫を食するという考えは、彼にとって完全に**異質な**ものだった。
1078 (P　　　　) action must be taken in order to avoid casualties.	死傷者を出さないために、**迅速な**行動を取らなければならない。
1079 (R　　　　) water samples were collected and taken back to the laboratory.	**無作為に**採取した水のサンプルが集められ、研究室に持ち帰られた。
1080 After a difficult season, the team won a (d　　　　) victory in the championship match.	困難なシーズンを経て、チームは大会決勝戦で**決定的な**勝利を収めた。

解答 **1061** physics　**1062** legislation　**1063** barn　**1064** daring　**1065** transparent　**1066** tragic　**1067** sinister　**1068** striking
1069 plural　**1070** vital　**1071** sensitive　**1072** remarkable　**1073** minimal　**1074** bankrupt　**1075** authentic　**1076** moderate　**1077** alien
1078 Prompt　**1079** Random　**1080** decisive

学習日　　　月　　　日

単語	1回目	2回目	3回目	意味
1101 **bewilder** [bɪwíldər]	→			動 (通例受身形で)当惑する
1102 **clutch** [klʌtʃ]	→			動 をぐっとつかむ
1103 **discard** [dɪskáːrd]	→			動 を捨てる，を放棄する
1104 **enlist** [ɪnlíst]	→			動 入隊する〈in, into, for ~に〉，参加する，(支持・協力)を得る
1105 **heed** [hiːd]	→			動 (助言・警告など)に注意する
1106 **liberate** [líbərèɪt]	→			動 を解放する〈from ~から〉
1107 **overlap** [òʊvərlǽp]	→			動 (時間などが)一部かち合う〈with ~と〉，部分的に重複[共通]する
1108 **reconstruct** [rìːkənstrʌ́kt]	→			動 を再建する，を改変する
1109 **shriek** [ʃriːk]	→			動 悲鳴を上げる，甲高い声[音]を出す
1110 **sprain** [spreɪn]	→			動 (足首・手首など)をくじく，を捻挫する
1111 **resent** [rɪzént]	→			動 に憤慨する
1112 **thrive** [θraɪv]	→			動 成功する，繁栄する
1113 **embrace** [ɪmbréɪs]	→			動 を抱擁する，を(喜んで)受け入れる
1114 **excel** [ɪksél]	→			動 優れている〈in, at ~で〉，に勝る
1115 **enroll** [ɪnróʊl]	→			動 入学[入会，入隊]する〈at, in, on, for ~に〉，登録する
1116 **retrieve** [rɪtríːv]	→			動 を取り戻す，を回復する
1117 **degrade** [dɪɡréɪd]	→			動 の面目を失わせる，の質[価値]を低下させる
1118 **reconcile** [rékənsàɪl]	→			動 を一致[調和]させる〈with ~と〉，を和解させる
1119 **contaminate** [kəntǽmɪnèɪt]	→			動 を汚染させる，を汚す，を堕落させる
1120 **disrupt** [dɪsrʌ́pt]	→			動 を混乱させる，を中断させる

例　文	訳
1081 I guess it was (i　　　　　) that they would get divorced one day.	私は，彼らがいつか離婚するのは避けられなかったのだろうと思う。
1082 I woke up this morning with a bit of an (a　　　　　) taste in my mouth.	今朝起きると，口の中に少し酸っぱい味がした。
1083 (C　　　　　) conditions in this area are very severe.	この地域の気候条件はとても厳しい。
1084 It is (i　　　　　) that they both won gold medals in the same Olympics.	同じオリンピック大会で彼らが2人そろって金メダルを獲得したのは信じられないことだ。
1085 Can you give me a (p　　　　　) estimate of the cost?	コストの正確な見積もりをもらえますか。
1086 She gave me a lot of (i　　　　　) advice about studying abroad.	彼女は留学について，極めて貴重な助言をたくさんくれた。
1087 The professor gave her a (s　　　　　) look when she interrupted his lecture.	彼女が講義の邪魔をしたとき，教授は険しい顔つきで彼女を見た。
1088 The government seems to be (i　　　　　) **to** the suffering of the people.	政府は国民の苦しみには無関心のようだ。
1089 This (c　　　　　) organization helps homeless families find a place to live.	この慈善組織は，住む家のない家族が住む場所を見つける手助けをしている。
1090 There has been a (m　　　　　) increase in credit card debt recently.	最近はクレジットカードによる借金がとてつもなく増えている。
1091 This champagne is (c　　　　　) **to** other more expensive vintages.	このシャンパンはほかのもっと高価なビンテージもののシャンパンに匹敵する。
1092 She has an (i　　　　　) fear of spiders dating from her childhood.	彼女は子供のころからクモに対して不合理な恐れを抱いている。
1093 He is very (c　　　　　) and distrustful of what others tell him.	彼はとても懐疑的で，他人が彼に言うことを信じない。
1094 He said I was being (o　　　　　) optimistic about my chances of success.	彼は，自分が成功する可能性について私があまりに楽観的だと言った。
1095 There were (l　　　　　) thousands of fans waiting at the airport to greet the singer.	その歌手を出迎えようと空港で待ち構えているファンが文字どおり数千人いた。
1096 The suspect gave himself up to the police (v　　　　　).	容疑者は自発的に警察に出頭した。
1097 It is still (t　　　　　) possible for the Japan team to win the World Cup.	日本がワールドカップで優勝することは厳密にはまだ可能だ。
1098 I'm not (w　　　　　) convinced that this is a good business plan.	私は，これがよい事業計画であると完全に確信しているわけではない。
1099 The plane is scheduled to arrive at (a　　　　　) 9:15 p.m. tonight.	その飛行機は，今晩の午後9時15分前後に到着する予定になっている。
1100 Her own experiences make her (u　　　　　) qualified to teach problem students.	彼女自身の経験のおかげで，彼女は問題のある生徒を教える比類なき資質を持っている。

単語編

でる度 **C**

↓
1101
〜
1120

解答 **1081** inevitable **1082** acid **1083** Climatic **1084** incredible **1085** precise **1086** invaluable **1087** stern **1088** indifferent **1089** charitable **1090** massive **1091** comparable **1092** irrational **1093** cynical **1094** overly **1095** literally **1096** voluntarily **1097** technically **1098** wholly **1099** approximately **1100** uniquely

学習日　　　月　　　日

単 語	1回目	2回目	3回目	意 味
1121 **divert** [dəvɚ́ːrt]	→			動 (注意など)をそらす〈from ~から, to ~へ〉, を迂回させる
1122 **grumble** [grʌ́mbl]	→			動 不平を述べる〈about ~について〉
1123 **provoke** [prəvóʊk]	→			動 を怒らせる, を引き起こす
1124 **outweigh** [àʊtwéɪ]	→			動 より価値がある, より重い
1125 **crave** [kreɪv]	→			動 (を)切望する
1126 **sustain** [səstéɪn]	→			動 を持続させる, を支える
1127 **disclose** [dɪsklóʊz]	→			動 を明らかにする, を暴露する
1128 **tempt** [tempt]	→			動 を誘惑する, を引きつける
1129 **resign** [rɪzáɪn]	→			動 辞職する〈from ~を〉, 辞任する
1130 **dismiss** [dɪsmís]	→			動 を解雇する〈for ~で〉, (意見など)を退ける
1131 **surpass** [sərpǽs]	→			動 (範囲・限度など)を超える, に勝る
1132 **bounce** [baʊns]	→			動 跳ね返る, 弾む
1133 **bureau** [bjʊ́əroʊ]	→			名 (官庁の)局, 事務所 [局]
1134 **dependency** [dɪpéndənsi]	→			名 依存〈on ~への〉, 従属
1135 **discomfort** [dɪskʌ́mfərt]	→			名 不快, 不便
1136 **drawback** [drɔ́ːbæk]	→			名 欠点〈to, of ~の〉, 不利な点
1137 **feast** [fiːst]	→			名 祝宴, ごちそう, 楽しませてくれるもの
1138 **hydrogen** [háɪdrədʒən]	→			名 水素
1139 **modernization** [mà(ː)dərnəzéɪʃən]	→			名 近代化, 現代化, 最新式化
1140 **objective** [əbdʒéktɪv]	→			名 目的, 目標

例 文	訳
1101 I was (b) by his sudden change in personality.	彼の人格が突然変わったことに私は当惑した。
1102 The child (c) his mother's hand tightly.	その子供は母親の手をしっかり握った。
1103 He (d) all his old clothing.	彼は古い服を全部捨てた。
1104 I have decided to (e) **in** the navy.	私は海軍に入隊する決心をした。
1105 The villagers (h) the warning to stay inside during the storm.	村人たちは嵐の間は屋内にいるようにという警告に耳を傾けた。
1106 The soldiers (l) the town **from** the enemy forces.	兵士たちは敵軍からその町を解放した。
1107 The times of the two meetings (o) by 20 minutes.	2つの会議の時間が20分重なった。
1108 There are plans to (r) the ancient temple that once stood here.	かつてここに建っていた古代寺院を再建する計画がある。
1109 The audience (s) in fright during the scary movie.	観客はその恐ろしい映画の上映中に，怖くて悲鳴を上げた。
1110 She fell and (s) her wrist in gym class yesterday.	彼女は昨日，体育の授業で転倒し，手首をくじいた。
1111 She (r) her parents for treating her like a child.	彼女は自分を子供のように扱う両親に憤慨した。
1112 The computer software company is (t) in a very competitive market.	そのコンピューターソフトウエア会社は，とても競争の激しい市場の中で成功している。
1113 He (e) his wife one last time before he left for the airport.	彼は空港へと向かう前に，最後にもう一度だけ妻を抱きしめた。
1114 He is very strong and (e) **at** sports.	彼はとても強くて，スポーツに秀でている。
1115 Forty percent fewer students (e) this year, compared to last year.	今年は昨年と比べて，40パーセント少ない学生が入学手続きをした。
1116 The police were unable to (r) all the stolen jewelry.	警察は盗まれた全ての宝石を取り戻すことはできなかった。
1117 I think this advertisement (d) women.	この広告は女性をおとしめるものだと思う。
1118 It was not easy for her to (r) her career **with** her family life.	彼女にとって仕事を家庭生活と調和させることは容易ではなかった。
1119 The drinking water was found to be (c).	飲料水は汚染されていることが分かった。
1120 Train services were (d) this morning due to a power failure.	停電のために，今朝は列車の運行が混乱した。

単語編

でる度 **C**
↓
1121
～
1140

|解答| **1101** bewildered **1102** clutched **1103** discarded **1104** enlist **1105** heeded **1106** liberated **1107** overlapped
1108 reconstruct **1108** shrieked **1110** sprained **1111** resented **1112** thriving **1113** embraced **1114** excels **1115** enrolled
1116 retrieve **1117** degrades **1118** reconcile **1119** contaminated **1120** disrupted

学習日　　　月　　日

単語	1回目	2回目	3回目	意味
1141 **poll** [poʊl]	→			图 世論調査, 投票(数), (the ~s) 投票所
1142 **ration** [rǽʃən]	→			图 (食料・物資などの) 割当(量)
1143 **revenue** [révənjùː]	→			图 (~s) (国・自治体の) 歳入, 収益, (定期)収入
1144 **scholarship** [ská(ː)lərʃìp]	→			图 奨学金, 学識
1145 **upbringing** [ʌ́pbrìŋɪŋ]	→			图 (通例単数形で) (子供の) 養育, しつけ
1146 **compliment** [ká(ː)mpləmənt]	→			图 賛辞
1147 **excerpt** [éksəːrpt]	→			图 抜粋 〈from ~からの〉, 引用
1148 **faith** [feɪθ]	→			图 信仰(心) 〈in ~への〉, 信用
1149 **segment** [ségmənt]	→			图 部分, 区分
1150 **downturn** [dáʊntə̀ːrn]	→			图 (景気などの) 下降(状態)
1151 **temper** [témpər]	→			图 (一時的な) 機嫌, 怒り, (通例単数形で) (特に怒りっぽい) 気質
1152 **fragment** [frǽgmənt]	→			图 破片, かけら
1153 **intersection** [ìnṭərsékʃən]	→			图 (道路の) 交差点
1154 **anarchy** [ǽnərki]	→			图 無秩序, 無政府状態
1155 **breakup** [bréɪkʌ̀p]	→			图 (人間関係の) 解消, 別れ
1156 **privilege** [prívəlɪdʒ]	→			图 特権
1157 **exemption** [ɪgzémpʃən]	→			图 (義務・責任などの) 免除 〈from ~の〉
1158 **monarch** [má(ː)nərk]	→			图 君主
1159 **narrative** [nǽrəṭɪv]	→			图 話, 物語
1160 **sensation** [senséɪʃən]	→			图 漠然とした感じ 〈that ……という〉, 感覚, 大騒ぎ

例 文	訳
1121 The politician tried to (d　　　　) people's attention away **from** his scandal.	その政治家は自分のスキャンダルから国民の関心をそらそうとした。
1122 The hospital staff are always (g　　　　) **about** their long work hours.	その病院の職員は長時間労働についていつも不平を言っている。
1123 He tried to (p　　　　) me, but I just ignored him.	彼は私を怒らせようとしたが、私はただ彼を無視した。
1124 The advantages of taking the new job far (o　　　　) the disadvantages.	その新しい仕事に就く利点の方が不都合な点をはるかに上回っている。
1125 His life was very boring and he (c　　　　) excitement.	彼の生活はとても退屈で、彼はわくわくするようなことを切望した。
1126 It was difficult to (s　　　　) the students' interest until the end of the lecture.	講義の最後まで学生たちの興味を持続させるのは難しかった。
1127 Three people were reported missing, but their names were not (d　　　　).	3人が行方不明であると報告されたが、その名前は明らかにされなかった。
1128 He tried to (t　　　　) me with some chocolate, but I stuck to my diet.	彼はチョコレートを使って私を誘惑しようとしたが、私はダイエットを貫いた。
1129 I have decided to (r　　　　) **from** my job.	私は仕事を辞めることに決めた。
1130 The security guard was (d　　　　) **for** sleeping on the job.	仕事中の居眠りを理由にその警備員は解雇された。
1131 She (s　　　　) her own best 100-meter time in the Olympic final.	彼女はオリンピックの決勝で自身の100メートルのベスト記録を上回った。
1132 The ball (b　　　　) off the post into the goal.	ボールはポストに跳ね返ってゴールに入った。
1133 He works as an agent for the Federal (B　　　　) of Investigation.	彼は連邦捜査局（FBI）のエージェントとして働いている。
1134 I'm very concerned about his (d　　　　) **on** alcohol.	私は彼のアルコールへの依存をとても心配している。
1135 The patient felt some (d　　　　) during his dental treatment.	患者は歯の治療中、多少の不快さを感じた。
1136 We discussed both the benefits and the (d　　　　) **of** the plan.	私たちはその計画の利点についても欠点についても議論した。
1137 Over two hundred guests were invited to the wedding (f　　　　).	結婚披露宴には200人を超える客が招待されていた。
1138 (H　　　　) is a gas that has no taste, color or odor.	水素は味も色もにおいもない気体だ。
1139 They are working on a plan for the (m　　　　) of the railway system.	彼らは鉄道網の近代化計画に取り組んでいる。
1140 The main (o　　　　) of this meeting is to decide next year's budget.	この会合の主な目的は、来年の予算を決定することだ。

単語編

でる度 **C**
↓
1141
〜
1160

解答 1121 divert　1122 grumbling　1123 provoke　1124 outweigh　1125 craved　1126 sustain　1127 disclosed　1128 tempt
1129 resign　1130 dismissed　1131 surpassed　1132 bounced　1133 Bureau　1134 dependency　1135 discomfort　1136 drawbacks
1137 feast　1138 Hydrogen　1139 modernization　1140 objective

学習日　　　　月　　　日

単 語	1回目	2回目	3回目	意 味
1161 **apprentice** [əprénṭɪs]	→			图 見習い（工），初心者
1162 **chore** [tʃɔːr]	→			图 （しばしば ～s）雑用，家事，いやな仕事
1163 **dehydration** [dìːhaɪdréɪʃən]	→			图 脱水（症状）
1164 **questionable** [kwéstʃənəbl]	→			形 疑わしい
1165 **outdated** [àʊtdéɪṭɪd]	→			形 時代［流行］遅れの，旧式の
1166 **forthcoming** [fɔ̀ːrθkʌ́mɪŋ]	→			形 来るべき
1167 **gross** [groʊs]	→			形 総計の，全体の
1168 **overdue** [òʊvərdjúː]	→			形 支払期限を過ぎた，（予定の日時より）遅れた
1169 **contemporary** [kəntémpərèri]	→			形 現代の，現代的な，同時代の
1170 **drastic** [dréstɪk]	→			形 思い切った，徹底的な
1171 **conditional** [kəndíʃənəl]	→			形 （conditional on ～で）～しだいの，条件付きの
1172 **subjective** [səbdʒéktɪv]	→			形 主観的な
1173 **exotic** [ɪgzá(ː)ṭɪk]	→			形 異国風［情緒］の，風変わりな，外来の
1174 **intensive** [ɪnténsɪv]	→			形 集中的な，徹底的な
1175 **obscure** [əbskjʊ́ər]	→			形 不明瞭な，世に知られていない
1176 **tedious** [tíːdiəs]	→			形 退屈な
1177 **exclusive** [ɪksklúːsɪv]	→			形 高級な，排他的な
1178 **decent** [díːsənt]	→			形 きちんとした，上品な，一応満足のいく
1179 **considerate** [kənsídərət]	→			形 思いやりのある
1180 **durable** [djʊ́ərəbl]	→			形 長持ちする，丈夫な

例　文	訳
1141 A recent government (p　　　　　） has shown that most people don't want higher taxes.	最近の政府の調査によると，大半の国民が増税を望んでいないことが分かった。
1142 She gave her (r　　　　　） of bread to the hungry child.	彼女は，おなかをすかせた子供に自分の割当分のパンをあげた。
1143 The report said that last year there was a decrease in tax (r　　　　　）.	その報告書によると，去年は税収が減った。
1144 He studied hard and won a (s　　　　　） to a very good school.	彼は一生懸命に勉強し，とても優秀な学校の奨学金を得た。
1145 The children had a very secure and stable (u　　　　　）.	その子供たちは，とても安全で安定した養育を受けた。
1146 I received a lot of nice (c　　　　　） about my new coat.	私は自分の新しいコートについてたくさんのうれしいお褒めの言葉をもらった。
1147 I watched an (e　　　　　） **from** the Premier's speech on the evening news.	私は夜のニュースで首相の演説からの抜粋を見た。
1148 (F　　　　　） is the most important thing in his life.	彼の人生では信仰こそが最も重要なものだ。
1149 She fed the child a (s　　　　　） of orange.	彼女は子供にオレンジを1切れ食べさせた。
1150 We are very worried about the recent (d　　　　　） in sales.	私たちは最近の売り上げの落ち込みをとても心配している。
1151 He is usually really nice, but watch out for his bad (t　　　　　）.	彼は普段はとてもいい人だが，機嫌が悪いときは要注意だ。
1152 She cut her finger on a small (f　　　　　） of glass.	彼女はガラスの小さな破片で指を切った。
1153 The hotel is located at the (i　　　　　） of Main Street and Front Street.	そのホテルは，メイン通りとフロント通りの交差点にある。
1154 The election results were so unpopular that they led to (a　　　　　） in the capital.	選挙結果は人々の不評を買い，首都に無秩序を引き起こした。
1155 The famous couple's (b　　　　　） was announced by their manager.	有名人カップルの破局が，彼らのマネージャーによって発表された。
1156 Access to healthcare should be a right, not a (p　　　　　）.	保健医療の利用は特権ではなく，権利であるべきだ。
1157 Only non-residents will be given an (e　　　　　） **from** this tax.	非居住者だけがこの税の免除を受ける。
1158 Few (m　　　　　） still actively rule their countries nowadays.	今日においてなお国を積極的に統治している君主はほとんどいない。
1159 I listened while he read his exciting (n　　　　　） about surviving in the jungle.	彼がジャングルで生き延びる面白い話を読む間，私は耳を傾けていた。
1160 I have the (s　　　　　） **that** everything is about to go very wrong.	私は，全てがとても間違った方向に進みそうな気がしている。

単語編

でる度 **C**

↓

1161
～
1180

解答 1141 poll　1142 ration　1143 revenues　1144 scholarship　1145 upbringing　1146 compliments　1147 excerpt　1148 Faith
1149 cogment　1150 downturn　1151 temper　1152 fragment　1153 intersection　1154 anarchy　1155 breakup　1156 privilege
1157 exemption　1158 monarchs　1159 narrative　1160 sensation

単語	1回目	2回目	3回目	意 味
1181 **perpetual** [pərpétʃuəl]	→			形 絶え間ない，永遠の
1182 **proficient** [prəfíʃənt]	→			形 堪能な〈at, in ～に〉，熟達した
1183 **acoustic** [əkúːstɪk]	→			形 音響(学)の，聴覚の
1184 **biographical** [bàɪəgrǽfɪkəl]	→			形 伝記の
1185 **botanical** [bətǽnɪkəl]	→			形 植物の，植物学(上)の
1186 **brutal** [brúːṭəl]	→			形 残酷な，無情な
1187 **commendable** [kəméndəbl]	→			形 賞賛されるべき，立派な
1188 **desperate** [déspərət]	→			形 絶望的な，強く望んで〈for ～を〉，必死の
1189 **extravagant** [ɪkstrǽvəgənt]	→			形 浪費する，(要求などが)過度な
1190 **filthy** [fílθi]	→			形 汚い，不潔な
1191 **serene** [səríːn]	→			形 穏やかな，平静な
1192 **valid** [vǽlɪd]	→			形 法的に有効な，理にかなった
1193 **inherent** [ɪnhíərənt]	→			形 固有の，生来の
1194 **merely** [míərli]	→			副 単なる，ただの，単に
1195 **somehow** [sʌ́mhàʊ]	→			副 何とかして，とにかく
1196 **subsequently** [sʌ́bsɪkwəntli]	→			副 その後，続いて〈to ～に〉
1197 **deliberately** [dɪlíbərətli]	→			副 故意に，慎重に
1198 **gently** [dʒéntli]	→			副 優しく，静かに
1199 **via** [váɪə]	→			前 ～の手段によって，～経由で
1200 **alongside** [əlɔ́ːŋsàɪd]	→			前 ～と一緒に，～と並んで

例 文	訳
1161 The carpenter showed his new (a) how to hold a hammer.	その大工は新人の<u>見習い工</u>にハンマーの持ち方を教えた。
1162 I have to finish my (c) before I can go out and play.	私は<u>雑用</u>を片づけないと外へ遊びに行けない。
1163 She suffered from severe (d) after getting lost in the desert.	彼女は砂漠で迷った後，ひどい<u>脱水症状</u>に苦しんだ。
1164 The findings in this report on global warming are highly (q).	地球温暖化に関するこの報告書の結論は非常に<u>疑わしい</u>。
1165 Most of the machinery in this factory is very old and (o).	この工場にある機械類のほとんどは，とても古くて<u>時代遅れ</u>だ。
1166 I'm really looking forward to the (f) event.	私は<u>来るべき</u>イベントを本当に楽しみにしている。
1167 His (g) earnings last year were well over 2 million dollars.	昨年の彼の<u>総収入</u>は，200万ドルを優に超えた。
1168 The letter said that my gas bill was two weeks (o).	手紙によると，ガス料金の<u>支払期限</u>が2週間<u>過ぎて</u>いた。
1169 He wrote a book about life in (c) Japan.	彼は<u>現代</u>日本の生活に関する本を書いた。
1170 The government needs to take (d) action if they are to solve the problem.	政府はその問題を解決しようと思っているなら，<u>思い切った</u>措置を取る必要がある。
1171 This pay raise is (c) **on** workers agreeing to work on Saturdays.	この昇給は，従業員が土曜出勤に合意すること<u>を条件とする</u>。
1172 Whether you feel you are rich or not is highly (s).	自分を金持ちだと思うかどうかは，非常に<u>主観的</u>なことだ。
1173 She was amazed to see all the (e) plants and flowers in the jungle.	彼女はジャングルで見たあらゆる<u>異国風の</u>植物や花に驚嘆した。
1174 Many experts say that (i) reading helps improve reading ability.	多くの専門家が，<u>集中的な</u>読書 [精読] は読解力の向上に役に立つと言っている。
1175 I find her ideas somewhat (o) and difficult to understand.	彼女の考えはどこか<u>不明瞭</u>で，理解するのが困難だと私は思っている。
1176 I found the bus journey very long and (t).	そのバス旅行はとても長くて<u>退屈</u>だと思った。
1177 They are very rich and live in an (e) part of the city.	彼らは非常に金持ちで，市の<u>高級な</u>地区に住んでいる。
1178 All he needs is a place to live and a (d) job.	彼に必要なのは住む場所と<u>きちんとした</u>仕事だけだ。
1179 It was very (c) of you to send me a birthday card.	私に誕生日カードを送ってくれるなんて，あなたはとても<u>思いやりがある</u>方です。
1180 This tent is made from a very strong, (d) material.	このテントはとても強くて<u>耐久性のある</u>素材でできている。

解答 1161 apprentice 1162 chores 1163 dehydration 1164 questionable 1165 outdated 1166 forthcoming 1167 gross 1168 overdue 1169 contemporary 1170 drastic 1171 conditional 1172 subjective 1173 exotic 1174 intensive 1175 obscure 1176 tedious 1177 exclusive 1178 decent 1179 considerate 1180 durable

学習日　　　月　　　日

単 語	1回目	2回目	3回目	意 味
1201 **portray** [pɔːrtréɪ]	→			動 (絵・写真などで)を描写する〈as ～として〉
1202 **dispatch** [dɪspǽtʃ]	→			動 を急送[急派]する〈to ～に〉
1203 **quote** [kwoʊt]	→			動 (quote O as saying ～ で)が～と述べたと伝える, を引用する
1204 **amend** [əménd]	→			動 を改正する, を修正する
1205 **betray** [bɪtréɪ]	→			動 を裏切る
1206 **wither** [wíðər]	→			動 (植物などが)しおれる
1207 **omit** [oʊmít]	→			動 を省略する〈from ～から〉
1208 **fabricate** [fǽbrɪkèɪt]	→			動 をでっち上げる, を組み立てる
1209 **violate** [váɪəlèɪt]	→			動 (法律・協定・約束など)を破る
1210 **allege** [əlédʒ]	→			動 (allege that ... で)(証拠なしに)…と主張する
1211 **integrate** [ínṭəgrèɪt]	→			動 を統合[統一]する〈into ～に〉
1212 **underestimate** [ʌ̀ndəréstɪmèɪt]	→			動 を過小評価する
1213 **escort** [ɪskɔ́ːrt]	→			動 を護衛[護送]する〈to ～へ〉, に付き添う
1214 **facilitate** [fəsílətèɪt]	→			動 を促進する, を容易にする
1215 **initiate** [ɪníʃièɪt]	→			動 を新たに始める
1216 **convey** [kənvéɪ]	→			動 を伝える〈to ～に〉, を運ぶ
1217 **populate** [pɑ́(ː)pjulèɪt]	→			動 に住みつく
1218 **reinforce** [rìːɪnfɔ́ːrs]	→			動 を補強する, を強化する
1219 **attain** [ətéɪn]	→			動 を獲得する, を達成する
1220 **cheat** [tʃíːt]	→			動 (試験で)カンニングをする, をだます

例文	訳
1181 The shopkeepers in this part of town live in (p _____) fear of being robbed.	市内のこの辺りの店主たちは，強盗に遭うことへの絶え間ない恐怖の中で生活している。
1182 She is (p _____) **in** at least six languages.	彼女は少なくとも6カ国語に堪能である。
1183 Various kinds of recording equipment are used to produce interesting (a _____) effects.	面白い音響効果を生み出すためにさまざまな種類の録音用機材が使われる。
1184 This (b _____) film tells the story of the actor's early life.	この伝記物の映画は，その俳優の若かりしころの生活を物語っている。
1185 We spent three hours strolling around the (b _____) gardens.	私たちは3時間かけてその植物園をぶらぶらと見て回った。
1186 Everyone was shocked by the (b _____) killing.	誰もがその残酷な殺害に衝撃を受けた。
1187 The young soldier showed (c _____) bravery on the battlefield.	その若い兵士は戦場で賞賛されるべき勇敢さを発揮した。
1188 The people in the war zone are becoming more and more (d _____).	交戦地域の人々は，ますます絶望的になっている。
1189 She is very (e _____) and uses her credit card far too often.	彼女はとても金遣いが荒く，クレジットカードを頻繁に利用し過ぎている。
1190 The children were (f _____) after playing in the mud.	その子供たちは泥んこ遊びをして汚れていた。
1191 We looked out over the (s _____) waters of the Adriatic Sea.	私たちはアドリア海の穏やかな海原を見渡した。
1192 This train pass is (v _____) for six months from the date of purchase.	この定期券は，購入日から6カ月間有効だ。
1193 The engine problems were caused by an (i _____) weakness in the design of the car.	その自動車の設計にある固有の欠陥が，エンジントラブルの原因となった。
1194 The artist said that creating art was not (m _____) his job, but his whole life.	その芸術家は，芸術を生み出すことは単なる仕事ではなく，彼の人生の全てであると言った。
1195 After working all night, I (s _____) managed to finish the report in time.	私は徹夜をして何とかレポートを締め切り前に書き終えることができた。
1196 There was an inquiry after the fire, and (s _____) new safety regulations were drawn up.	その火事の後で調査が行われ，その後，新たな安全規制が設けられた。
1197 The police think that the warehouse fire was started (d _____).	警察は，その倉庫の火事は故意に引き起こされた（＝放火）と考えている。
1198 The woman (g _____) picked up the injured dog and placed him on the car seat.	その女性はけがをした犬を優しく抱き上げ，車のシートに置いた。
1199 I usually communicate with my overseas clients (v _____) email.	私は通常，海外の顧客とはEメールで連絡を取る。
1200 The charity worked (a _____) the local people to improve conditions in the village school.	その慈善団体は，村の学校の状況を改善すべく，地元の人たちと一緒に活動した。

単語編

でる度 **C**

↓

1201
〜
1220

解答 **1181** perpetual **1182** proficient **1183** acoustic **1184** biographical **1185** botanical **1186** brutal **1187** commendable **1188** desperate **1189** extravagant **1190** filthy **1191** serene **1192** valid **1193** inherent **1194** merely **1195** somehow **1196** subsequently **1197** deliberately **1198** gently **1199** via **1200** alongside

学習日　　　月　　　日

単語	1回目	2回目	3回目	意 味
1221 **deceive** [dɪsíːv]	→			動 をだます
1222 **frustrate** [frʌ́streɪt]	→			動 に不満を抱かせる，を挫折させる
1223 **subsidize** [sʌ́bsɪdàɪz]	→			動 に補助金 [助成金] を支給する
1224 **alternate** [ɔ́ːltərnèɪt]	→			動 (2つの状態の間を)行き来する〈with ~と. between ~の間で〉，交互に起こる
1225 **dedicate** [dédɪkèɪt]	→			動 を捧げる〈to ~に〉
1226 **endeavor** [ɪndévər]	→			動 (endeavor to *do* で) ~しようと(懸命に)努力する，を(真剣に)試みる
1227 **intrigue** [ɪntríːg]	→			動 の興味をそそる
1228 **soar** [sɔːr]	→			動 (物価・価値・数値などが)急上昇する，空高く飛ぶ
1229 **tease** [tiːz]	→			動 をからかう〈about ~のことで〉，をいじめる
1230 **confer** [kənfə́ːr]	→			動 (賞・学位・栄誉・権利など)を授与する〈on ~に〉，相談する〈with ~と〉
1231 **forbid** [fərbíd]	→			動 を禁じる
1232 **nod** [nɑ(ː)d]	→			動 (頭)を軽く下げる，うなずく〈to, at ~に〉
1233 **oblige** [əbláɪdʒ]	→			動 (be obliged to *do* で) ~せざるを得ない，やむを得ず~する
1234 **discontent** [dìskəntént]	→			名 不満〈at, with ~に対する〉
1235 **disposal** [dɪspóʊzəl]	→			名 処分，売却
1236 **exile** [éksaɪl]	→			名 (国外)追放，(国外)追放者，亡命者
1237 **foe** [foʊ]	→			名 敵
1238 **itinerary** [aɪtínərèri]	→			名 旅行の日程，旅行計画
1239 **persecution** [pə̀ːrsɪkjúːʃən]	→			名 迫害
1240 **publication** [pÀblɪkéɪʃən]	→			名 出版(物)，発行

例　文	訳
1201 In this biography, the ex-President is (p　　　　　) **as** a very weak man.	この伝記では元大統領はとても弱い男**として描かれている**。
1202 The police department (d　　　　　) a patrol car **to** the scene of the accident.	警察署は，事故現場にパトロールカーを**急送した**。
1203 The newspaper (q　　　　　) the police officer **as saying** the investigation was now over.	新聞は，その警察官が捜査はもう終了した**と述べたと伝えた**。
1204 The people of the country voted on whether to (a　　　　　) the constitution.	その国の国民は，憲法**を改正する**かどうかについて投票した。
1205 He is my best friend. He would never (b　　　　　) me.	彼は私の親友だ。彼は決して**私を裏切らない**だろう。
1206 My plants all (w　　　　　) while I was away on vacation.	休暇で出かけている間に私の植物は全て**しおれた**。
1207 We decided to (o　　　　　) this section **from** the final report.	私たちは最終報告書**からこの章を省く**ことに決めた。
1208 His story about being a secret agent was completely (f　　　　　).	秘密諜報員であるという彼の話は，完全な**でっち上げ**だった。
1209 Rebels once again (v　　　　　) the terms of the cease-fire agreement.	反乱軍がまた停戦合意の協約**を破った**。
1210 The prosecution (a　　　　　) **that** he had robbed three banks.	検察は彼が3つの銀行に強盗に入った**と主張した**。
1211 These two schools will be (i　　　　　) **into** a single institution next year.	これらの2つの学校は来年，1校**に統合される**。
1212 You shouldn't (u　　　　　) his sales ability.	彼の営業能力**を過小評価す**べきではない。
1213 The police (e　　　　　) the witness **to** a safe location.	警察は安全な場所**まで目撃者を護衛した**。
1214 The changes in the tax law should (f　　　　　) economic growth.	税法の改正は，経済成長**を促進する**はずだ。
1215 The school has recently (i　　　　　) a new program for musically gifted students.	その学校は最近，音楽の才能に恵まれた生徒たちのための新しいプログラム**を始めた**。
1216 Please (c　　　　　) my condolences **to** your father.	あなたのお父さまに追悼の意**をお伝え**ください。
1217 Singapore is (p　　　　　) by Malays, Indians and Chinese.	シンガポールにはマレー系，インド系，中華系の人々が**住んでいる**。
1218 The school buildings have all been (r　　　　　) to withstand earthquakes.	校舎は全て耐震のために**補強**された。
1219 Most of our students (a　　　　　) high grades in their English tests last year.	我々の生徒のほとんどは昨年，英語のテストでよい成績**を獲得した**。
1220 The boy apologized for (c　　　　　) on his final math test.	その少年は数学の期末試験で**カンニングをした**ことを謝罪した。

解答 1201 portrayed　1202 dispatched　1203 quoted　1204 amend　1205 betray　1206 withered　1207 omit　1208 fabricated
1209 violated　1210 alleged　1211 integrated　1212 underestimate　1213 escorted　1214 facilitate　1215 initiated　1216 convey
1217 populated　1218 reinforced　1219 attained　1220 cheating

学習日　　　　　　　　月　　　日

単語	1回目	2回目	3回目	意味
1241 riddle [rídl]	→			图なぞなぞ，不可解な人[もの，事実]
1242 sanitation [sæ̀nıtéıʃən]	→			图公衆衛生(学)，下水設備
1243 component [kəmpóunənt]	→			图構成部品[部分，要素]
1244 quota [kwóuṭə]	→			图割当量[数]，ノルマ
1245 cuisine [kwızíːn]	→			图(国・地方の特徴を出した)料理，料理法
1246 detour [díːtùər]	→			图迂回(路)，回り道
1247 inmate [ínmèıt]	→			图(刑務所などの)収容者，入院患者
1248 fatigue [fətíːg]	→			图(相当の)疲労
1249 uproar [ʌ́prɔ̀ːr]	→			图大騒ぎ，騒動
1250 coincidence [kouínsıdəns]	→			图偶然の一致〈with ~との〉
1251 correspondence [kɔ̀(ː)rəspá(ː)ndəns]	→			图通信，一致
1252 ballot [bǽlət]	→			图投票，🇬🇧投票用紙，(the ~)投票総数
1253 competence [ká(ː)mpətəns]	→			图能力，適格
1254 enterprise [énṭərpràız]	→			图事業，企業
1255 hazard [hǽzərd]	→			图危険(なもの)
1256 explosion [ıksplóuʒən]	→			图爆発，急激な増加
1257 famine [fǽmın]	→			图飢饉
1258 acceptance [əkséptəns]	→			图受諾〈of ~の〉,受け取り
1259 leftover [léftòuvər]	→			图(通例 ~s)(特に食事の)残りもの
1260 apprehension [æ̀prıhénʃən]	→			图不安，懸念

例　文	訳
1221 I can't believe the salesperson was able to (d) so many people.	その営業マンがそんなに多くの人々を<u>だますこ</u>とができたことが信じられない。
1222 What (f) me most is the fact that my boss won't listen to my opinions.	私が最も<u>不満に思っている</u>のは，上司が私の意見を聞こうとしないことだ。
1223 In many countries, school meals are (s) by the government.	多くの国では，学校給食は政府の<u>補助金を受け</u>ている。
1224 I (a) **between** feeling excited and scared about studying abroad.	私は留学に関して，興奮と恐怖の感情の<u>間を行ったり来たりしている</u>。
1225 This charity is (d) **to** helping young people overcome mental health issues.	この慈善事業は，若者がメンタルヘルスの問題を克服するのを助けること<u>に捧げられている</u>。
1226 She is (e) **to become** the youngest person to sail around the world alone.	彼女は最年少で単独世界一周航海をする人物に<u>なろうと懸命に努力し</u>ている。
1227 The students were (i) to hear that their teacher used to play in a rock band.	生徒たちは，先生がかつてロックバンドで演奏していたと聞いて<u>興味をそそられた</u>。
1228 Sales of the shoes (s) after the star player was photographed wearing them.	スター選手が履いているのを写真に撮られると，その靴の売り上げは<u>急上昇した</u>。
1229 When the artist was a boy, he often used to get (t) **about** his clothes.	その芸術家は少年時代，しばしば服<u>のことでからかわれた</u>ものだった。
1230 The university decided to (c) an honorary degree **on** the famous writer.	大学はその著名な作家に名誉学位を<u>授ける</u>ことを決定した。
1231 Eating and drinking are strictly (f) in the university library.	大学図書館では飲食が厳しく<u>禁じられ</u>ている。
1232 When I asked the child if she was lost, she (n) her head.	私がその子供に迷子なのかと尋ねると，彼女は<u>首を縦に振った</u>。
1233 I'm (o) **to buy** everyone a Christmas present, even though I have no money.	お金は持っていないが，私は全員にクリスマスプレゼント<u>を買わざるを得ない</u>。
1234 They expressed their (d) **at** the new working conditions.	彼らは新しい労働条件に<u>不満</u>を表した。
1235 Our company specializes in the (d) of toxic waste.	当社は有毒廃棄物の<u>処理</u>を専門としている。
1236 She has been in (e) for the last ten years.	彼女はこの10年間，<u>国外追放</u>の身である。
1237 The soldiers faced their (f) on the battlefield.	兵士たちは戦場で<u>敵</u>と対峙した。
1238 We studied our (i) carefully before our trip to Spain.	私たちはスペイン旅行の前に<u>日程表</u>を詳細に検討した。
1239 They left the country to escape religious (p).	彼らは宗教<u>弾圧</u>から逃れるために国を離れた。
1240 This (p) is available in all leading bookshops.	この<u>出版物</u>は，全ての主要な書店で手に入れることができる。

単語編

でる度 **C**

↓
1241
～
1260

解答 1221 deceive　1222 frustrates　1223 subsidized　1224 alternate　1225 dedicated　1226 endeavoring　1227 intrigued
1228 soared　1229 teased　1230 confer　1231 forbidden　1232 nodded　1233 obliged　1234 discontent　1235 disposal　1236 exile
1237 foes　1238 itinerary　1239 persecution　1240 publication

単語	1回目	2回目	3回目	意味
1261 **wreck** [rek]	→			图 残骸，難破(船)
1262 **landmark** [lǽndmà:rk]	→			图 歴史的建造物，目印，画期的な出来事
1263 **dweller** [dwélər]	→			图 居住者
1264 **geometry** [dʒiá(:)mətri]	→			图 幾何学
1265 **standby** [stǽndbài]	→			图 (いざというとき)頼りになるもの[人]，交替要員
1266 **diversity** [dəvə́:rsəṭi]	→			图 多様性
1267 **accuracy** [ǽkjərəsi]	→			图 正確さ，的確さ
1268 **tap** [tæp]	→			图 🇬🇧(水道などの)蛇口
1269 **brick** [brɪk]	→			图 れんが
1270 **bay** [beɪ]	→			图 入江，湾
1271 **lenient** [líːniənt]	→			形 寛大な
1272 **stubborn** [stʌ́bərn]	→			形 頑固な
1273 **clumsy** [klʌ́mzi]	→			形 不器用な
1274 **perilous** [pérələs]	→			形 とても危険な
1275 **adverse** [ædvə́:rs]	→			形 不利な，反対の
1276 **persistent** [pərsístənt]	→			形 執拗な，固執する，持続する
1277 **outrageous** [aʊtréɪdʒəs]	→			形 法外な，途方もない，けしからぬ
1278 **skeptical** [sképtɪkəl]	→			形 懐疑的な〈of, about ～に〉
1279 **legitimate** [lɪdʒíṭəmət]	→			形 合法的な，もっともな
1280 **corrupt** [kərʌ́pt]	→			形 不正な，(道徳的に)堕落した

例　文	訳
1241 Try as I might, I couldn't solve the (r　　　　　).	どんなにがんばっても，そのなぞなぞは解けなかった。
1242 There is a lot of disease in this area due to poor (s　　　　　).	劣悪な公衆衛生が原因で，この地域では病気が多い。
1243 They manufacture various (c　　　　　) for different cars in this factory.	この工場ではさまざまな自動車のさまざまな部品を製造している。
1244 The government set a strict (q　　　　　) on imports of manufactured goods.	政府は製造品の輸入に厳格な割当量を定めた。
1245 This restaurant serves authentic Italian (c　　　　　).	このレストランは本格的なイタリア料理を出している。
1246 Due to road construction, we had to make a (d　　　　　) on the way home.	道路工事のため，私たちは家に帰る途中で迂回しなければならなかった。
1247 The (i　　　　　) of the prison spend several hours working outdoors every day.	その刑務所の収容者たちは，屋外作業に毎日数時間を費やす。
1248 The doctor said she is suffering from mental and physical (f　　　　　).	医師は，彼女は心身の疲労に苦しんでいると言った。
1249 The court was in an (u　　　　　) when the judge read out the guilty verdict.	裁判官が有罪の判決文を読み上げたとき，裁判所は大騒ぎだった。
1250 It was quite a (c　　　　　) that we booked a room at the same hotel.	私たちが同じホテルで部屋を予約したことは，全くの偶然の一致だった。
1251 The newspaper reporter was found guilty of reading the star's private (c　　　　　).	スターの個人的な通信を読んだとして，新聞記者は有罪になった。
1252 I placed my (b　　　　　) paper in the box.	私は投票用紙を箱に入れた。
1253 After a string of mistakes, the doctor's (c　　　　　) was called into question.	一連のミスの後，その医師の能力が疑問視された。
1254 The designer's latest business is a joint (e　　　　　) between two fashion labels.	そのデザイナーの最近の仕事は，2つのファッションレーベルの合弁事業だ。
1255 Scientists warned that the high levels of toxins in the lake were a health (h　　　　　).	科学者たちは，湖の中の高濃度の毒素が健康にとって危険であると警告した。
1256 The small (e　　　　　) led to the fire that destroyed the whole building.	その小さな爆発が，ビル全体を破壊する火事の引き金になった。
1257 Aid workers are warning of a potential (f　　　　　) in the area.	救援隊の人々は，その地域の飢饉の可能性について警告している。
1258 He was overjoyed at her (a　　　　　) **of** his marriage proposal.	彼は彼女が結婚のプロポーズを受け入れてくれたことに大喜びした。
1259 Let's have the (l　　　　　) for breakfast tomorrow.	残りものは明日の朝食に食べましょう。
1260 He felt (a　　　　　) at the thought of having to look for a new job.	新しい仕事を探さなくてはならないという考えに彼は不安を感じた。

解答 1241 riddle　1242 sanitation　1243 components　1244 quota　1245 cuisine　1246 detour　1247 inmates　1248 fatigue
1249 uproar　1250 coincidence　1251 correspondence　1252 ballot　1253 competence　1254 enterprise　1255 hazard
1256 explosion　1257 famine　1258 acceptance　1259 leftovers　1260 apprehension

学習日　　　月　　　日

単語	1回目	2回目	3回目	意　味
1281 experimental [ɪkspèrɪméntəl]	→			形 実験の，実験[試験]的な
1282 improper [ɪmprɑ́(:)pər]	→			形 不適切な，無作法な
1283 spontaneous [spɑ(:)ntéɪniəs]	→			形 自然発生的な，自発的な
1284 unconditional [ʌ̀nkəndíʃənəl]	→			形 無条件の，絶対的な
1285 counterfeit [káuntərfɪt]	→			形 偽造の，偽の
1286 dizzy [dízi]	→			形 めまいがする〈with ~で〉，くらくらする
1287 sustainable [səstéɪnəbl]	→			形 持続できる，維持できる
1288 democratic [dèməkrǽtɪk]	→			形 民主主義の，民主的な
1289 conservative [kənsə́:rvətɪv]	→			形 保守的な
1290 fundamental [fʌ̀ndəméntəl]	→			形 基本的な，必須の
1291 ambitious [æmbíʃəs]	→			形 (計画などが)野心的な，(人が)大志を抱いた
1292 concrete [kɑ(:)nkríːt]	→			形 具体的な，明確な，コンクリート製の
1293 cruel [krúːəl]	→			形 残酷な
1294 inferior [ɪnfíəriər]	→			形 劣悪な，劣った〈to ~より〉
1295 ample [ǽmpl]	→			形 十分な，豊富な，広大な
1296 inaccurate [ɪnǽkjərət]	→			形 不正確な，誤りのある
1297 inadequate [ɪnǽdɪkwət]	→			形 不十分な〈for, to ~に〉，不適当な
1298 inappropriate [ìnəpróʊpriət]	→			形 ふさわしくない〈for, to ~に〉，不適当な
1299 uncertain [ʌ̀nsə́:rtən]	→			形 はっきり分からない，(人が)確信がない
1300 vague [veɪg]	→			形 あいまいな，不明確な

例 文	訳
1261 Divers searched the (w　　　　) of the ship for treasure.	ダイバーたちは宝物を求めて船の残骸を探索した。
1262 This is one of the most famous (l　　　　) in the Japanese capital.	これは日本の首都で最も有名な歴史的建造物の1つだ。
1263 The people in these wall paintings were probably cave (d　　　　).	これらの壁画に描かれている人々はおそらく，洞窟に住んでいた人々だろう。
1264 All students in this school must study advanced (g　　　　).	この学校では全生徒が上級幾何学を学ばなければならない。
1265 This electric power generator can be used as a (s　　　　) in emergencies.	この発電機は非常時に頼りになるものとして利用できる。
1266 The new school librarian noticed there was a lack of (d　　　　) in children's literature.	新しい学校司書は，児童文学における多様性の欠如に気づいた。
1267 Some people are questioning the (a　　　　) of the witness's statement.	その証人の陳述の正確さに疑いを持つ人もいる。
1268 I filled my bottle with water from the (t　　　　).	私は水筒を水道の水で満たした。
1269 In the UK, there are many historic buildings made of (b　　　　).	イギリスにはれんが造りの歴史的建造物が多く存在する。
1270 The couple moved into a large apartment overlooking the (b　　　　).	そのカップルは入江を見渡す大きなアパートに入居した。
1271 Relatives of the victims felt the killer's sentence was too (l　　　　).	被害者の親族は，殺人犯に下された判決は寛大過ぎると感じた。
1272 He is so (s　　　　) that he will continue arguing until everyone gives in.	彼はとても頑固なので，みんなが降参するまで議論を続けるだろう。
1273 She is very (c　　　　) and is always knocking things over.	彼女はとても不器用で，いつもものをひっくり返している。
1274 The young journalist found herself in a (p　　　　) situation.	その若いジャーナリストは，自分がとても危険な状況にいることに気がついた。
1275 The boat race was canceled due to (a　　　　) weather conditions.	悪天候のため，ボートレースは中止になった。
1276 I was followed around the store by a very (p　　　　) salesperson.	私はとてもしつこい販売員に店中をついて回られた。
1277 The prices this lawyer charges are (o　　　　).	この弁護士が請求する料金は法外だ。
1278 Many people are very (s　　　　) **about** the possibility of peace in the region.	多くの人々が，その地域の和平の可能性に関してとても懐疑的だ。
1279 I'm not sure if their business activities are completely (l　　　　).	私には，彼らの事業活動が完全に合法的であるかどうか分からない。
1280 The (c　　　　) officials were arrested for accepting bribes.	収賄の罪で汚職役人たちが逮捕された。

■解答 **1261** wreck　**1262** landmarks　**1263** dwellers　**1264** geometry　**1265** standby　**1266** diversity　**1267** accuracy　**1268** tap
1269 brick　**1270** bay　**1271** lenient　**1272** stubborn　**1273** clumsy　**1274** perilous　**1275** adverse　**1276** persistent　**1277** outrageous
1278 skeptical　**1279** legitimate　**1280** corrupt

学習日 _____ 月 ___ 日

単語	♪ 1回目	◉ 2回目	◉ 3回目	意味
1301 **retreat** [rɪtríːt]	→			動 引っ込む〈to, into ~へ〉,退く
1302 **revolt** [rɪvóult]	→			動 暴動 [反乱] を起こす〈against ~に対して〉,をむかむかさせる
1303 **deflect** [dɪflékt]	→			動 (人の注意・非難など)をそらす〈from ~から〉,の方向を変えさせる
1304 **demote** [dìːmóut]	→			動 を降格する
1305 **despise** [dɪspáɪz]	→			動 を軽蔑する〈for ~のことで〉,をひどく嫌う
1306 **grasp** [ɡræsp]	→			動 を理解する,をしっかりと握る
1307 **summon** [sʌ́mən]	→			動 を呼び出す,を召喚する,(議会など)を召集する
1308 **expel** [ɪkspél]	→			動 を追放する〈from ~から〉
1309 **redeem** [rɪdíːm]	→			動 (失敗・欠点など)を補う,を埋め合わせる
1310 **comprise** [kəmpráɪz]	→			動 で構成される,を含む,を構成する
1311 **prevail** [prɪvéɪl]	→			動 流布している,打ち勝つ
1312 **eject** [ɪdʒékt]	→			動 を取り出す,を追い出す
1313 **falsify** [fɔ́ːlsɪfàɪ]	→			動 を偽造する
1314 **obstruct** [əbstrʌ́kt]	→			動 をふさぐ,を妨害する
1315 **depict** [dɪpíkt]	→			動 を描く,を描写する
1316 **tremble** [trémbl]	→			動 震える〈at, with, from ~で〉
1317 **confess** [kənfés]	→			動 白状 [自白] する〈to ~を〉,を白状する
1318 **stare** [steər]	→			動 じっと見つめる〈at, into ~を〉
1319 **ache** [eɪk]	→			動 痛む,うずく
1320 **reflect** [rɪflékt]	→			動 を反映する,を反射する,熟考する

例 文	訳
1281 This treatment is still (e　　　　　) and we cannot be sure that it is safe.	この治療法は今も実験段階にあり，安全だということは確信が持てない。
1282 The investigation showed that the restaurant had prepared the food in an (i　　　　　) way.	そのレストランが不適切な方法で食べ物を調理していたことが，調査で分かった。
1283 We made a (s　　　　　) decision to buy a car on the spot.	私たちは車を買おうとその場で自然に決めた。
1284 They are demanding the (u　　　　　) surrender of the army.	彼らは軍隊の無条件降伏を要求している。
1285 It is a crime to knowingly sell (c　　　　　) goods.	故意に偽造品を売るのは犯罪だ。
1286 I felt really (d　　　　　) after riding on the roller coaster.	私はジェットコースターに乗ってひどくめまいがした。
1287 The present rate of economic growth is simply not (s　　　　　).	現在の経済成長率は全く持続可能ではない。
1288 In this country, we have a (d　　　　　) government elected by the people.	この国には，人民によって選出された民主政府がある。
1289 Many of the professors in this university are rather (c　　　　　) in their thinking.	この大学の教授の多くはかなり保守的な意見を持っている。
1290 Freedom of speech is one of the (f　　　　　) human rights.	言論の自由は基本的人権の1つである。
1291 The new mayor announced some very (a　　　　　) plans to redevelop the city.	新市長は，市の再開発に向けた野心的な計画を発表した。
1292 Can you provide me with (c　　　　　) evidence to prove your theory is true?	あなたの理論が真実であることを証明する具体的な証拠を示してもらえますか。
1293 The leader of the country is known to be a (c　　　　　) tyrant.	その国の指導者は残酷な暴君として知られている。
1294 The company saved money by using (i　　　　　) building materials.	その会社は粗悪な建築材料を使うことでお金を節約した。
1295 If we leave at 8 a.m., we will have (a　　　　　) time to get to the airport.	午前8時に出発すれば，空港に到着するのに十分な時間がある。
1296 The sales figures written in the report are (i　　　　　).	その報告書に書かれた売上高は不正確である。
1297 The amount of food we have to feed the refugees is (i　　　　　).	難民に食べさせるために私たちが持っている食糧の量は不十分だ。
1298 He wore jeans, which were (i　　　　　) **for** the formal meeting.	彼はジーンズを履いていたが，それはその正式な会議にはふさわしくなかった。
1299 I'm (u　　　　　) as to when the meeting will end.	その会議がいつ終わるのかは私にはよく分からない。
1300 His instructions were very (v　　　　　) and I was not sure what to do.	彼の指示はとてもあいまいで，私は何をすべきなのかよく分からなかった。

単語編

でる度 **C**
↓
1301
〜
1320

解答 1281 experimental　1282 improper　1283 spontaneous　1284 unconditional　1285 counterfeit　1286 dizzy　1287 sustainable
1288 democratic　1289 conservative　1290 fundamental　1291 ambitious　1292 concrete　1293 cruel　1294 inferior　1295 ample
1296 inaccurate　1297 inadequate　1298 inappropriate　1299 uncertain　1300 vague

学習日　　　月　　　日

単語	1回目	2回目	3回目	意味
1321 **assert** [əsə́:rt]				動 (assert that ... で)…と主張する，を断言する
1322 **impose** [ɪmpóʊz]				動 (規則・税・罰金など)を課[科]す〈on ~に〉，を押しつける
1323 **interpret** [ɪntə́:rprət]				動 を解釈する，を通訳する
1324 **devote** [dɪvóʊt]				動 (努力・時間など)を捧げる〈to ~に〉，(devote oneself to で)に専念する
1325 **deteriorate** [dɪtíəriərèɪt]				動 (状況・質などが)悪化する
1326 **contemplate** [ká(:)ntəmplèɪt]				動 (contemplate doing で)~しようと考える，を熟考する
1327 **delegate** [délɪgèɪt]				動 (権限・責任など)を委譲[委任]する〈to ~に〉，(人)を代表として派遣する
1328 **propel** [prəpél]				動 を進ませる，(人)を駆り立てる
1329 **recede** [rɪsí:d]				動 後退する，退く
1330 **scrape** [skreɪp]				動 (泥・ペンキ・さびなど)をこすり取る〈from, off ~から〉，の表面をこする
1331 **smash** [smæʃ]				動 (粉々に)壊れる，を粉々に打ち壊す
1332 **scold** [skoʊld]				動 (特に子供)をしかる〈for ~のことで〉
1333 **amuse** [əmjú:z]				動 を楽しませる〈with ~で，by doing ~をして〉
1334 **overhaul** [òʊvərhɔ́:l]				動 (システムなど)を総点検する，を分解修理する
1335 **herd** [hə:rd]				名 (牛・羊などの)群れ
1336 **bait** [beɪt]				名 誘惑物，(釣り針・わなにつける)餌
1337 **petition** [pətíʃən]				名 請願(書)，嘆願(書)
1338 **ransom** [rǽnsəm]				名 身代金，(身代金などによる)解放
1339 **fragrance** [fréɪɡrəns]				名 芳香
1340 **insight** [ínsàɪt]				名 見識〈into ~への〉，洞察力

例　文	訳
1301 My father always (r　　　　　) **to** his study when he wants to be alone.	私の父は1人になりたくなるといつも自分の書斎に引っ込む。
1302 Many people (r　　　　　) in the capital because of poor living conditions.	生活環境が劣悪だったので，首都では多くの人が暴動を起こした。
1303 He blamed me in an attempt to (d　　　　　) criticism away **from** himself.	彼は自分から非難をそらそうとして私のせいにした。
1304 She was (d　　　　　) because she was late for work so often.	彼女は仕事に頻繁に遅刻したため，降格された。
1305 She (d　　　　　) them **for** saying such unkind things to their classmate.	クラスメートにそのような思いやりのないことを言うので，彼女は彼らのことを軽蔑した。
1306 It took us a while to (g　　　　　) how serious the situation was.	私たちが状況の深刻さを理解するのにしばらくかかった。
1307 The queen (s　　　　　) the palace guards.	女王は宮殿の護衛を呼び出した。
1308 The boy was (e　　　　　) **from** his school for bad behavior.	少年は不品行のため，学校を退学させられた。
1309 After he had kept everyone waiting, he attempted to (r　　　　　) the situation by buying everyone drinks.	みんなを待たせ続けた後，彼はみんなに飲み物を買うことで状況を挽回しようと試みた。
1310 The museum's collection (c　　　　　) over 4,000 paintings and sculptures.	その美術館のコレクションは4,000点を超える絵画と彫刻で構成されている。
1311 Some unusual funeral customs still (p　　　　　) in this part of the world.	世界のこの地域では，珍しい葬儀の習慣が今なお広く行われている。
1312 Please (e　　　　　) the CD from the player before turning it off.	電源を切る前に，CDをプレーヤーから取り出してください。
1313 She (f　　　　　) some important documents in order to get a bank loan.	銀行から融資を受けるために，彼女は一部の重要書類を偽造した。
1314 An overturned truck on Route 66 is (o　　　　　) traffic.	66号線の横転したトラックが交通の妨げになっている。
1315 Pictures and photos (d　　　　　) heroes will be on display in this gallery next month.	このギャラリーでは来月，英雄を描いた絵と写真を展示する予定である。
1316 The boy's legs (t　　　　　) **with** fear as he stood on the high diving board.	高い飛び込み台に立ったとき，その少年の脚は恐怖で震えた。
1317 The man (c　　　　　) **to** breaking into the house and stealing several items.	男はその家に押し入り，数点の物を盗んだことを白状した。
1318 The small boy (s　　　　　) **at** the toys in the window of the shop.	その小さな少年は店のウインドーにあるおもちゃをじっと見つめた。
1319 My legs began to (a　　　　　) as I climbed up the mountain.	山を登っていると，私の脚が痛み始めた。
1320 In some cases, test scores do not (r　　　　　) the student's performance.	テストの点数が生徒の成績を反映しないケースもある。

単語編

でる度 **C**

↓

1321
〜
1340

解答 1301 retreats　1302 revolted　1303 deflect　1304 demoted　1305 despised　1306 grasp　1307 summoned　1308 expelled
1309 redeem　1310 comprises　1311 prevail　1312 eject　1313 falsified　1314 obstructing　1315 depicting　1316 trembled
1317 confessed　1318 stared　1319 ache　1320 reflect

学習日　　　　　　　月　　　日

単語	1回目	2回目	3回目	意 味
1341 **conquest** [ká(:)nkwèst]	→			图 征服，（欠点・課題などの）克服
1342 **sincerity** [sɪnsérəṭi]	→			图 誠実
1343 **tariff** [tærɪf]	→			图 関税〈on ～にかかる〉
1344 **sanction** [sæŋkʃən]	→			图 （通例 ～s）制裁（措置），認可
1345 **sphere** [sfɪər]	→			图 範囲，球
1346 **outcast** [áʊtkæst]	→			图 見捨てられた人，浮浪者
1347 **affair** [əféər]	→			图 （～s）事情，事柄，問題
1348 **scandal** [skǽndəl]	→			图 スキャンダル，不正行為
1349 **allergy** [ǽlərdʒi]	→			图 アレルギー〈to ～に対する〉
1350 **destruction** [dɪstrʌ́kʃən]	→			图 破壊，破滅
1351 **peasant** [pézənt]	→			图 （発展途上国などの）小作人，貧農
1352 **burden** [bə́:rdən]	→			图 負担〈on ～への〉，重荷，荷物
1353 **faculty** [fǽkəlti]	→			图 （単数形で集合的に）（大学・学部の）教授陣，学部，才能，能力
1354 **tactics** [tǽktɪks]	→			图 戦術，戦法
1355 **fare** [feər]	→			图 （乗り物の）運賃，料金
1356 **manner** [mǽnər]	→			图 （単数形で）方法，（～s）風習，行儀，作法
1357 **correlation** [kɔ̀(:)rəléɪʃən]	→			图 相互[相関]関係〈between ～の間の，with ～との〉
1358 **weed** [wi:d]	→			图 雑草，草
1359 **command** [kəmǽnd]	→			图 命令，指図，（外国語などを）自由に使える能力
1360 **quarter** [kwɔ́:rṭər]	→			图 4分の1，（都市の特定の）地区，四半期

例　文	訳
1321 The young woman (a 　　　　) **that** she was innocent of the crime.	その若い女性は，その犯罪に関して無実である<u>と主張した</u>。
1322 The government is planning to (i 　　　　) a new tax **on** all alcoholic beverages.	政府は全てのアルコール飲料に新しい税<u>を課す</u>予定だ。
1323 The survey data can be (i 　　　　) in a number of different ways.	その調査データはいくつかの異なる形で<u>解釈する</u>ことができる。
1324 The scientist (d 　　　　) several years of his life **to** the research project.	その科学者は人生の数年間をその研究プロジェクト<u>に捧げた</u>。
1325 Security in the area is (d 　　　　) fast and there are shootings every day.	その地域の治安は急激に<u>悪化しており</u>，毎日発砲事件が起きている。
1326 I have been (c 　　　　) **moving** abroad for a while.	私はしばらく海外へ<u>移住し</u>ようと考えている。
1327 I was very busy, so I (d 　　　　) several tasks **to** my assistant.	私はとても忙しかったので，いくつかの仕事をアシスタント<u>に委ねた</u>。
1328 The company spokesperson explained the new car is (p 　　　　) by solar energy.	その企業の広報担当者は，新型車は太陽エネルギーで<u>進む</u>と説明した。
1329 The floods (r 　　　　) after a few days and the local people were able to return to their houses.	大水は数日で<u>引き</u>，地元の人々は自宅へ戻ることができた。
1330 It took me a long time to (s 　　　　) the mud **off** my boots.	私の長靴<u>から泥をこすり落とす</u>のに長時間かかった。
1331 The woman dropped the mirror and it (s 　　　　) into pieces on the floor.	その女性が鏡を落とすと，それは床で粉々に<u>割れた</u>。
1332 The mother (s 　　　　) her teenage son **for** coming home late.	母親は夜遅く帰宅した<u>ことで</u>ティーンエイジャーの息子を<u>しかった</u>。
1333 The boy likes to (a 　　　　) his classmates **by telling** funny jokes.	その少年は面白い冗談<u>を言ってクラスメートを楽しませる</u>のが好きだ。
1334 The government plans to (o 　　　　) the public healthcare system next year.	政府は来年，公的健康医療制度を徹底的に<u>見直す</u>予定だ。
1335 A (h 　　　　) of sheep crossed the road in front of us.	私たちの目の前で羊の<u>群れ</u>が道を横切った。
1336 He used the diamond ring as (b 　　　　) to get her to marry him.	彼は，彼女が彼と結婚する気になるように，ダイヤモンドの指輪を<u>餌</u>に使った。
1337 About 2,000 people have already signed the (p 　　　　).	約2,000の人々が，すでに<u>請願書</u>に署名した。
1338 The kidnappers demanded a (r 　　　　) of 2 million dollars for the return of the child.	誘拐犯は子供を返す見返りとして200万ドルの<u>身代金</u>を要求した。
1339 This fabric conditioner comes in several different (f 　　　　).	この柔軟剤には，数種類の異なる<u>香り</u>がある。
1340 I would appreciate your (i 　　　　) **into** this problem.	この問題<u>に対する</u>あなたの<u>見識</u>を伺えれば幸いです。

解答 1321 asserted　1322 impose　1323 interpreted　1324 devoted　1325 deteriorating　1326 contemplating　1327 delegated
1328 propelled　1329 receded　1330 scrape　1331 smashed　1332 scolded　1333 amuse　1334 overhaul　1335 herd　1336 bait
1337 petition　1338 ransom　1339 fragrances　1340 insight

学習日　　　　月　　　日

単語	🔈 1回目	👁 2回目	👁 3回目	意味
1361 availability [əvèɪləbíləṭi]	→			图 (入手の) 可能性, 有用 [有効] 性
1362 caution [kɔ́ːʃən]	→			图 用心, 注意, 警戒, 警告
1363 prevention [prɪvénʃən]	→			图 予防, 防止, 妨害
1364 reptile [réptaɪl]	→			图 爬虫類 (動物)
1365 fate [feɪt]	→			图 運命, (最終的な) 結末
1366 inclination [ìnklɪnéɪʃən]	→			图 意向〈to *do* ~したいという〉, 願望, 好み〈to, toward, for ~への〉
1367 scorn [skɔːrn]	→			图 軽蔑〈for ~に対する〉, 侮蔑
1368 contempt [kəntémpt]	→			图 軽蔑〈for ~に対する〉, 侮蔑
1369 domain [doʊméɪn]	→			图 範囲, 分野, 領土
1370 pillar [pílər]	→			图 柱, 支柱
1371 tender [téndər]	→			形 柔らかい, 優しい
1372 awkward [ɔ́ːkwərd]	→			形 ばつの悪い, 気まずい, ぎこちない
1373 fierce [fɪərs]	→			形 どう猛な, 激しい
1374 peculiar [pɪkjúːljər]	→			形 変な, 特有の〈to ~に〉
1375 genuine [dʒénjuɪn]	→			形 本物の
1376 vigorous [vígərəs]	→			形 (運動などが) 激しい, (行為・手段などが) 精力的な, (人が) 活力のある
1377 gloomy [glúːmi]	→			形 薄暗い, 陰気な
1378 medieval [mìːdiíːvəl]	→			形 中世の
1379 subtle [sʌ́ṭl]	→			形 微妙な, かすかな
1380 rigid [rídʒɪd]	→			形 厳格な, 曲がらない

例文	訳
1341 This book dates from the time of the Norman (C　　　　　　).	この本は，ノルマン征服の時代にさかのぼる。
1342 He assured me he was telling the truth, but I was unsure of his (s　　　　　　).	彼は真実を述べていると断言したが，私は彼の誠実さを確信できなかった。
1343 The customs officer said I had to pay a (t　　　　　　) **on** the goods.	税関の職員は，私はその持込物の関税を払う必要があると言った。
1344 Economic (s　　　　　　) were imposed on the country when the government refused to condemn terrorism.	テロを断固として非難することを政府が拒否し，その国に対して経済制裁が課せられた。
1345 His work as a volunteer overseas covers many (s　　　　　　) of activity.	彼の海外でのボランティア活動は，多くの活動範囲を含んでいる。
1346 He often felt like an (o　　　　　　) as he was growing up.	彼は成長の過程で，のけ者のように感じることがよくあった。
1347 One of my university professors is an expert on international (a　　　　　　).	私が師事する大学教授の1人は国際情勢の専門家だ。
1348 Politicians from several different parties were involved in the political (s　　　　　　).	いくつかの異なる政党の政治家がその政治スキャンダルに関与していた。
1349 The girl told the waiter that she had an (a　　　　　　) **to** peanuts.	その少女はウエーターに，ピーナッツに対してアレルギーがあることを伝えた。
1350 The (d　　　　　　) of the rain forests will eventually reshape the environment all over the world.	熱帯雨林の破壊は最終的に世界中の環境を作り変えてしまうだろう。
1351 Most of the (p　　　　　　) were very poor and had little to eat during the winter months.	小作人のほとんどはとても貧しく，冬場にはほとんど食料がなかった。
1352 The man's elderly parents worried that they were a (b　　　　　　) **on** him.	その男性の年老いた両親は自分たちが息子への負担になっていることを気にしていた。
1353 Many students and several (f　　　　　　) members attended the party last night.	多くの学生と数名の教授が昨夜のパーティーに出席した。
1354 The coach discussed (t　　　　　　) with the players before the game.	コーチは試合前に選手たちと戦術について話し合った。
1355 There are plans to increase rail (f　　　　　　) by 10 percent next year.	来年，鉄道運賃を10パーセント値上げする計画がある。
1356 My new secretary organized the files in a very efficient (m　　　　　　).	私の新しい秘書がとても効率的な方法でファイルを整理してくれた。
1357 Doctors found there is a strong (c　　　　　　) **between** diet and heart disease.	医師たちは，食生活と心臓病に強い相関関係があることに気づいた。
1358 There were a lot of tall (w　　　　　　) growing in her garden.	彼女の庭には多くの背の高い雑草が育っていた。
1359 The puppy soon learned to follow the dog trainer's (c　　　　　　).	その子犬はすぐに犬の調教師の命令に従うことを学んだ。
1360 Over three (q　　　　　　) of the students said they were satisfied with their courses.	4分の3を超える学生が自分のコースに満足だと言った。

単語編

でる度

C

↓

1361
〜
1380

解答 1341 Conquest　1342 sincerity　1343 tariff　1344 sanctions　1345 spheres　1346 outcast　1347 affairs　1348 scandal
1349 allergy　1350 destruction　1351 peasants　1352 burden　1353 faculty　1354 tactics　1355 fares　1356 manner　1357 correlation
1358 weeds　1359 commands　1360 quarters

学習日 月 日

単語	1回目	2回目	3回目	意味
1381 **coarse** [kɔːrs]	→			形 粗い，粗野な
1382 **humble** [hʌ́mbl]	→			形 謙虚な，地位 [身分] などが低い
1383 **slack** [slæk]	→			形 たるんだ，（商売などが）不活発な
1384 **trivial** [tríviəl]	→			形 取るに足りない
1385 **mutual** [mjúːtʃuəl]	→			形 相互の
1386 **redundant** [rɪdʌ́ndənt]	→			形 不要な，余分な，（表現などが）冗長な
1387 **premature** [prìːmətʃúər]	→			形 早過ぎる，（判断などが）早まった
1388 **attentive** [əténṭɪv]	→			形 注意深い〈to ~に〉
1389 **integral** [ínṭɪgrəl]	→			形 不可欠な〈to ~にとって〉，必要な
1390 **memorable** [mémərəbl]	→			形 忘れられない，記憶すべき
1391 **persuasive** [pərswéɪsɪv]	→			形 説得力のある
1392 **prevalent** [prévələnt]	→			形 蔓延している〈in, among ~に〉，広く行き渡っている
1393 **unaware** [ʌ̀nəwéər]	→			形 気づかないで〈of ~に，that ... …ということに〉，知らないで
1394 **worthwhile** [wə̀ːrθhwáɪl]	→			形 （時間・労力・金をかける）価値のある
1395 **amazing** [əméɪzɪŋ]	→			形 驚くべき
1396 **eligible** [élɪdʒəbl]	→			形 資格のある〈for ~に，to do ~する〉
1397 **vicious** [víʃəs]	→			形 悪意 [敵意] のある，乱暴な
1398 **invisible** [ɪnvízəbl]	→			形 見えない〈to ~に〉
1399 **invalid** [ɪnvǽlɪd]	→			形 （法的に）無効な
1400 **rotten** [rá(ː)tən]	→			形 （食べ物などが）腐った，（道徳的に）腐敗した

例　文	訳
1361 An increase in the (a) of handguns led to more crime.	拳銃が入手しやすくなった結果，犯罪は増加した。
1362 These chemicals are extremely dangerous and should be handled with (c).	これらの化学薬品は極めて危険なので，用心して取り扱うべきだ。
1363 For good health and disease (p), it is best to avoid processed foods.	良好な健康状態と病気の予防のためには，加工食品を避けるのが一番だ。
1364 There are many (r), including snakes, living in the grass around here.	この辺りの草むらには，へびを含む多くの爬虫類が生息している。
1365 The (f) of the three hikers lost in the snowstorm is still unknown.	吹雪で行方不明になった3人のハイカーの運命はいまだに分かっていない。
1366 Even though it was late, the party guests didn't show the slightest (i) **to leave**.	もう夜遅かったが，パーティーの招待客は帰るそぶりを少しも見せなかった。
1367 The reporter was unable to hide the (s) in his voice as he interviewed the politician.	記者はその政治家にインタビューする際，軽蔑の気持ちが声に出るのを隠せなかった。
1368 I have nothing but (c) **for** people who are cruel to animals.	私は動物に対して冷酷な人に軽蔑以外の何も感じない。
1369 This kind of alternative treatment falls outside the (d) of Western medicine.	このような代替療法は西洋医学の範囲には入らない。
1370 Three large (p) support the roof of the church.	3本の大きな柱がその教会の屋根を支えている。
1371 She boiled the beans until they were soft and (t).	彼女はふんわりと柔らかくなるまで豆を煮た。
1372 He is a good singer, but he feels (a) whenever he performs in front of strangers.	彼はいい歌手だが，知らない人の前で歌うといつも落ち着かない。
1373 They came across a pack of (f) dogs in the forest.	彼らは森でどう猛な犬の集団に出くわした。
1374 She wore a really (p) hat to the wedding.	彼女は結婚式に本当に変な帽子をかぶって行った。
1375 The picture he bought for 10 dollars turned out to be a (g) Picasso.	彼が10ドルで買ったその絵は，本物のピカソの絵であることが判明した。
1376 I try to get some kind of (v) exercise every day.	私は毎日，何らかの激しい運動をするよう努めている。
1377 It looks like it's going to be a really wet, (g) day.	今日は本当に雨降りの薄暗い日になりそうだ。
1378 This painting is a fine example of (m) art.	この絵画は中世美術の素晴らしい例だ。
1379 I attempted to imitate the (s) differences of color in my teacher's painting.	私は先生の絵の微妙な色の違いをまねようと試みた。
1380 The system in the school was very inflexible and (r).	その学校のシステムは非常に柔軟性に乏しい，厳格なものだった。

単語編

でる度 **C**

↓

1381
〜
1400

解答　1361 availability　**1362** caution　**1363** prevention　**1364** reptiles　**1365** fate　**1366** inclination　**1367** scorn　**1368** contempt
1369 domain　**1370** pillars　**1371** tender　**1372** awkward　**1373** fierce　**1374** peculiar　**1375** genuine　**1376** vigorous　**1377** gloomy
1378 medieval　**1379** subtle　**1380** rigid

学習日　　　　月　　　日

単語	🎧 1回目	👁 2回目	👁 3回目	意 味
1401 plague [pleɪg]	→			🟢(人)を絶えず悩ます〈with ~で〉,（病気・災難などが）を苦しめる
1402 sponsor [spá(:)nsər]	→			🟢に資金を提供する，を後援する
1403 honor [á(:)nər]	→			🟢を賞賛する，に与える〈with 賞などを〉,を尊敬する
1404 remark [rɪmá:rk]	→			🟢(remark that ... で)…と述べる〈to ~に〉
1405 incorporate [ɪnkɔ́:rpərèɪt]	→			🟢を取り[組み]入れる〈in, into ~に〉
1406 resolve [rɪzá(:)lv]	→			🟢(問題など)を解決する，を決意する
1407 sway [sweɪ]	→			🟢(ゆっくりと)揺れる，動揺する
1408 inherit [ɪnhérət]	→			🟢(遺伝で)を受け継ぐ〈from ~から〉,を相続する
1409 pile [paɪl]	→			🟢を大量に積む〈on, onto ~の上に〉,を積み重ねる，積み重なる
1410 renovate [rénəvèɪt]	→			🟢を改修[改築]する
1411 maximize [mǽksɪmàɪz]	→			🟢を最大限にする
1412 uncover [ʌnkʌ́vər]	→			🟢(遺跡など)を発掘する，の覆いを取る，を明るみに出す
1413 mislead [mɪslí:d]	→			🟢に誤った考えを持たせる，を欺く
1414 opt [ɑ(:)pt]	→			🟢選ぶ〈for ~の方を，against ~しない方を，to do ~する方を〉
1415 outnumber [àʊtnʌ́mbər]	→			🟢より数で勝る
1416 presume [prɪzjú:m]	→			🟢(presume O (to be) で)を~であると推定する，と推定する
1417 refine [rɪfáɪn]	→			🟢に磨きをかける，を洗練する，を精製する
1418 stir [stə:r]	→			🟢(騒ぎなど)を引き起こす，(液体など)をかき回す
1419 strive [straɪv]	→			🟢懸命に努力する〈for ~を得ようと，to do ~しようと〉
1420 thrill [θrɪl]	→			🟢をわくわく[ぞくぞく]させる

単語編

でる度
C
↓
1401
〜
1420

例　文	訳
1381 His jacket was made of some kind of thick, (c　　　　　) material.	彼のジャケットは何か厚くて**きめの粗い**生地でできていた。
1382 Even though he was rich and successful, he remained a (h　　　　　) and modest man.	金持ちで成功しているにもかかわらず，彼は**謙虚**で控えめな人間のままだった。
1383 Let the rope go (s　　　　　) when the horse is feeding.	馬がえさを食べているときはロープを**たるませ**てください。
1384 This may seem like a (t　　　　　) problem, but it may become a big problem.	これは**取るに足りない**問題のように思えるかもしれないが，大問題に発展する可能性がある。
1385 Their marriage came to an end by (m　　　　　) agreement.	彼らの結婚生活は**相互の**合意によって終結した。
1386 Most of the equipment in this old factory is now (r　　　　　).	この古い工場の設備のほとんどが，今では**不要**になっている。
1387 We were shocked by her (p　　　　　) death at the age of 30.	私たちは30歳という彼女の**早過ぎる**死にショックを受けた。
1388 The salesperson was kind and (a　　　　　) **to** the customer's needs.	その営業員は親切で，顧客のニーズに**注意を払って**いた。
1389 In many countries, widespread testing is an (i　　　　　) part of the plan to beat the virus.	多くの国では幅広い検査がウイルスに勝つための計画に**不可欠な**部分である。
1390 My first parachute jump was a truly (m　　　　　) experience.	初めてのパラシュートでのジャンプは本当に**忘れられない**経験だった。
1391 The defense lawyer made several (p　　　　　) arguments as to why the client was innocent.	被告側弁護士は，依頼人が無罪である理由に関していくつか**説得力のある**主張をした。
1392 Smartphone addiction is (p　　　　　) **among** young people.	スマホ依存症は若者の**間で蔓延**している。
1393 Many people were (u　　　　　) **that** swimming in the river was not allowed.	多くの人々はその川は遊泳禁止であることに**気づかなかった**。
1394 I don't think it's (w　　　　　) buying a train pass as we're leaving tomorrow.	我々は明日出発するのだから，電車のパスを買う**価値はない**と思う。
1395 The actor lives in an (a　　　　　) house with a giant swimming pool.	その俳優は巨大なプールのある**びっくりするほどの**豪邸に住んでいる。
1396 At what age are you (e　　　　　) **to vote** in your country?	あなたの国では，何歳から**投票する資格があり**ますか。
1397 He was sentenced to life in prison for the (v　　　　　) attack on the elderly woman.	彼は高齢女性に対する**凶悪な**襲撃の罪で終身刑の判決を受けた。
1398 This spider is so small that it is almost (i　　　　　) **to** the naked eye.	このクモはとても小さいので肉眼**ではほとんど見えない**。
1399 I'm sorry, but your driver's license is (i　　　　　) **in** this country.	申し訳ありませんが，あなたの運転免許証はこの国では**無効**です。
1400 I found some (r　　　　　) mushrooms at the back of the fridge.	私は冷蔵庫の奥に**腐った**マッシュルームを見つけた。

解答 1381 coarse　1382 humble　1383 slack　1384 trivial　1385 mutual　1386 redundant　1387 premature　1388 attentive
1389 integral　1390 memorable　1391 persuasive　1392 prevalent　1393 unaware　1394 worthwhile　1395 amazing　1396 eligible
1397 vicious　1398 invisible　1399 invalid　1400 rotten

単　語	② 1回目	● 2回目	● 3回目	意　味
1421 **tighten** [táɪtən]	→			動 を固く締める, を強化する
1422 **arouse** [əráʊz]	→			動 (感情・行為など) を刺激する, を引き起こす
1423 **buzz** [bʌz]	→			動 (場所が) ざわつく⟨with ~で⟩, どよめく
1424 **converge** [kənvə́:rdʒ]	→			動 集まる⟨on 一点に⟩, 集中する
1425 **deduct** [dɪdʌ́kt]	→			動 を控除する⟨from ~から⟩, を減じる
1426 **disconnect** [dìskənékt]	→			動 (人) のインターネットへの接続を切る, の接続を断つ⟨from ~から⟩
1427 **gossip** [gá(:)səp]	→			動 うわさ話をする⟨about ~について⟩
1428 **wander** [wá(:)ndər]	→			動 (当てもなく) 歩き回る, ぶらつく
1429 **suck** [sʌk]	→			動 (指・あめなど) をなめる, (液体など) を吸う
1430 **dye** [daɪ]	→			動 (dye O C で) を~色に染める, を染める, 染まる
1431 **trespass** [tréspəs]	→			動 (不法) 侵入する⟨on ~に⟩, 侵害する
1432 **graze** [greɪz]	→			動 (家畜などが) 牧草を食べる
1433 **entrust** [ɪntrʌ́st]	→			動 (entrust A with B または entrust B to A で) A に B を任せる
1434 **peer** [pɪər]	→			名 (通例 ~s) 同僚, 仲間, 同等 [対等] の者
1435 **molecule** [má(:)lɪkjù:l]	→			名 分子, 微粒子
1436 **meantime** [mí:ntàɪm]	→			名 (the ~) その間
1437 **merit** [mérət]	→			名 価値, 優秀さ, 長所
1438 **prospect** [prá(:)spekt]	→			名 (単数形で) 見込み, 見通し, 期待
1439 **chatter** [tʃǽtər]	→			名 くだらないおしゃべり
1440 **funeral** [fjú:nərəl]	→			名 葬式

例 文	訳
1401 This construction project has been (p) **with** problems since the beginning.	この建設プロジェクトは当初より問題<u>に悩まさ</u><u>れて</u>きた。
1402 This wildlife protection project was (s) by an outdoor goods brand.	この野生生物保護プロジェクトは，アウトドア商品のブランドに<u>資金提供を受け</u>た。
1403 A special dinner was held to (h) the Nobel Prize winners.	ノーベル賞受賞者<u>をたたえる</u>ために特別な晩さん会が催された。
1404 He (r) **to** his wife **that** the dog looked unwell and that they should take him to the vet.	彼は妻に，飼い犬の具合が悪そうなので獣医に連れて行くべきだ<u>と言っ</u>た。
1405 Several new safety features have been (i) **into** the new car design.	新型車のデザインに<u>は</u>いくつかの新しい安全機能が<u>取り入れ</u>られている。
1406 The two ministers tried their best to (r) the trade issues between the two countries.	2人の大臣は2国間の貿易問題を<u>解決する</u>ために最善を尽くした。
1407 The suspension bridge over the river (s) dangerously as the group crossed it.	その川にかかった吊り橋は，団体が渡ると危険なほどに<u>揺れ</u>た。
1408 He (i) his bright red hair and calm personality **from** his mother.	彼は母親<u>から</u>明るい赤毛と穏やかな性格<u>を受け</u><u>継い</u>だ。
1409 The men (p) a number of old desks **onto** the truck.	男性たちはいくつかの古い机<u>を</u>トラックに<u>積ん</u>だ。
1410 The owners plan to (r) all the apartments in this building.	この建物の所有者がアパート全戸を<u>改修する</u>計画を立てている。
1411 The factory managers looked at ways to (m) production.	工場長たちは生産量を<u>最大限にする</u>方法を検討した。
1412 A team of French scientists (u) the remains of an ancient palace.	フランスの科学者のチームが，古代の宮殿跡を<u>発掘</u>した。
1413 The brand was accused of (m) consumers with false advertising.	そのブランドは虚偽の広告によって消費者<u>を誤</u><u>解させ</u>たことで非難された。
1414 After considering several possibilities, the student (o) **to study** abroad.	いくつかの可能性を検討したのち，その学生は海外で<u>学ぶことを選ん</u>だ。
1415 The people fought bravely, but they were (o) **by** the enemy.	その人々は勇敢に戦ったが，敵軍に<u>数で劣って</u>いた。
1416 Under the law, suspected criminals are (p) innocent until proven guilty.	法の下では，犯罪容疑者は有罪であると証明されるまでは無罪<u>と推定される</u>。
1417 He is a good translator, but he needs to (r) his technique.	彼はよい翻訳者だが，技術<u>を磨く</u>必要がある。
1418 You shouldn't listen to him. He's always trying to (s) up trouble.	あなたは彼の言うことを聞くべきでない。彼はいつもトラブル<u>を引き起こそ</u>うとしているから。
1419 The coach encouraged the young gymnast to (s) **for** perfection.	そのコーチは，完璧<u>を目指して</u>懸命に<u>努力する</u>よう若い体操選手を励ました。
1420 I was (t) to hear my best friend was getting married.	私は親友が結婚すると聞いて<u>わくわくし</u>た。

解答 1401 plagued　1402 sponsored　1403 honor　1404 remarked　1405 incorporated　1406 resolve　1407 swayed　1408 inherited
1409 piled　1410 renovate　1411 maximize　1412 uncovered　1413 misleading　1414 opted　1415 outnumbered　1416 presumed
1417 refine　1418 stir　1419 strive　1420 thrilled

学習日　　　月　　　日

単語	1回目	2回目	3回目	意 味
1441 **methodology** [mèθədá(:)lədʒi]	→			图 方法論，研究方法
1442 **bundle** [bʌ́ndl]	→			图 束，包み
1443 **burglar** [bə́:rglər]	→			图 強盗，泥棒
1444 **canyon** [kǽnjən]	→			图 峡谷
1445 **duration** [djuəréɪʃən]	→			图 持続 [継続] 期間，(時間の)継続
1446 **fountain** [fáʊntən]	→			图 噴水，源泉，湧き水
1447 **genius** [dʒíːniəs]	→			图 天賦の才，天才(的な人)
1448 **grassland** [grǽslænd]	→			图 牧草地，草原
1449 **interval** [ínt̬ərvəl]	→			图 (時間の)間隔，合間
1450 **longevity** [lɑ(:)ndʒévət̬i]	→			图 長寿
1451 **mode** [moʊd]	→			图 方法，様式
1452 **needle** [níːdl]	→			图 針，縫い針，編み針
1453 **organizer** [ɔ́:rgənàɪzər]	→			图 主催者，まとめ役，幹事
1454 **rehearsal** [rɪhə́:rsəl]	→			图 (劇・音楽などの)リハーサル，下げいこ
1455 **servant** [sə́:rvənt]	→			图 (特に住み込みの)使用人，召使
1456 **sociology** [sòʊsiá(:)lədʒi]	→			图 社会学
1457 **spectacle** [spéktəkl]	→			图 (印象的な)光景，壮観，見もの
1458 **norm** [nɔːrm]	→			图 (the ~) 標準，(しばしば ~s) 規範，典型
1459 **certificate** [sərtífɪkət]	→			图 証明書，保証書
1460 **vice** [vaɪs]	→			图 悪習，悪

例 文	訳
1421 My seat belt was a bit loose, so I (t) it before we landed.	私のシートベルトは少しゆるかったので，着陸前に<u>しっかりと締めた</u>。
1422 The security guard's suspicion was (a) when the man refused to open his bag.	警備員は，その男がバッグを開けるのを拒否したとき，疑念を<u>抱いた</u>。
1423 The college gym (b) **with** excitement before the big basketball game.	大事なバスケットボールの試合前，その大学の体育館は興奮で<u>ざわついた</u>。
1424 Thousands of protestors (c) **on** the area around the government buildings to protest the new law.	何千人もの抗議活動をする人が新しい法律に抗議するために庁舎周辺地域に<u>集まった</u>。
1425 How much tax will be (d) **from** my pay every month?	私の毎月の給与<u>から</u>税金はいくら<u>差し引か</u>れますか？
1426 My Wi-Fi reception was poor, and I got (d) **from** the Internet.	Wi-Fiの受信状況が悪くてインターネットが<u>切れ</u>てしまった。
1427 My next-door neighbor loves (g) **about** others in our neighborhood.	私の隣人は近所の人について<u>うわさ話をする</u>のが大好きだ。
1428 We spent the whole day (w) around the old Spanish town.	我々はその古いスペインの町を<u>歩き回って</u>丸1日を過ごした。
1429 My throat was a little sore, so I tried (s) a piece of candy.	私はのどが少し痛かったので，試しにあめを1つ<u>なめて</u>みた。
1430 I'm thinking of (d) these light brown shoes black.	私はこの薄茶色の靴を黒に<u>染め</u>ようと考えている。
1431 The farmer caught the boys (t) **on** his land.	その農夫は少年たちが敷地に<u>侵入して</u>きたところを捕まえた。
1432 In the distance, I could see a flock of sheep (g) on the hillside.	遠くに羊の群れが丘の斜面で<u>牧草を食べている</u>のが見えた。
1433 My neighbor (e) me **with** caring for her cat while she was in the hospital.	隣人は入院中，私に彼女の猫の世話を<u>任せた</u>。
1434 The surgeon was greatly admired and respected by her (p).	その外科医は<u>同僚</u>に大いに賞賛，尊敬されていた。
1435 (M) are too small to be seen with the naked eye.	<u>分子</u>はとても小さいので肉眼では見えない。
1436 I'm just going to go out to buy some drinks. In the (m), can you prepare the party snacks?	私はちょっと飲み物を買ってきます。<u>その間に</u>パーティー用の軽食の用意をしてくれますか？
1437 I can see no (m) in getting angry with the children in this case.	この場合，その子供たちに腹を立てることに<u>価値</u>はないと思う。
1438 The girl was excited by the (p) of going to university abroad.	その少女は海外の大学に行く<u>見込み</u>に興奮した。
1439 After a while, he began to find his roommate's constant (c) annoying.	しばらくして，彼はルームメイトの絶え間ない<u>おしゃべり</u>にいら立ち始めた。
1440 Hundreds of people attended the (f), which was held in a large church.	何百人もの人がその<u>葬儀</u>に参列したが，それは大きな教会で行われた。

解答 1421 tightened　1422 aroused　1423 buzzed　1424 converged　1425 deducted　1426 disconnected　1427 gossiping
1428 wandering　1429 sucking　1430 dyeing　1431 trespassing　1432 grazing　1433 entrusted　1434 peers　1435 Molecules
1436 meantime　1437 merit　1438 prospect　1439 chatter　1440 funeral

学習日　　　　月　　　日

単 語	1回目	2回目	3回目	意 味
1461 **knot** [nɑ(:)t]	→	↓		图 結び目，結び方
1462 **rubber** [rʌ́bər]	→	↓		图 ゴム，ゴム製品
1463 **asteroid** [ǽstərɔ̀ɪd]	→	↓		图 小惑星
1464 **syndrome** [síndroʊm]	→	↓		图 症候群，シンドローム
1465 **detention** [dɪténʃən]	→	↓		图 拘置，留置
1466 **distress** [dɪstrés]	→	↓		图 苦悩，苦痛
1467 **ignition** [ɪgníʃən]	→	↓		图 (エンジンの) 点火装置，点火
1468 **esteem** [ɪstíːm]	→	↓		图 尊敬，尊重
1469 **hospitality** [hɑ̀(:)spətǽləṭɪ]	→	↓		图 親切なもてなし，歓待
1470 **legacy** [légəsi]	→	↓		图 遺産
1471 **sane** [seɪn]	→	↓		形 (考え方などが) 健全な，分別のある，正気の
1472 **doubtful** [dáʊtfəl]	→	↓		形 (物・事が) 疑わしい，(人が) 疑わしく思う〈about, of ～について〉
1473 **favorable** [féɪvərəbl]	→	↓		形 好意的な，好ましい
1474 **generous** [dʒénərəs]	→	↓		形 気前のよい，寛大な
1475 **hollow** [hɑ́(:)loʊ]	→	↓		形 空洞の，中が空っぽの
1476 **internal** [ɪntə́ːrnəl]	→	↓		形 内部の，内側の，国内の
1477 **interpersonal** [ìntərpə́ːrsənəl]	→	↓		形 人間 [対人] 関係の
1478 **staple** [stéɪpl]	→	↓		形 主要な，重要な
1479 **tolerant** [tɑ́(:)lərənt]	→	↓		形 寛容な〈of, to ～に対して〉，包容力のある
1480 **folk** [foʊk]	→	↓		形 民間 (起源) の，民衆の

例　文	訳
1441 In this course, you will learn about recent (m　　　　　) for language learning.	このコースでは，言語習得の最近の<u>方法論</u>について学びます。
1442 The man was carrying a large (b　　　　　) of newspapers.	その男性は新聞の大きな<u>束</u>を運んでいた。
1443 A (b　　　　　) broke into the house in the middle of the night.	真夜中に<u>強盗</u>がその家に押し入った。
1444 The guide showed the tourists the best place to take pictures of the (c　　　　　).	ガイドは旅行者にその<u>峡谷</u>の写真を撮るのに最高の場所を教えた。
1445 I slept for the entire (d　　　　　) of my flight to Hong Kong.	私は香港までのフライトの<u>時間</u>ずっと寝ていた。
1446 There was a beautiful (f　　　　　) in the middle of the town square.	町の広場の中心には美しい<u>噴水</u>があった。
1447 Everyone agreed that the painting was a work of pure (g　　　　　).	その絵画が真の<u>天才</u>の作品であることには全ての人が同意した。
1448 Only a small percentage of the world's (g　　　　　) is protected.	世界の<u>牧草地</u>のほんのわずかしか保護されていない。
1449 The athletes were tested for drugs at regular (i　　　　　).	スポーツ選手は一定の<u>間隔</u>で薬物検査を受けさせられた。
1450 Studies suggest that both genes and diet play a role in (l　　　　　).	研究によると，遺伝子と食習慣の両方が<u>長寿</u>において役割を果たしている。
1451 Buses are the most popular (m　　　　　) of transport in many countries.	バスは多くの国で最も一般的な交通<u>手段</u>である。
1452 A button has come off my shirt. Can you lend me a (n　　　　　) and thread?	シャツのボタンが取れてしまった。<u>針</u>と糸を貸してくれる？
1453 The (o　　　　　) of the local festival are all volunteers.	その地域の祭りの<u>主催者</u>は皆ボランティアだ。
1454 The actor was in the habit of showing up late for (r　　　　　).	その俳優は決まって<u>リハーサル</u>に遅れて現れた。
1455 The king was known for his bad temper and all his (s　　　　　) were scared of him.	その王は短気なことで知られ，<u>使用人</u>は皆，彼を恐れていた。
1456 Her parents wanted her to study law, but she decided to do a degree in (s　　　　　).	彼女の両親は彼女に法律を学んでほしかったが，彼女は<u>社会学</u>で学位を取ることに決めた。
1457 The Halloween parade was an amazing (s　　　　　) with over 2,000 participants.	ハロウィーンのパレードは，2,000人以上が参加した素晴らしい<u>光景</u>だった。
1458 Working from home has become the (n　　　　　) in some companies.	企業によっては在宅勤務が<u>標準</u>となった。
1459 Please keep your insurance (c　　　　　) in a safe place.	保険<u>証書</u>は安全な場所に保管してください。
1460 The famous actor had a number of (v　　　　　), including drinking and gambling.	その有名な俳優には，飲酒とギャンブルを含めいくつかの<u>悪癖</u>があった。

解答　1441 methodologies　1442 bundle　1443 burglar　1444 canyon　1445 duration　1446 fountain　1447 genius　1448 grassland
1449 intervals　1450 longevity　1451 mode　1452 needle　1453 organizers　1454 rehearsals　1455 servants　1456 sociology
1457 spectacle　1458 norm　1459 certificate　1460 vices

学習日　　　　　月　　　日

単語	1回目	2回目	3回目	意　味
1481 **furious** [fjúəriəs]	→			形 激怒した
1482 **ironic** [aɪərá(:)nɪk]	→			形 皮肉な，反語的な
1483 **pale** [peɪl]	→			形 (人・顔色などが)青白い，血の気を失った，(色が)淡い，薄い
1484 **pregnant** [prégnənt]	→			形 妊娠した
1485 **rewarding** [rɪwɔ́:rdɪŋ]	→			形 満足が得られる，報われる
1486 **sacred** [séɪkrɪd]	→			形 神聖な，聖なる，宗教的な
1487 **terrific** [tərífɪk]	→			形 素晴らしい，すてきな
1488 **abridged** [əbrídʒd]	→			形 簡約[短縮]された
1489 **dull** [dʌl]	→			形 退屈な，頭が鈍い
1490 **faint** [feɪnt]	→			形 (光・音・においなどが)かすかな
1491 **irresponsible** [ìrɪspá(:)nsəbl]	→			形 無責任な
1492 **notorious** [noʊtɔ́:riəs]	→			形 悪名高い，有名な〈for 悪いことで〉
1493 **recurrent** [rɪkɔ́:rənt]	→			形 (周期的に)繰り返される，(病気などが)再発する
1494 **irresistible** [ìrɪzístəbl]	→			形 抵抗できない，非常に魅力的な
1495 **binding** [báɪndɪŋ]	→			形 拘束力のある，義務を負わせる
1496 **dejected** [dɪdʒéktɪd]	→			形 落胆した，元気のない
1497 **fictitious** [fɪktíʃəs]	→			形 架空の，偽りの
1498 **gracious** [gréɪʃəs]	→			形 親切な，丁寧な
1499 **upcoming** [ʌ́pkʌ̀mɪŋ]	→			形 やがて起ころう[現れよう]としている，来るべき
1500 **abundant** [əbʌ́ndənt]	→			形 豊富な〈in ～の〉

例　文	訳
1461 The sailor showed me how to tie several different (k　　　　　) in the rope.	その船乗りは，いくつかの異なるロープの<u>結び目</u>の作り方を私に教えてくれた。
1462 There are a number of (r　　　　　) plantations in Southeast Asia.	東南アジアにはいくつかの<u>ゴム</u>園が存在する。
1463 A small (a　　　　　) was observed passing close to the earth last week.	先週，小さな<u>小惑星</u>が地球のそばを通過するのが観測された。
1464 People with this (s　　　　　) usually have very dry skin and itchy eyes.	この<u>症候群</u>を抱える人々には，たいていひどい乾燥肌と目のかゆみがある。
1465 The prisoner was kept in (d　　　　　) for 21 days.	その囚人は21日間<u>拘置</u>されていた。
1466 The loss of his home caused the man great (d　　　　　).	家を失ったことは男性にとってひどい<u>苦悩</u>をもたらした。
1467 He put his key in the (i　　　　　), but the engine didn't start.	彼は<u>点火装置</u>にカギを入れたが，エンジンはかからなかった。
1468 The scientist is held in high (e　　　　　) by all of her colleagues.	その科学者は全ての同僚からとても<u>尊敬</u>されている。
1469 Thank you so much for your kind (h　　　　　) during our stay.	滞在中のあなたの優しくて<u>親切なもてなし</u>をとてもありがたく思っています。
1470 The professor left a (l　　　　　) of academic excellence in his department.	その教授は学科に優れた学問的<u>遺産</u>を残してくれた。
1471 The Foreign Minister said it is important to find a (s　　　　　) solution to the political situation.	外務大臣は，この政局の<u>理にかなった</u>解決法を見つけることが重要だと述べた。
1472 It is (d　　　　　) that our company will make a profit this year.	わが社が今年利益を上げるかは<u>疑わしい</u>。
1473 Most people seem to have a (f　　　　　) image of this product.	ほとんどの人がこの製品に<u>好意的な</u>イメージを持っているようだ。
1474 It was very (g　　　　　) of you to pay for everyone's lunch.	全員のランチをおごってくれるなんて，あなたはとても<u>気前がよかった</u>。
1475 The spy hid a message in the (h　　　　　) trunk of a tree.	そのスパイは木の幹の<u>空洞</u>にメッセージを隠した。
1476 He suffered damage to his (i　　　　　) organs when he fell from the window.	彼は窓から落ちたとき，<u>内臓</u>に損傷を負った。
1477 The internship helped the young woman improve her (i　　　　　) skills.	インターンシップは，その若い女性が<u>対人</u>スキルを高めるのに役立った。
1478 Rice is the (s　　　　　) crop in many countries, including Cambodia.	米はカンボジアを含む多くの国で<u>主要</u>作物である。
1479 I think it's important to be (t　　　　　) **of** different points of view.	私は，異なる見解に<u>対して寛容</u>であることは重要だと思う。
1480 The teacher told the children a number of interesting (f　　　　　) stories.	先生は子供たちに，いくつかの興味深い<u>民話</u>を教えた。

単語編

でる度 **C**

↓

1481
〜
1500

解答 1461 knots　1462 rubber　1463 asteroid　1464 syndrome　1465 detention　1466 distress　1467 ignition　1468 esteem
1469 hospitality　1470 legacy　1471 sane　1472 doubtful　1473 favorable　1474 generous　1475 hollow　1476 internal
1477 interpersonal　1478 staple　1479 tolerant　1480 folk

学習日　　　　　　　　月　　　日

単語	1回目	2回目	3回目	意味
1501 **grind** [gráɪnd]	→			動 を粉にひく，を研ぐ
1502 **archive** [á:rkàɪv]	→			動 (文書など)を保管する
1503 **devise** [dɪváɪz]	→			動 を考案する
1504 **precede** [prɪsí:d]	→			動 に先行する
1505 **horrify** [hɔ́(:)rɪfàɪ]	→			動 を怖がらせる，に衝撃を与える
1506 **lodge** [lɑ(:)dʒ]	→			動 (苦情・抗議など)を申し出る，を預ける，を泊める
1507 **mediate** [mí:dièɪt]	→			動 調停する〈between ～の間を〉，仲裁する
1508 **mingle** [míŋgl]	→			動 付き合う〈with ～と〉，仲間に入る，混ざる
1509 **perspire** [pərspáɪər]	→			動 汗をかく
1510 **concede** [kənsí:d]	→			動 (concede that ... で)(しぶしぶ)…と認める
1511 **hinder** [híndər]	→			動 を妨げる，を邪魔する
1512 **waver** [wéɪvər]	→			動 (心が)揺れ動く，迷う
1513 **formulate** [fɔ́:rmjəlèɪt]	→			動 (計画など)を(注意深く)まとめる，を明確に述べる
1514 **exhale** [ekshéɪl]	→			動 (息・煙・言葉など)を吐き出す
1515 **rebound** [rɪbáʊnd]	→			動 (ボールなどが)跳ね返る〈from, off ～から〉
1516 **gratify** [grǽtɪfàɪ]	→			動 を喜ばせる，を満足させる
1517 **pledge** [pledʒ]	→			動 を誓う，を誓約する
1518 **fasten** [fǽsən]	→			動 をしっかり留める，を固定する
1519 **relay** [rì:léɪ]	→			動 を伝達する〈to ～へ〉，を取り次ぐ，を中継で送る
1520 **align** [əláɪn]	→			動 を一直線に並べる

例　文	訳
1481 My brother got really (f　　　　　) when I told him I had lost his watch.	兄は，私が彼の時計を失くしたことを伝えると非常に<u>激怒した</u>。
1482 It is (i　　　　　) that she became a writer. When she was little, she always hated books and reading.	彼女が作家になったのは<u>皮肉なこと</u>だ。彼女は幼少時ずっと本と読書が嫌いだった。
1483 Are you feeling OK? You look very (p　　　　　) all of a sudden.	大丈夫ですか？　急に<u>顔色が</u>とても悪くなったようですが。
1484 He was overjoyed when he found out his wife was (p　　　　　).	彼は妻が<u>妊娠している</u>ことを知り大喜びした。
1485 She found working with the elderly in a care home to be very (r　　　　　).	彼女は介護施設でお年寄りの世話をするのはとても<u>やりがいがある</u>と気づいた。
1486 In ancient times, people believed this mountain to be a (s　　　　　) place.	古代において，人々はこの山を<u>神聖な</u>場所だと信じていた。
1487 I had a really (t　　　　　) holiday in Japan last year.	私は昨年日本で本当に<u>素晴らしい</u>休暇を過ごした。
1488 This is a new (a　　　　　) version of the famous novel.	これはその有名な小説の新しい<u>縮約</u>版だ。
1489 This is such a (d　　　　　) place to live. Nothing interesting ever happens here.	ここは住むにはとても<u>退屈な</u>場所だ。ここでは面白いことは何も起こらない。
1490 The miners saw a (f　　　　　) light at the end of the tunnel.	坑夫たちはトンネルの終わりに<u>かすかな</u>光を見た。
1491 The accident was caused by the man's (i　　　　　) behavior.	その事故は男性の<u>無責任な</u>振る舞いによって引き起こされた。
1492 The police captured the (n　　　　　) gang leader last night.	警察は昨夜，<u>悪名高い</u>ギャングのリーダーを捕らえた。
1493 The man suffered from (r　　　　　) dreams in which he was falling.	その男性は，自分が落ちていくという<u>繰り返し</u>見る夢に悩まされた。
1494 The students couldn't control the (i　　　　　) urge to laugh.	学生たちは<u>抵抗し難い</u>笑いの衝動を抑えることができなかった。
1495 This is a (b　　　　　) contract and it will be difficult to break it.	これは<u>拘束力のある</u>契約であり，それに違反することは困難だろう。
1496 He felt (d　　　　　) after he failed to get the starring role in the movie.	彼はその映画の主役の座をつかむことができず，<u>落胆した</u>気分になった。
1497 The village described in this book is (f　　　　　).	この本で描かれている村は<u>架空の</u>ものだ。
1498 She is a very (g　　　　　) and elegant lady.	彼女はとても<u>親切</u>で上品な女性だ。
1499 Are you planning to vote in the (u　　　　　) election?	<u>今度の</u>選挙では投票に行くつもりですか。
1500 We are lucky enough to have an (a　　　　　) supply of fresh food on this island.	この島で新鮮な食べ物を<u>豊富に</u>手に入れることができて，私たちは幸運だ。

単語編

てる度 **C**

↓
1501
〜
1520

解答 1481 furious　1482 ironic　1483 pale　1484 pregnant　1485 rewarding　1486 sacred　1487 terrific　1488 abridged　1489 dull 1490 faint　1491 irresponsible　1492 notorious　1493 recurrent　1494 irresistible　1495 binding　1496 dejected　1497 fictitious 1498 gracious　1499 upcoming　1500 abundant

学習日　　　月　　　日

単語	1回目	2回目	3回目	意味
1521 **ascend** [əsénd]	→			動(を)登る，上がる
1522 **gaze** [geɪz]	→			動じっと見る〈at ~を〉
1523 **adore** [ədɔ́ːr]	→			動が大好きである，を敬愛する
1524 **chill** [tʃɪl]	→			動(食べ物・飲み物など)を冷やす，冷える
1525 **curve** [kəːrv]	→			動カーブする，曲がる
1526 **deflate** [dìːfléɪt]	→			動(タイヤ・風船などが)しぼむ，をしぼませる
1527 **detach** [dɪtætʃ]	→			動を分離する〈from ~から〉，を取り外す
1528 **enclose** [ɪnklóʊz]	→			動を取り囲む，(封筒などに)を同封する
1529 **fetch** [fetʃ]	→			動を(行って)持ってくる，を連れてくる
1530 **proclaim** [prəkléɪm]	→			動を宣言する
1531 **forge** [fɔːrdʒ]	→			動(関係・友情など)を築く，を結ぶ，(文書・貨幣など)を偽造する
1532 **outburst** [áʊtbəːrst]	→			名(火山・怒り・笑いなどの)爆発
1533 **dimension** [dəménʃən]	→			名局面，寸法，(~s)規模，次元
1534 **swarm** [swɔːrm]	→			名大群〈of 昆虫などの〉
1535 **sequel** [síːkwəl]	→			名続編〈to ~の〉，結果
1536 **artifact** [áːrtɪfækt]	→			名人工遺物，工芸品
1537 **mercy** [mɔ́ːrsi]	→			名慈悲
1538 **successor** [səksésər]	→			名後継者〈to ~の〉，相続人
1539 **triumph** [tráɪʌmf]	→			名(大)勝利，成功
1540 **clause** [klɔːz]	→			名(法律・条約などの)条項，(文の)節

例　文	訳
1501 In that factory, they use special machines to (g　　　　　) the corn.	その工場では，トウモロコシを粉にひくのに特別な機械を使用している。
1502 The government (a　　　　　) most of the documents relating to the incident.	政府は，その事件に関連する書類の大部分を保管した。
1503 The committee (d　　　　　) a new scheme to increase profits.	委員会は利益拡大のための新しい計画を考案した。
1504 The police escort (p　　　　　) the President's car for safety reasons.	安全上の理由で，警察の護衛が大統領の車の前を進んだ。
1505 We were all (h　　　　　) to hear of the terrible crime.	私たちは皆，その恐ろしい犯罪の話を聞いて怖くなった。
1506 I would like to (l　　　　　) a complaint about one of your staff.	あなた方の職員の1人について，苦情を訴えたい。
1507 The divorce lawyer did her best to (m　　　　　) **between** the couple.	その離婚専門の弁護士は，その夫婦の調停をするのに最善を尽くした。
1508 Students are free to (m　　　　　) at the party.	学生たちはパーティーで自由に（ほかの人と）交流することができる。
1509 The room was very hot and he started to (p　　　　　).	その部屋はとても暑かったので，彼は汗をかき始めた。
1510 I had to (c　　　　　) **that** he was right in the end.	私は彼が結局は正しいことを認めなければならなかった。
1511 The rescue of the injured mountain climbers was (h　　　　　) by bad weather.	けがをしている登山者たちの救助は悪天候に阻まれた。
1512 The mountaineer's determination to reach the summit never (w　　　　　).	登頂するというその登山家の決意は決して揺らがなかった。
1513 We need to (f　　　　　) a new plan of action.	我々は，新しい行動計画をまとめなければならない。
1514 She slowly (e　　　　　) the cigarette smoke from her lungs.	彼女はゆっくりと肺からタバコの煙を吐き出した。
1515 The player caught the ball after it (r　　　　　) **off** the side wall.	その選手は，側壁から跳ね返ったボールをキャッチした。
1516 It (g　　　　　) her to see her guests enjoying her cooking so much.	招待客が彼女の料理を大いに楽しんでいるのを見て，彼女は喜んだ。
1517 The organization (p　　　　　) 10 million dollars to help the city's street children.	その組織は市のストリートチルドレンを助けるために1,000万ドルの支出を約束した。
1518 The flight attendant asked the passengers to (f　　　　　) their seat belts.	客室乗員は乗客にシートベルトを締めるよう求めた。
1519 I asked my husband's secretary to (r　　　　　) a message **to** him.	私は夫の秘書に彼にメッセージを伝えるように頼んだ。
1520 The teachers (a　　　　　) the desks in the classroom in two rows.	先生たちは教室の机を横2列に並べた。

単語編

でる度
C
↓
1521
〜
1540

解答 1501 grind　1502 archived　1503 devised　1504 preceded　1505 horrified　1506 lodge　1507 mediate　1508 mingle
1509 perspire　1510 concede　1511 hindered　1512 wavered　1513 formulate　1514 exhaled　1515 rebounded　1516 gratified
1517 pledged　1518 fasten　1519 relay　1520 aligned

単語	1回目	2回目	3回目	意味
1541 **analogy** [ənǽlədʒi]	→			图類似(点)〈between ～の間の, with ～との〉
1542 **downfall** [dáʊnfɔ̀:l]	→			图破滅, 転落, (雨・雪などの)大降り
1543 **fusion** [fjú:ʒən]	→			图融合(物), (政党などの)連立
1544 **fracture** [frǽktʃər]	→			图骨折, 割れ目, 裂け目
1545 **menace** [ménəs]	→			图困りもの〈to ～に対する〉, 危険人物, 脅威
1546 **setback** [sétbæ̀k]	→			图(進歩・発展の)妨げ, 支障
1547 **empathy** [émpəθi]	→			图共感〈with, for 人への〉, 感情移入
1548 **tumble** [tʌ́mbl]	→			图転倒, (株価などの)暴落
1549 **diameter** [daɪǽmətər]	→			图直径
1550 **momentum** [moʊmént̬əm]	→			图勢い, はずみ
1551 **troop** [tru:p]	→			图(～s)軍隊, 兵隊
1552 **pharmacy** [fɑ́:rməsi]	→			图薬屋, 薬局
1553 **nightmare** [náɪtmèər]	→			图悪夢, (悪夢のような)恐ろしい経験
1554 **slope** [sloʊp]	→			图坂, 斜面
1555 **glacier** [gléɪʃər]	→			图氷河
1556 **grief** [gri:f]	→			图(死などに対する)深い悲しみ, 悲痛
1557 **misery** [mízəri]	→			图惨めさ, 悲惨さ
1558 **accent** [ǽksent]	→			图なまり, 方言
1559 **ambassador** [æmbǽsədər]	→			图大使〈to ～に駐在する〉
1560 **autopsy** [ɔ́:tɑ̀(:)psi]	→			图検死

例　文	訳
1521 The party guests (a　　　　　　) the stairs to the ballroom.	パーティーの招待客は階段を上って舞踏場へ行った。
1522 He (g　　　　　　) up **at** the stars in the clear night sky.	彼は澄んだ夜空の星を見上げた。
1523 She said she (a　　　　　　) the restaurant and would like to go there again.	彼女は，そのレストランが気に入ったのでまた行きたいと言った。
1524 I put the wine in the fridge to (c　　　　　　) before the party.	私はパーティーの前にワインを冷蔵庫に入れて冷やした。
1525 The path (c　　　　　　) to the right as you near the top of the mountain.	山頂に近づくにつれて，小道が右へカーブしている。
1526 I noticed that one of my bicycle tires had (d　　　　　　) overnight.	私は自転車の片方のタイヤの空気が夜のうちに抜けていたのに気づいた。
1527 Please (d　　　　　　) the discount coupon **from** the leaflet and hand it to the cashier.	割引クーポンをチラシから切り離し，レジ係にお渡しください。
1528 The palace and its gardens were (e　　　　　　) by a high wall.	王宮とその庭園は高い壁で囲まれていた。
1529 My grandfather asked me to (f　　　　　　) his newspaper from the kitchen table.	祖父は台所のテーブルから新聞を持ってくるように私に頼んだ。
1530 The leader of the terrorist group (p　　　　　　) war against his enemies.	そのテロ集団のリーダーは，敵に対して宣戦布告した。
1531 The two men (f　　　　　　) a close relationship during their time in the Marines.	その2人の男性は海兵隊員だったとき，親しい関係を築いた。
1532 I was shocked by her sudden (o　　　　　　) of anger.	彼女の怒りが突然爆発したことに私はショックを受けた。
1533 Both companies feel that the merger will add new (d　　　　　　) to their business.	合併によって事業に新しい局面が付加されると，双方の企業は感じている。
1534 A (s　　　　　　) **of** locusts damaged crops in the New Hampshire area.	バッタの大群が，ニューハンプシャー地域の農作物に損害を与えた。
1535 The (s　　　　　　) **to** the movie was not as good as the first one.	その映画の続編は，1作目ほどよくなかった。
1536 We have a number of interesting (a　　　　　　) in this museum.	この博物館には興味深い人工遺物がいくつかある。
1537 The villagers begged the enemy soldiers for (m　　　　　　).	村人たちは敵兵たちに慈悲を懇願した。
1538 He is the most likely (s　　　　　　) **to** the Prime Minister.	彼が首相の後継者の1番手だろう。
1539 The team's (t　　　　　　) in the championship was completely unexpected.	選手権大会でのチームの大勝利は，全く予期せぬことであった。
1540 This contract includes an escape (c　　　　　　) in case the goods are not delivered on time.	この契約には，予定どおりに商品を納品できない場合に備えて，免責条項が含まれている。

単語編

でる度 **C**

↓

1541
～
1560

解答 1521 ascended　1522 gazed　1523 adored　1524 chill　1525 curves　1526 deflated　1527 detach　1528 enclosed　1529 fetch
1530 proclaimed　1531 forged　1532 outburst　1533 dimensions　1534 swarm　1535 sequel　1536 artifacts　1537 mercy
1538 successor　1539 triumph　1540 clause

学習日　　　月　　　日

単語	1回目	2回目	3回目	意 味
1561 **blast** [blæst]	→			图爆発，爆破，突風
1562 **courtesy** [kə́ːrṭəsi]	→			图丁重さ，礼儀正しさ
1563 **deed** [diːd]	→			图(意図的な)行為，行い
1564 **discourse** [dískɔːrs]	→			图講演〈on ~についての〉，論文
1565 **impulse** [ímpʌls]	→			图衝動〈to do ~する〉
1566 **jar** [dʒɑːr]	→			图(広口の)びん，つぼ
1567 **sibling** [síblɪŋ]	→			图兄弟姉妹(の1人)
1568 **enthusiasm** [ɪnθjúːziæzm]	→			图熱狂〈for ~に対する〉，熱中
1569 **treasure** [tréʒər]	→			图宝物，(通例 ~s)貴重品
1570 **horizontal** [hɔ̀ːrəzá(ː)nṭəl]	→			形水平な
1571 **indefinite** [ɪndéfənət]	→			形限定されない，不定の，はっきりしない
1572 **vulgar** [vʌ́lgər]	→			形下品な，無作法な
1573 **resilient** [rɪzíliənt]	→			形回復力のある，弾力(性)のある
1574 **aquatic** [əkwáːṭɪk]	→			形(動植物が)水生の，水の
1575 **insistent** [ɪnsístənt]	→			形強く主張する〈on ~を，that ... …ということを〉，執拗な
1576 **frantic** [frǽnṭɪk]	→			形大急ぎの，気が狂いそうな
1577 **deceptive** [dɪséptɪv]	→			形人を惑わすような
1578 **illogical** [ɪlá(ː)dʒɪkəl]	→			形筋の通らない，不合理な
1579 **elaborate** [ɪlǽbərət]	→			形精巧な，入念な
1580 **mellow** [mélou]	→			形(性格が)円熟した，柔らかで豊かな[美しい]

例 文	訳
1541 The lecturer drew an (a　　　　　　) **between** a computer and a human brain.	その講師は，コンピューターと人間の脳の間の類似点を示した。
1542 The bribery charges led to the politician's (d　　　　　　).	贈収賄で告訴されたことが，その政治家の破滅につながった。
1543 This cuisine is a perfect (f　　　　　　) of Italian and Greek cooking.	この料理は，イタリア料理とギリシャ料理を完璧に融合させたものだ。
1544 The cyclist suffered a (f　　　　　　) to his right arm in the accident.	自転車に乗っていた人は事故で右腕に骨折を負った。
1545 My next-door neighbor's dog is an absolute (m　　　　　　).	お隣の犬は全くの困りものである。
1546 The team's plans for Olympic success suffered a (s　　　　　　) when they lost their first race.	オリンピックで成果をあげるためのチームの計画は，最初のレースで敗れたとき，挫折した。
1547 The charity workers felt great (e　　　　　　) **for** the suffering of the poor people.	慈善活動をしている人々は，貧しい人々の苦しみに大いに共感していた。
1548 She took a nasty (t　　　　　　) as she was crossing the yard.	彼女は庭を横切っていたとき，ひどい転倒の仕方をした。
1549 The observation deck of the tower is about 14 meters in (d　　　　　　).	そのタワーの展望デッキは直径約14メートルだ。
1550 The anti-government protests began to gather (m　　　　　　).	反政府抗議が勢いを得始めた。
1551 We are considering sending more (t　　　　　　) into the war zone.	我々は交戦地帯にさらに軍隊を派遣しようと考えている。
1552 I went to the (p　　　　　　) in the center of town to pick up some cough medicine.	私は町の中心部の薬屋に行き，咳止め薬を買った。
1553 The man suffered from (n　　　　　　) for a long time after the accident.	その男性は事故の後，長いこと悪夢にうなされた。
1554 There was a long (s　　　　　　) leading up to our hotel.	我々のホテルまでは長い坂が続いていた。
1555 As the climate warms, (g　　　　　　) will continue to melt and weather patterns will be disrupted.	気候温暖化が進むと，氷河が溶け続け，気候パターンが崩れてしまう。
1556 It is only natural to feel (g　　　　　　) when someone close to you dies.	近しい人が亡くなったとき，深い悲しみを感じるのは極めて自然なことである。
1557 It is difficult to understand the (m　　　　　　) of poverty unless you have experienced it.	経験したことがなければ，貧困の惨めさを理解するのは難しい。
1558 The boy quickly lost his British (a　　　　　　) after moving to the USA.	少年はアメリカに移住した後すぐにイギリスなまりを失った。
1559 I met the American (a　　　　　　) at a charity event last night.	私は昨夜，チャリティーのイベントでアメリカ大使に会った。
1560 It is usual to carry out an (a　　　　　　) in the case of sudden death.	突然死の場合には，検死を行うのが通常だ。

単語編

でる度 **C**

↓

1561
〜
1580

解答 1541 analogy　1542 downfall　1543 fusion　1544 fracture　1545 menace　1546 setback　1547 empathy　1548 tumble
1549 diameter　1550 momentum　1551 troops　1552 pharmacy　1553 nightmares　1554 slope　1555 glaciers　1556 grief
1557 misery　1558 accent　1559 ambassador　1560 autopsy

単語	1回目	2回目	3回目	意味
1581 **boundless** [báʊndləs]	→			形 無限の
1582 **cordial** [kɔ́:rdʒəl]	→			形 心温まる，心からの
1583 **seasonal** [sí:zənəl]	→			形 季節（ごと）の
1584 **sour** [sáʊər]	→			形 酸っぱい
1585 **swift** [swɪft]	→			形 素早い，即座の
1586 **cumulative** [kjú:mjʊləɾɪv]	→			形 累積する，しだいに増大する
1587 **savage** [sǽvɪdʒ]	→			形 残酷な，凶暴な
1588 **admirable** [ǽdmərəbl]	→			形 賞賛に値する，素晴らしい
1589 **informative** [ɪnfɔ́:rmətɪv]	→			形 有益な，情報［知識］を提供する
1590 **proportional** [prəpɔ́:rʃənəl]	→			形 釣り合った〈to ~に〉，比例した
1591 **simultaneous** [sàɪməltéɪniəs]	→			形 同時に起こる〈with ~と〉
1592 **static** [stǽtɪk]	→			形 変化［進歩］のない，静的な
1593 **uneasy** [ʌní:zi]	→			形 不安な〈about ~について〉，心配な，落ち着かない
1594 **unequal** [ʌní:kwəl]	→			形 （権利などが）不平等な
1595 **autonomous** [ɔ:tá(:)nəməs]	→			形 自治の，自主的な
1596 **bold** [boʊld]	→			形 大胆な，勇敢な
1597 **pessimistic** [pèsəmístɪk]	→			形 悲観的な〈about ~について〉
1598 **repetitive** [rɪpétətɪv]	→			形 繰り返しの
1599 **respiratory** [réspərətɔ̀:ri]	→			形 呼吸器に関する，呼吸の
1600 **coherent** [koʊhíərənt]	→			形 （議論などが）一貫した，筋の通った

✖ Unit 79の復習テスト　〉わからないときは前Unitで確認しましょう。

例 文	訳
1561 Hundreds of people were killed in the (b) in the marketplace.	その市場での爆発で何百人もの人が亡くなった。
1562 He has very good manners and always treats guests with the utmost (c).	彼は大変礼儀正しく，いつもこの上ない丁重さで客をもてなす。
1563 The soldier was awarded a medal for his heroic (d) during the war.	その兵士は戦時中の勇敢な行為に対し，メダルを授与された。
1564 The students listened intently as he gave his (d) **on** racial inequality.	学生たちは，彼が人種的不平等についての講演をする間，熱心に耳を傾けた。
1565 She had a sudden (i) **to jump** into the pool.	彼女は突然プールに飛び込みたいという衝動を覚えた。
1566 Please help yourself to cookies from the (j) on the shelf.	棚の上にあるびんから自由にクッキーを召し上がってください。
1567 The older (s) took good care of the younger ones.	年長のきょうだいは弟妹の面倒をよく見た。
1568 The students greeted the guest speaker with great (e).	学生たちはそのゲストスピーカーを大熱狂で迎えた。
1569 There are several national (t) on display in this museum.	この美術館にはいくつかの国宝が展示されている。
1570 (H) beams at the top of a house help support the weight of the roof.	住宅の最上部の水平の梁は，屋根の重さを支えるのに役立つ。
1571 This bus service will be suspended for the (i) future.	このバス路線は，これから無期限の運休となる。
1572 I thought the Christmas decorations were rather tasteless and (v).	私は，そのクリスマス装飾はかなり悪趣味で下品だと思った。
1573 A cactus is a very (r) plant that needs little water.	サボテンは水をほとんど必要としない，とても回復力のある植物だ。
1574 The biologist spent many years studying the (a) life in the bay.	その生物学者は湾内の水生生物の研究に長い年月を費やした。
1575 I wanted to go home, but she was (i) **that** I stay for dinner.	私は家に帰りたかったが，彼女は夕食を食べていくようにとしつこく言い張った。
1576 The girl made a (f) attempt to finish her homework on time.	その女の子は，大慌てで時間どおりに宿題を終わらせようとした。
1577 She seems nice, but appearances can be (d).	彼女はすてきに見えるが，外見は当てにならないこともある。
1578 I found his arguments extremely (i) and difficult to follow.	私は，彼の主張ははなはだ筋が通っておらず，理解に苦しむと思った。
1579 The chef prepared a very (e) meal for the important guests.	シェフは，重要な客のためにとても丹精を込めた食事を用意した。
1580 Since the birth of his child, he has become (m) and relaxed.	彼は子供が生まれてから，丸くなって打ち解けた人になった。

単語編

でる度
C
↓
1581
〜
1600

解答 1561 blast　1562 courtesy　1563 deeds　1564 discourse　1565 impulse　1566 jar　1567 siblings　1568 enthusiasm
1569 treasures　1570 Horizontal　1571 indefinite　1572 vulgar　1573 resilient　1574 aquatic　1575 insistent　1576 frantic
1577 deceptive　1578 illogical　1579 elaborate　1580 mellow

例文	訳
1581 Her best quality is her (b　　　　　　) optimism.	彼女の性格の一番よいところは，底抜けに楽天的なことだ。
1582 There was a (c　　　　　　) atmosphere at the party this evening.	今夜のパーティーには，和やかな雰囲気があった。
1583 In the cafeteria, you can buy box lunches made with (s　　　　　　) ingredients.	カフェテリアでは，季節の食材を使ったお弁当が買える。
1584 Try adding some sugar to the lemon juice if it's too (s　　　　　　).	そのレモンジュースが酸っぱ過ぎるようであれば，砂糖を加えてみてください。
1585 Thanks to the (s　　　　　　) actions of the lifeguard, the child's life was saved.	監視員の素早い行動のおかげで，その子供の命は救われた。
1586 The doctor studied the (c　　　　　　) effect of drinking alcohol every day on the liver.	その医者は，毎日の飲酒が肝臓に与える蓄積的影響を研究した。
1587 The police said the attack on the woman had been extremely (s　　　　　　).	警察は，その女性に対する襲撃は極めて残虐だったと言った。
1588 The soccer player's dedication to his charity work is extremely (a　　　　　　).	そのサッカー選手の慈善活動への献身は極めて賞賛に値する。
1589 I found the lecture very interesting and (i　　　　　　).	私はその講演が非常に興味深く有益なものだと感じた。
1590 Most people agreed that the man's sentence was not (p　　　　　　) **to** his crime.	大半の人々が，その男の判決は彼の犯した罪に釣り合っていないと同意した。
1591 We will provide (s　　　　　　) translation of the author's speech into English.	我々は，その作家のスピーチの英語への同時通訳を提供します。
1592 The birthrate in this country has remained (s　　　　　　) for the last few years.	この国の出生率は，この2，3年変化がないままだ。
1593 I felt (u　　　　　　) **about** leaving my son at the day-care center.	私は息子を託児所に預けることについて不安に感じた。
1594 There were many complaints about the (u　　　　　　) treatment of female employees in the company.	その会社の女性従業員の不平等な待遇に関して多くの不満があった。
1595 There are two (a　　　　　　) regions in Portugal.	ポルトガルには2つの自治区がある。
1596 The company CEO made the (b　　　　　　) decision to move production overseas.	その会社のCEOは製造拠点を海外に移すという大胆な決断を下した。
1597 I feel very (p　　　　　　) **about** my chances of getting into medical school.	私は医学部合格の可能性について，とても悲観的に感じている。
1598 She found the (r　　　　　　) tasks she had to perform at work every day boring.	彼女は職場で毎日こなさなければならない繰り返しの作業を退屈だと感じた。
1599 The doctor specializes in treating patients with (r　　　　　　) diseases.	その医師は呼吸器疾患を持つ患者の治療を専門にしている。
1600 He was able to give me a (c　　　　　　) account of the accident.	彼は私にその事故に関して首尾一貫した説明をすることができた。

解答 1581 boundless　1582 cordial　1583 seasonal　1584 sour　1585 swift　1586 cumulative　1587 savage　1588 admirable　1589 informative　1590 proportional　1591 simultaneous　1592 static　1593 uneasy　1594 unequal　1595 autonomous　1596 bold　1597 pessimistic　1598 repetitive　1599 respiratory　1600 coherent

熟語編

300

Section 17　**Unit 81~85**
Section 18　**Unit 86~90**
Section 19　**Unit 91~95**

Q 「英字新聞や雑誌で単語を覚えるとよい」とよく聞きますが，具体的にどのように
すればよいのでしょうか。

A 「単語の効果的な学習法」（p.8～）でも触れたとおり，英単語を単語集で覚えるだけで
は必ずしも十分とは言えません。単語集などで覚えた後，さらにその単語に文章中で
出会うことで記憶が定着します。英字新聞や雑誌が単語学習にも効果的であるのはまさにこの
ためです。また，たとえ初めて見る単語であっても前後の文脈があって印象的なため，長期記
憶として残ることが期待できます。新聞や雑誌を読むことは，長文を読む練習になるのはもち
ろん，同時に単語も覚えられますので一石二鳥と言えるでしょう。

　では，どのような素材を選んだらよいのでしょうか。第1条件として，楽しく続けられるも
のでなければなりません。あまり難し過ぎるものはつらいだけで続きません。それよりも少し
易しめで，興味のある話題を選ぶことが大切です。背景知識のある分野や，日本に関する記事
もおすすめです。難易度の基準としては，分からない単語が含まれていたとしても辞書を引く
ことなく文脈がなんとか理解できるか，ということです。辞書を引かずに楽しく読み進めるこ
とができれば適切なレベルと言えます。新聞ですと概して日刊よりもウィークリーの方が記事
自体も短く，部分的に解説などもついていますので，挑戦しやすいかもしれません。分からな
い単語はその都度調べるのではなく，気になったものだけ後で辞書で確認するようにします。単
語帳やカードなどに書き留めておくと，後日繰り返し目にすることができ，さらに効果的です。
最初は少し苦労するかもしれませんが，慣れてくるに従い，きっと学習の一環として続けられ
ることでしょう。

**単語学習の不安を
先生に相談してみよう！**

学習日　　　月　　　日

熟語	1回目	2回目	意味
1601 account for ~	→		(割合・分量など)を占める，~(の理由)を説明する
1602 accuse *A* of *B*	→		AをBの罪で告訴する，AをBの理由で非難する
1603 act on ~	→		(忠告・情報など)に従って行動する，~に影響を及ぼす
1604 act out ~	→		(物語・経験など)を身振りで実演する
1605 add up to ~	→		(合計が)~になる，結局~ということになる
1606 adhere to ~	→		(信念・規則など)を順守する，~に固執する
1607 air out ~	→		(部屋など)を換気する，(衣類・寝具など)を外気に当てる
1608 all but	→		ほとんど
1609 allow for ~	→		~を考慮に入れる，~を見込む
1610 answer for ~	→		~の責任を負う，~の罰を受ける
1611 aspire to *do*	→		~することを熱望[切望]する
1612 attribute *A* to *B*	→		AをBのせいと考える
1613 back down	→		撤回する〈from, on ~を〉，敗北[非]を認める
1614 back off	→		手を引く〈from ~から〉，撤回する，後退する
1615 back up ~	→		~を裏付ける，~を支援する，(ファイルなど)のコピーを取る
1616 bank on ~	→		~を当てにする
1617 be committed to ~	→		~に献身している
1618 be destined to *do*	→		~する運命である
1619 (be) free of ~	→		(料金・税金など)がない，~を免除されている
1620 be obsessed with ~	→		(妄想・固定観念など)に取りつかれている

学習日　　　　　　月　　　日

熟　語	🔊 1回目	👁 2回目	意　味
1621 be subject to ～	→		（病気など）にかかりやすい，（影響など）を受けやすい
1622 blast off	→		打ち上げられる，発射される
1623 blow up	→		（かんかんに）怒る〈at ～に〉，爆発する
1624 bounce back	→		（打撃・病気などから）回復する，立ち直る
1625 branch off	→		（話題が）変わる，（わき道に）それる
1626 break away from ～	→		（伝統・習慣など）を断つ，（束縛など）から逃れる
1627 break down	→		決裂する，失敗する，故障する
1628 break off ～	→		～を中断する，～を急にやめる
1629 break out	→		勃発する，（伝染病などが）発生する
1630 bring about ～	→		～を引き起こす，～を招く
1631 bring down ～	→		（人・政府など）を（打ち）倒す
1632 bring off ～	→		～をやってのける，～を成し遂げる
1633 bring on ～	→		（災い・病気など）をもたらす
1634 bring out ～	→		（才能・性質など）を引き出す，～を発揮させる
1635 bump into ～	→		～にばったり出会う
1636 burn out ～	→		（人）を疲れ果てさせる，～を燃え尽きさせる
1637 by means of ～	→		～を用いて，～によって
1638 call for ～	→		～を必要とする，～を要求する
1639 call off ～	→		～を中止する
1640 call on ～	→		～を訪ねる，（人）に頼む〈to do ～するよう〉

例　文	訳
1601 Computers made by that company (　　　　) (　　　　) around 25% of all computers used in Japan.	その会社で作られたコンピューターは、日本で使われる全コンピューターの約25パーセントを占める。
1602 He was (　　　　) (　　　　) stealing a watch from the store.	彼はその店から時計を盗んだとして告訴された。
1603 (　　　　) (　　　　) the advice of his doctors, the president canceled all his appointments.	医師の忠告に従い、社長は全ての約束をキャンセルした。
1604 The children (　　　　) (　　　　) a play for their parents.	子供たちは保護者のために劇を演じた。
1605 My travel expenses (　　　　) (　　　　) (　　　　) over 1,000 dollars a month.	私の旅費は合計で1カ月あたり1,000ドル以上になる。
1606 It is important that all members of this club (　　　　) (　　　　) the rules.	このクラブの全ての会員がルールを順守することが大切だ。
1607 The best way to (　　　　) (　　　　) a room is to open a window for 20 minutes.	部屋を換気する最善の方法は、窓を20分間開けることだ。
1608 This species of bird has (　　　　) (　　　　) disappeared from this area.	この種の鳥はほとんどこの地域から姿を消してしまった。
1609 We need to leave early to (　　　　) (　　　　) traffic jams on the highway.	私たちは幹線道路の交通渋滞を考慮に入れて早めに出る必要がある。
1610 The government will have to (　　　　) (　　　　) their failure to deal with the situation.	政府はその事態に対処できなかったことの責任を取らなければならないだろう。
1611 She (　　　　) (　　　　) (　　　　) President of the United States.	彼女はアメリカ合衆国大統領になることを熱望している。
1612 The crash has been (　　　　) (　　　　) pilot error.	その墜落はパイロットの過失が原因であるとされてきた。
1613 The company (　　　　) (　　　　) (　　　　) its lawsuit after the negative media attention they received.	メディアから悪い意味で注目されるようになり、会社は訴訟を撤回した。
1614 The police officer (　　　　) (　　　　) (　　　　) approaching the protestors and called for reinforcements.	警官は抗議をする人たちに近づくのをやめ、援軍を要請した。
1615 The scientist was unable to (　　　　) (　　　　) any of the claims she had made in her book.	その科学者は、本で行った主張をどれひとつ裏付けることができなかった。
1616 Given their current form, we can (　　　　) (　　　　) the team winning the championship.	彼らの現在のコンディションを考えると、そのチームが優勝することを当てにできる。
1617 This organization (　　　　) (　　　　) (　　　　) protecting polar bears from extinction.	この組織はホッキョクグマを絶滅から守ることに献身している。
1618 He (　　　　) (　　　　) (　　　　) (　　　　) Prime Minister of his country.	彼は母国の首相になる運命だった。
1619 Students can download a variety of listening materials (　　　　) (　　　　) charge.	学生はさまざまなリスニング教材を料金なしでダウンロードできる。
1620 When I was a high school student, I (　　　　) completely (　　　　) (　　　　) baseball.	私は高校生のとき、完全に野球のことで頭がいっぱいだった。

解答 **1601** account for　**1602** accused of　**1603** Acting on　**1604** acted out　**1605** add up to　**1606** adhere to　**1607** air out　**1608** all but
1609 allow for　**1610** answer for　**1611** aspired to become　**1612** attributed to　**1613** backed down from　**1614** backed off from　**1615** back up
1616 bank on　**1617** is committed to　**1618** was destined to become　**1619** free of　**1620** was, obsessed with

学習日　　　　　　　　　月　　　日

熟　語	1回目	2回目	意　味
1641 carry away ~	→		(通例受身形で)無我夢中になる，~を持ち去る
1642 carry through ~	→		~を成し遂げる，~を成就させる
1643 catch up on ~	→		(近況など)について新しい情報を知る，~の遅れを取り戻す
1644 check off ~	→		~にチェックマークをつける
1645 chip in	→		(金・労力などを)出し合う
1646 clean out ~	→		~の中をきれいにする，~を空にする
1647 clear out ~	→		~の中身を出してきれいに片付ける，~を空にする
1648 clear up (~)	→		(誤解など)を解く，(問題など)を解明する，~を片付ける，晴れる
1649 close in (on ~)	→		(~を)包囲する，(~に)迫ってくる
1650 come after ~	→		~の後をつける，~を追跡する
1651 come before ~	→		(問題などが)(法廷など)で審議される，(法廷など)に出頭する
1652 come down to ~	→		要するに~ということになる
1653 come down with ~	→		(軽い病気)にかかる
1654 come into ~	→		~の状態になる
1655 come off	→		(様態を表す副詞を伴って)結局~になる，行われる
1656 come through	→		要求に応える，伝えられる
1657 comply with ~	→		(規則・基準など)に従う
1658 contribute to ~	→		~の一因となる，~に寄与[貢献]する，~に寄付する
1659 cope with ~	→		~をうまく処理する，~に対処する
1660 count for ~	→		~の価値がある

例 文	訳
1621 He ( )( )( ) bouts of asthma.	彼は喘息の発作を起こしやすかった。
1622 The space shuttle ( )( ) at exactly 12 noon.	スペースシャトルは昼の12時ちょうどに打ち上げられた。
1623 My boss ( )( )( ) me when he discovered my mistake.	上司は，私の間違いを見つけると私にかんかんに怒った。
1624 She ( )( ) quickly after her operation and was back at work today.	彼女は術後すぐに回復し，今日仕事に復帰した。
1625 The conversation ( )( ) into a discussion about politics.	会話は，政治に関する議論へと話題が変わった。
1626 The bride decided to ( )( )( ) tradition and get married in a black dress.	その新婦は伝統から脱却して黒いドレスを着て結婚することに決めた。
1627 Unfortunately, talks between the two countries have ( ) ( ) again.	残念なことに，2ヵ国間の会談は再び決裂した。
1628 He ( )( ) the conversation to answer a phone call from his wife.	彼は妻からの電話に出るため，会話を中断した。
1629 The latest reports say that fighting has ( )( ) in the area.	最新のレポートによると，その地域で戦闘が勃発した。
1630 It is hoped that these talks will ( )( ) peace in the region.	この会談がその地域に平和をもたらすことが期待される。
1631 The revelation of a serious scandal will ( )( ) the government.	重大なスキャンダルが暴露されれば，政府を打倒することになるだろう。
1632 The team ( )( ) the event without any problems.	チームはなんら問題なくそのイベントをやってのけた。
1633 In some people, stress can ( )( ) a headache.	人によっては，ストレスが頭痛をもたらすことがある。
1634 She is a wonderful teacher who has the ability to ( ) ( ) the best in her students.	彼女は生徒の最もよい所を引き出す能力を持つ，素晴らしい先生だ。
1635 I ( )( ) an old friend on the street last week.	私は先週，通りで旧友にばったり出会った。
1636 She got ( )( ) from overwork and had to quit her job.	彼女は働き過ぎで疲れ果て，仕事を辞めざるを得なかった。
1637 The prisoners escaped ( )( )( ) a tunnel they had dug under the fence.	囚人たちは柵の下に掘ったトンネルを使って脱獄した。
1638 The situation ( )( ) urgent measures.	状況は緊急の措置を必要としている。
1639 The game was ( )( ) due to rain.	雨のため試合は中止された。
1640 I went into town to ( )( ) an old friend.	私は旧友を訪ねるために町に出た。

解答 1621 was subject to 1622 blasted off 1623 blew up at 1624 bounced back 1625 branched off 1626 break away from 1627 broken down 1628 broke off 1629 broken out 1630 bring about 1631 bring down 1632 brought off 1633 bring on 1634 bring out 1635 bumped into 1636 burned out 1637 by means of 1638 calls for 1639 called off 1640 call on

学習日　　　月　　　日

熟語	1回目	2回目	意味
1661 count on ~	→		~を当てにする
1662 cover for ~	→		~の代わり[代理]を務める
1663 cover up ~	→		~(の事実)を隠す，~を秘密にする
1664 crack up	→		神経が参る，気が変になる，大笑いする
1665 cross out ~	→		~を線を引いて消す
1666 cut back (on ~)	→		(~を)削減[縮小]する
1667 cut down (on ~)	→		(~を)減らす
1668 cut in (on ~)	→		(話などに)割り込む，さえぎる
1669 deal in ~	→		(商品)を商う，(仕事など)に従事する
1670 deprive *A* of *B*	→		AからBを奪う
1671 die down	→		静まる，衰える
1672 die out	→		絶滅する
1673 dispose of ~	→		~を処分する，~を捨てる
1674 do away with ~	→		~を廃止する，~を取り除く
1675 drag on	→		(会議などがだらだらと)長引く
1676 drag out ~	→		~を(必要以上に)長引かせる
1677 draw on ~	→		(技術・経験など)に頼る，~を利用する
1678 draw up ~	→		(計画)を立てる，(報告書など)を作成する
1679 dream up ~	→		(奇抜な考え・計画など)を思いつく，~を考え出す
1680 drive off ~	→		~を追い払う

例 文	訳
1641 We got (　　　　) (　　　　) singing karaoke and missed the last train home.	私たちはカラオケを歌うことに夢中になり，帰りの最終電車を逃した。
1642 The company is determined to (　　　　) (　　　　) their plan to build a large shopping center here.	その会社は，ここに大規模なショッピングセンターを建設する計画を遂行すると決めている。
1643 I'm looking forward to meeting you and (　　　　) (　　　　) (　　　　) the gossip.	あなたにお会いしてそのゴシップについて新しい情報を聞くのを楽しみにしています。
1644 I (　　　　) (　　　　) the seminar participants' names on my list as they arrived.	セミナーの参加者たちが到着するたびに，私は名簿の名前にチェックマークをつけた。
1645 All the employees (　　　　) (　　　　) to buy their boss a birthday cake.	全従業員が金を出し合って上司に誕生日ケーキを買った。
1646 I spent the day (　　　　) (　　　　) my bedroom closet yesterday.	私は昨日，丸1日かけて寝室のクローゼットの中をきれいにした。
1647 I (　　　　) (　　　　) the drawers in my desk before I left the company.	私は会社を辞める前に，机の引き出しの中身を出した。
1648 It took us some time to (　　　　) (　　　　) the misunderstanding between us.	私たちの間にある誤解を解くには少し時間がかかった。
1649 The enemy troops (　　　　) (　　　　) (　　　　) the resistance fighters.	敵軍は，抵抗組織の兵士たちを包囲した。
1650 The escaped prisoners of war were scared that the soldiers would (　　　　) (　　　　) them.	脱走した戦争捕虜は，兵士たちが彼らを追ってくるのではないかとおびえていた。
1651 My court case is due to (　　　　) (　　　　) the judge on Tuesday.	私の訴訟は，火曜日に裁判官に審議されることになっている。
1652 Whether I take the job or not (　　　　) (　　　　) (　　　　) how much money they offer me.	その仕事を引き受けるか否かは，要するに先方が私にいくら支払うのかということになる。
1653 He (　　　　) (　　　　) (　　　　) the flu the day before his wedding.	彼は結婚式の前日にインフルエンザにかかった。
1654 This law (　　　　) (　　　　) existence in the late 18th century.	この法律は18世紀終盤に成立した。
1655 The president (　　　　) (　　　　) very well in the interview.	社長のインタビューは結局とてもうまくいった。
1656 I didn't think she would be able to get the slides ready in time, but she (　　　　) (　　　　) in the end.	彼女は(発表の)スライドを間に合わせられないと私は思ったが，最終的に彼女はやり遂げた。
1657 All the equipment used in schools needs to (　　　　) (　　　　) safety regulations.	学校で使用される全ての備品は安全基準に従っている必要がある。
1658 It is clear that his poor diet and lack of exercise (　　　　) (　　　　) his death.	貧しい食生活と運動不足が，彼の死の一因となったのは明らかである。
1659 It is difficult to (　　　　) (　　　　) three small children by myself.	自分1人で3人の幼い子供たちを扱うのは難しい。
1660 In the end, all my hard work seemed to (　　　　) (　　　　) nothing.	結局，私の全ての努力は全く価値がないようだった。

熟語編

↓
1661
～
1680

解答　1641 carried away　1642 carry through　1643 catching up on　1644 checked off　1645 chipped in　1646 cleaning out　1647 cleared out
1648 clear up　1649 closed in on　1650 came after　1651 come before　1652 comes down to　1653 came down with　1654 came into　1655 came off
1656 came through　1657 comply with　1658 contributed to　1659 cope with　1660 count for

学習日　　　月　　　日

熟　語	1回目	2回目	意　味
1681 drive up ～	→		（価格など）を急速に上昇 させる
1682 drop back (to ～)	→		（～に）後退する，順位が 下がる
1683 drop out (of ～)	→		（活動・集団から）身を引 く，（学校を）中途退学す る
1684 ease into ～	→		（仕事など）に徐々に慣れ る
1685 eat up ～	→		～を使い果たす，～を食べ 尽くす
1686 embark on ～	→		（事業など）に乗り出す， ～に着手する
1687 endear *A* to *B*	→		AをBに慕わせる
1688 even up ～	→		～を等しくする，～を均等 にする
1689 face off	→		■ 対決する
1690 fall away	→		減少する，弱まる，衰える
1691 fall back on ～	→		～を当てにする
1692 fall for ～	→		（うまい話・売り込みなど） に乗せられる，～に強く引 きつけられる
1693 fall off	→		（数・量が）減少する，（質 が）低下する
1694 fall on ～	→		（責任・仕事などが）～に 降りかかる，（記念日など が）～に当たる
1695 fall through	→		（計画などが）駄目になる， 失敗する
1696 fall under ～	→		（影響・監督など）を受け る
1697 feel for ～	→		～に同情する，～を思いや る
1698 figure out ～	→		～を理解する，～を解決す る
1699 fill out ～	→		■ （書類）に必要事項を 記入する
1700 fire up ～	→		■ ～を始動させる，～に 火をつける

✿ Unit 84の復習テスト　わからないときは前Unitで確認しましょう。

例　文	訳
1661 If I were you, I wouldn't (　　　　) (　　　　　　　) the delivery being here on time.	私があなたの立場なら，配達が時間どおりにここに来ることなんて<u>当てにしない</u>。
1662 Can you (　　　　　) (　　　　　) me while I quickly go to the post office?	ちょっと郵便局に行ってくる間，私<u>の代わりを務めて</u>もらえませんか？
1663 The police were accused of (　　　　) (　　　　　) important evidence.	警察は重要な証拠を<u>隠していた</u>として非難された。
1664 If he continues working so hard, I'm worried he'll (　　　　) (　　　　).	もし彼がそんなに懸命に働き続けたら，<u>神経が参ってしまう</u>のではないかと心配です。
1665 The teacher (　　　　) (　　　　) a number of mistakes in the boy's essay.	その先生は少年の作文の誤りをいくつか<u>線を引いて消した</u>。
1666 We need to (　　　　) (　　　　) (　　　　) our expenses this month.	私たちは今月の支出を<u>削減する</u>必要がある。
1667 We decided to (　　　　) (　　　　) (　　　　) eating out in order to save money.	私たちは，お金を節約するために外食を<u>減らす</u>ことにした。
1668 Sorry to (　　　　) (　　　　), but I disagree with you on this point.	<u>割り込んで</u>申し訳ありませんが，この点に関して，私はあなたと意見が異なります。
1669 This company (　　　　) (　　　　) frozen foods.	この会社は冷凍食品を<u>扱っている</u>。
1670 The political prisoner was (　　　　) (　　　　) his freedom for twenty years.	その政治犯は20年間にわたり自由を<u>奪われた</u>。
1671 The singer waited until the applause (　　　　) (　　　　) before starting her song.	その歌手は歌い始める前に拍手が<u>静まる</u>のを待った。
1672 This species of bird is in danger of (　　　　) (　　　　) due to habitat loss.	この鳥の種は，生息地の喪失により<u>絶滅する</u>危険がある。
1673 It is extremely difficult to (　　　　) (　　　　) nuclear waste effectively.	核廃棄物を効果的に<u>処分する</u>のは極めて難しい。
1674 The school decided to (　　　　) (　　　　) (　　　　) their rules about hair color.	その学校は，髪の色に関する校則を<u>廃止</u>することに決めた。
1675 The filming (　　　　) (　　　　) into the middle of the night.	撮影は夜中まで<u>だらだらと長引いた</u>。
1676 As he was being paid by the hour, he tried to (　　　　) (　　　　) the job for as long as possible.	時給制なので，彼はできる限り仕事を<u>長引かせよう</u>とした。
1677 They (　　　　) (　　　　) their many years of experience to create this game.	彼らはこのゲームを作るために彼らの長年の経験に<u>頼った</u>。
1678 We (　　　　) (　　　　) a schedule for the new project.	私たちは新プロジェクトのスケジュールを<u>立てた</u>。
1679 She (　　　　) (　　　　) an idea for a new business.	彼女は新事業のアイデアを<u>思いついた</u>。
1680 The man was able to (　　　　) (　　　　) his attackers with a baseball bat.	その男性は野球のバットを使って襲撃者を<u>追い払う</u>ことができた。

熟語編

↓
1681
〜
1700

解答　1661 count on　1662 cover for　1663 covering up　1664 crack up　1665 crossed out　1666 cut back on　1667 cut down on　1668 cut in
1669 deals in　1670 deprived of　1671 died down　1672 dying out　1673 dispose of　1674 do away with　1675 dragged on　1676 drag out　1677 drew
on　1678 drew up　1679 dreamed up　1680 drive off

191

学習日　　　月　　　日

熟 語	🔊 1回目	👁 2回目	意 味
1701 fit into ~	→		~に溶け込む, ~に収まる
1702 fix up ~	→		~を修理する, ~を改装する
1703 for all ~	→		~にもかかわらず, ~を考慮しても
1704 for the time being	→		当分の間(は), さしあたり
1705 force down ~	→		(感情など)を抑える
1706 free up ~	→		~を自由化する, ~を解放する
1707 frown on ~	→		~に難色を示す, ~に不賛成の意を表す
1708 gear up ~	→		(通例受身形または gear oneself up で)準備をする
1709 get around (~)	→		あちこち動き回る, 歩き回る, ~をうまく避ける, ~を逃れる
1710 get around to *doing*	→		~をする余裕[暇]ができる
1711 get away with ~	→		~を(罰などを受けずに)うまくやる
1712 get by	→		何とかやっていく, 通り抜ける
1713 get down to ~	→		~に本気で取りかかる
1714 get in on ~	→		~に参加する, ~に加わる
1715 get into ~	→		(本・映画・音楽など)に夢中になる, (ある状態)になる
1716 get on with ~	→		(仕事など)を続ける, (人)とうまくやっていく
1717 give away ~	→		(秘密・答えなど)をばらす, ~をただで与える, ~を安く売る
1718 give in (to ~)	→		(~に)降参する, 屈する, 負ける
1719 give off ~	→		(光・音・においなど)を発する
1720 give *A* over to *B*	→		AをBに預ける, AをBに引き渡す

例 文	訳
1681 Corn prices have been (　　　) (　　　) by the recent floods in this area.	トウモロコシの価格は，最近この地域で発生した洪水により急上昇している。
1682 In the final 100 meters of the race, the runner (　　　) (　　　) (　　　) third place.	レースの最後の100メートルで，そのランナーは第3位に後退した。
1683 He seems to have (　　　) (　　　) (　　　) academic life.	彼は研究生活から身を引いたようだ。
1684 The refugee slowly (　　　) (　　　) her new life in America.	その難民はゆっくりとアメリカでの新しい生活に慣れていった。
1685 His lavish lifestyle is (　　　) (　　　) his savings.	金を惜しまない暮らし方のために，彼は貯蓄を食いつぶしつつある。
1686 He (　　　) (　　　) a new career as a doctor.	彼は医師として新しいキャリアを歩み始めた。
1687 Her great kindness (　　　) her (　　　) her elderly neighbors.	彼女はとても優しいので，近所の老人たちは彼女を慕っていた。
1688 The slower runners were given a 10-meter head start in order to (　　　) (　　　) the race.	レースを互角にするために，より遅い選手には10メートル先からの有利なスタートが与えられた。
1689 She will (　　　) (　　　) against her rival in the final match of the tournament.	彼女はトーナメントの決勝戦でライバルと対決するだろう。
1690 I felt the stress (　　　) (　　　) as soon as I entered the leafy green forest.	緑豊かな森に入ると，すぐにストレスが減っていくのを感じた。
1691 We need a second strategy to (　　　) (　　　) (　　　) just in case this one fails.	万一この戦略が失敗した場合に備えて，当てにできる第2の戦略が必要だ。
1692 She (　　　) (　　　) the con man's lies.	彼女は詐欺師の嘘に乗せられた。
1693 Attendance at the staff meetings has (　　　) (　　　) in recent months.	この数カ月，スタッフミーティングの出席者数が減っている。
1694 The task of dismissing the temporary workers (　　　) (　　　) me.	臨時従業員を解雇するという仕事が私に降りかかってきた。
1695 My plans for a homestay in Britain have (　　　) (　　　).	イギリスでのホームステイの計画は駄目になった。
1696 Many people (　　　) (　　　) the control of the leader of the cult.	多くの人々がそのカルト集団の指導者の支配下に置かれた。
1697 I really (　　　) (　　　) the victims of the recent floods.	私は最近の洪水による被災者に本当に同情します。
1698 I still can't (　　　) (　　　) how such a successful company could go bankrupt.	あんなにうまくいっていた会社がどうして倒産することになったのか，私はいまだに理解できない。
1699 Please (　　　) (　　　) these forms and then place them in the box on the counter.	これらの用紙に必要事項を記入して，それからカウンターに置かれた箱に入れてください。
1700 I (　　　) (　　　) the office photocopy machine.	私はオフィスのコピー機を起動した。

熟語編 ↓ 1701〜1720

解答 1681 driven up　1682 dropped back to　1683 dropped out of　1684 eased into　1685 eating up　1686 embarked on　1687 endeared, to　1688 even up　1689 face off　1688 fall away　1691 fall back on　1690 fall for　1692 fallen off　1694 fall on　1695 fallen through　1696 fell under　1697 feel for　1698 figure out　1699 fill out　1700 fired up

193

学習日　　　　　　　月　　　日

熟　語	🎧 1回目	👁 2回目	意　味
1721 give rise to ~	→		~の原因となる，（悪い事態）を生じさせる
1722 go back on ~	→		（約束など）を破る
1723 go for ~	→		~を選ぶ
1724 grow into ~	→		（成長して）（服など）を着られるようになる
1725 grow on ~	→		（人）の気に入るようになる，（習慣などが）~の身についてくる
1726 grow out of ~	→		（成長して）（行為・習慣など）から脱する，~から生じる
1727 hand down ~	→		（伝統・慣習など）を（後世に）伝える，（判決など）を言い渡す
1728 hand off ~	→		~を任せる，~を引き渡す
1729 hand out *A* (to *B*)	→		（*B*に）*A*を配る
1730 hang around (~)	→		（~を）ぶらつく，うろつく
1731 hang on	→		（少し）待つ，電話を切らずにおく
1732 hang up ~	→		（電話）を切る
1733 head off (~)	→		~を阻止する，~を回避する，出かける，立ち去る
1734 head out	→		出かける，立ち去る
1735 hold back ~	→		~を抑えておく
1736 hold off ~	→		~を引き延ばす，~を延期する
1737 hold out (~)	→		（敵・逆境・圧力などに）もちこたえる，~を差し出す
1738 hold over ~	→		🇺🇸（受身形で）続映［続演］される，~を延期する
1739 in a row	→		連続で
1740 in favor of ~	→		~に賛成して，~を支持して

例　文	訳
1701 I think he will (　　　　) (　　　　　　) the marketing team really well.	彼はマーケティングチームに非常によく溶け込むだろうと私は思う。
1702 My father and I spent the summer (　　　　　) (　　　　　) the broken-down old car.	父と私はその壊れた古い車を修理して夏を過ごした。
1703 (　　　　　) (　　　　　　) her fame, she is a very unhappy person.	その名声にもかかわらず，彼女はとても不幸な人だ。
1704 Why don't you come and stay at our house (　　　　　) (　　　　) (　　　　) (　　　　　)?	私たちの家に来て当分の間泊まりませんか。
1705 She felt her anger stirring up, but she tried to (　　　　) the feeling (　　　　).	彼女は怒りがこみ上げるのを感じたが，その感情を抑えようとした。
1706 The government is introducing policies designed to (　　　　) (　　　　　) markets.	政府は市場を自由化するための政策を導入しつつある。
1707 These days, smoking in public places is (　　　　　) (　　　　　　).	最近は，公共の場での喫煙は難色を示される。
1708 We are all (　　　　) (　　　　　) to fight the new virus.	我々は新しいウイルスと戦う準備が完全にできている。
1709 My father has problems with his legs and cannot (　　　　) (　　　　) easily by himself.	父は足が悪く，ひとりで容易に動き回ることができない。
1710 Did you (　　　　) (　　　　) (　　　　) (　　　　) the report I asked you for?	あなたにお願いしたレポートを書く余裕はありましたか。
1711 It seems like the gang has (　　　　) (　　　　) (　　　　) the bank robbery.	そのギャングは銀行強盗をうまくやってのけたようである。
1712 I don't know how you (　　　　) (　　　　　) on such a small amount of money.	私はあなたがそんなわずかなお金でどうやって生活していくのか分からない。
1713 The sooner we (　　　　) (　　　　) (　　　　　) business, the better.	仕事に本腰を入れるのは早ければ早いほどよい。
1714 This is a great business opportunity and several companies are trying to (　　　　) (　　　　) (　　　　) the action.	これは大きなビジネスチャンスであり，その動きに数社が参入しようと試みている。
1715 The novelist (　　　　) (　　　　) literature when he was just a child.	その小説家はまだ子供のとき小説に夢中になっていた。
1716 I finished my math homework and now I'm (　　　　) (　　　　) (　　　　) my history report.	数学の宿題を終えたので，続けて歴史のレポートを進めている。
1717 She was feeling angry because her friend (　　　　) (　　　　) the ending of the movie she was about to watch.	見ようとしている映画の結末を友人がばらしてしまったため，彼女は怒っていた。
1718 After several months of fighting, the rebels finally (　　　　) (　　　　) (　　　　) the government troops.	数カ月にわたる戦闘の後，反乱軍はついに政府軍に降参した。
1719 The leaves of the plant (　　　　) (　　　　　) a strange smell.	その植物の葉は奇妙なにおいを発した。
1720 After she became sick, the woman (　　　　　) her daughter (　　　　) (　　　　) the care of her parents.	その女性は，発病後に娘の世話を両親に託した。

解答 1701 fit into　1702 fixing up　1703 For all　1704 for the time being　1705 force, down　1706 free up　1707 frowned on　1708 geared up　1709 got around　1710 get around to writing　1711 gotten away with　1712 get by　1713 get down to　1714 get in on　1715 got into　1716 getting on with　1717 gave away　1718 gave in to　1719 gave off　1720 gave, over to

学習日　　　　月　　　日

熟 語	🎧 1回目	👁 2回目	意 味
1741 in response to ～	→		～に応えて，～に応じて
1742 in terms of ～	→		～の観点から
1743 in the event of ～	→		（万一）～の場合には
1744 in vain	→		無駄に，効果なく
1745 jump at ～	→		～にすぐに飛びつく
1746 keep track of ～	→		（人の動向・情勢など）に注意している，～の跡をたどる
1747 keep up with ～	→		（時勢・流行・人・仕事・勉強など）に遅れずについていく
1748 kick around ～	→		（計画・提案など）をあれこれ検討する
1749 kick in	→		（薬などが）効き始める，機能し始める
1750 kick off *A* (with *B*)	→		（Bで）Aを開始する
1751 kick *A* out (of *B*)	→		（Bから）Aを追い出す[首にする]
1752 knock down ～	→		～を取り壊す，～を解体する，～を殴り倒す
1753 lay into ～	→		～を厳しく非難する，～を攻撃する
1754 lay off ～	→		（一時的にまたは永久に）～を解雇する
1755 leave off (～)	→		（～を）やめる
1756 let alone ～	→		（通例否定文の後で）まして～，～は言うまでもなく
1757 let down ～	→		～を失望させる，～（の期待・信頼）を裏切る
1758 let out ～	→		（声など）を出す，（感情）を表す，～を外に出す
1759 let up	→		手を緩める，（望ましくないことが）弱まる，（風雨などが）やむ
1760 level off	→		横ばいになる，安定する

例　文	訳
1721 The politician's comments (　　　　) (　　　　) (　　　　) fierce debate about capital punishment.	その政治家のコメントが<u>原因で</u>，死刑をめぐる激論が<u>起こった</u>。
1722 It is important to never (　　　　) (　　　　) (　　　　) your promise.	決して約束を<u>破ら</u>ないことは重要である。
1723 Do you know which university you are going to (　　　　) (　　　　)?	どこの大学を<u>選ぶ</u>か決めた？
1724 This coat is a little big for my son, but he will (　　　　) (　　　　) it.	このコートは私の息子には少し大きいが，（いずれは）それを<u>着られるようにな</u>るだろう。
1725 I didn't like the color of this carpet at first, but now it's starting to (　　　　) (　　　　) me.	最初はこのカーペットの色が好きではなかったが，今ではだんだん<u>気に入ってきている</u>。
1726 She has been very stubborn recently, but it is just a phase, and she will (　　　　) (　　　　) (　　　　) it.	彼女は最近とても頑固だが，これは一過性のもので，そのうち<u>成長してなくなる</u>だろう。
1727 This clock has been (　　　　) (　　　　) through my family for six generations.	この時計は6世代にわたって私の家族に<u>受け継がれてきた</u>。
1728 Before retiring, the CEO (　　　　) (　　　　) his responsibilities to his successor.	引退する前に，最高経営責任者は後任者に職責を<u>引き継いだ</u>。
1729 You can earn a little extra money by (　　　　) (　　　　) leaflets (　　　　) pedestrians.	通行人にパンフレットを<u>配る</u>ことで，少し小遣い稼ぎができますよ。
1730 I spent the afternoon (　　　　) (　　　　) town with my friends.	午後は友人たちと町を<u>ぶらぶらして</u>過ごした。
1731 Could you (　　　　) (　　　　) for a moment while I get a pen?	ペンを取ってくるので，<u>少し待って</u>くれますか。
1732 I (　　　　) (　　　　) the phone and went to get some coffee.	私は電話を<u>切って</u>，コーヒーを買いに行った。
1733 The PR department managed to (　　　　) (　　　　) the scandal before it became a major story.	広報課は大きなニュースになる前になんとかスキャンダルを<u>阻止</u>できた。
1734 I'm (　　　　) (　　　　) to the beach this afternoon.	私は今日の午後，ビーチへ<u>出かける</u>つもりだ。
1735 Instead of (　　　　) (　　　　) frustrations and complaints, couples should have good arguments.	夫婦は欲求不満や不平を<u>抑える</u>のではなく，存分に口論をすべきである。
1736 I think we should (　　　　) (　　　　) signing the contract until we have more information.	私たちはもっと情報を入手するまで契約書への署名を<u>引き延ばす</u>べきだと思う。
1737 The villagers (　　　　) (　　　　) against the invaders for as long as they could.	村人たちは侵入者に対してできる限りも<u>ちこたえた</u>。
1738 The movie was so popular that it was (　　　　) (　　　　) for another two weeks.	その映画は非常に評判がよかったので，さらに2週間<u>続映</u>された。
1739 This is the third time (　　　　) (　　　　) (　　　　) you have been late!	これであなたは3回<u>連続</u>遅刻だ！
1740 Everyone was (　　　　) (　　　　) (　　　　) moving to new premises.	みんな新しい家屋に引っ越すのに<u>賛成</u>であった。

解答 1721 gave rise to　1722 go back on　1723 go for　1724 grow into　1725 grow on　1726 grow out of　1727 handed down　1728 handed off
1729 handing out, to　1730 hanging around　1731 hang on　1732 hung up　1733 head off　1734 heading out　1735 holding back　1736 hold off
1737 held out　1738 held over　1739 in a row　1740 in favor of

学習日　　　　　　　　月　　　日

熟語	1回目	2回目	意味
1761 lift off	→		(飛行機などが) 離陸する
1762 live up to ～	→		(期待など) に応える, (規範など) に従って行動する
1763 lock in ～	→		～を固定する, (鍵をかけて) ～を閉じ込める
1764 look down on ～	→		～を見下す, ～を軽蔑する
1765 make (both) ends meet	→		(収支を合わせて) 収入内で何とかやりくりする
1766 make do with ～	→		(あり合わせのもの) で済ます
1767 make it	→		間に合う, 成功する, (会合などに) 出席できる
1768 make out (～)	→		～を理解する, うまくやる
1769 make over ～	→		～を作り変える, ～を変身させる
1770 mark down ～	→		～を値下げする, ～を書き留める
1771 mark out ～	→		(線などで) ～を区画する, ～を区切る
1772 miss out on ～	→		(機会・好機など) を逸する
1773 narrow down ～	→		(範囲など) を制限する, ～を狭くする
1774 on a ～ basis	→		～の基準で, ～の原則で
1775 on behalf of *A*	→		A を代表して, A に代わって
1776 on the contrary	→		それどころか, まるで反対で
1777 on the spot	→		その場で, 即座に
1778 on the verge of ～	→		～の間際 [寸前] で
1779 over the hump	→		難局を脱して, 峠を越して
1780 owing to ～	→		～のために, ～の理由で

✖ Unit 88の復習テスト　わからないときは前Unitで確認しましょう。

例　文	訳
1741 I received several inquiries (　　　　)(　　　　)(　　　　) my advertisement.	私が出した広告に反応して問い合わせをいくつか受けた。
1742 (　　　　)(　　　　)(　　　　) reliability, this car is better than that one.	信頼性の観点から，この自動車はあれよりもよい。
1743 (　　　　)(　　　　)(　　　　)(　　　　) a tie, the prize money will be split.	引き分けの場合には，賞金は分けられる。
1744 She tried (　　　　)(　　　　) to convince her boss not to fire her.	彼女は自分を解雇しないよう上司を説得しようと試みたが，無駄だった。
1745 I would (　　　　)(　　　　) the chance to go on a study trip to Africa.	私はアフリカへの研修旅行に行く機会があればすぐに飛びつくだろう。
1746 You should try to (　　　　)(　　　　)(　　　　) your monthly expenses more carefully.	あなたは月々の出費にもっと注意するよう心がけるべきだ。
1747 He likes to (　　　　)(　　　　)(　　　　) the news and reads several papers every day.	彼はニュースに遅れずについていきたいと考え，毎日いくつかの新聞を読む。
1748 We (　　　　)(　　　　) a few ideas in the car on the way to the meeting.	私たちは会議へ向かう車の中で2，3の案をあれこれ検討した。
1749 After a couple of minutes, the painkillers began to (　　　　)(　　　　) and my tooth stopped hurting.	数分後，痛み止めが効き始め，歯の痛みが治まった。
1750 They (　　　　)(　　　　) the charitable activity (　　　　) a large fundraising event.	彼らは大規模な資金集めのイベントによって，その慈善活動を開始した。
1751 He was (　　　　)(　　　　)(　　　　) his last apartment for making too much noise.	彼はあまりにも騒がしかったので，前に住んでいたアパートから追い出された。
1752 This building is going to be (　　　　)(　　　　) at the end of next year.	この建物は来年末，取り壊されることになっている。
1753 For some unknown reason, my boss suddenly started (　　　　)(　　　　) me.	理由は分からないが，上司が突然私を厳しく非難し始めた。
1754 The company was forced to (　　　　)(　　　　) several workers due to the recession.	景気後退のせいで，その会社は数人の従業員を一時解雇することを余儀なくされた。
1755 Let's (　　　　)(　　　　) making a decision for a week or so.	1週間ほど決断するのをやめておこう。
1756 I can hardly afford to pay my rent, (　　　　)(　　　　) go on vacation!	私は家賃を払う余裕がほとんどない，まして休暇旅行に行くなんて！
1757 I felt really (　　　　)(　　　　) when my friend didn't turn up for our lunch date.	友人がランチデートに現れなかったとき，私はとてもがっかりした。
1758 He (　　　　)(　　　　) a deep sigh of relief after he finished the difficult task.	困難な仕事を終え，彼は深い安堵のため息を漏らした。
1759 The negotiators did not (　　　　)(　　　　) in their effort to secure a settlement.	交渉団は合意を得る努力の手を緩めなかった。
1760 Sales of this new drink were good in the beginning, but now they have started to (　　　　)(　　　　).	この新しい飲料の売り上げは最初はよかったが，今では横ばいになり始めた。

熟語編

↓

1761
〜
1780

解答 1741 in response to　1742 In terms of　1743 In the event of　1744 in vain　1745 jump at　1746 keep track of　1747 keep up with　1748 kicked around　1749 kick in　1750 kicked off, with　1751 kicked out of　1752 knocked down　1753 laying into　1754 lay off　1755 leave off　1756 let alone　1757 let down　1758 let out　1759 let up　1760 level off

学習日　　　　　　　　　　月　　　　日

熟　語	🔊 1回目	👁 2回目	意　味
1781 pack up	→		(仕事などが終わって)持ち物をまとめる, 荷造りする
1782 pass for ～	→		～で通る, ～と見なされる
1783 pass off *A* (as *B*)	→		A を(B だと)偽る
1784 pass *A* on (to *B*)	→		A(もの・情報・病気・利益など)を(B に)伝える[渡す]
1785 pass out	→		気絶する
1786 pay off ～	→		(借金など)を全部払う
1787 phase out ～	→		～を段階的に廃止[排除]する
1788 pick over ～	→		～を念入りに調べて選ぶ, ～を吟味する
1789 pick through ～	→		～の中をくまなく探す
1790 pile up	→		(仕事・借金など)がどんどんたまる, 山積する
1791 pin down ～	→		～を押さえつける, ～を動けなくする
1792 play down ～	→		～を(実際より)重要でないように見せようとする
1793 play out (～)	→		(物事・状況が)展開する, 徐々に進展する, ～を最後まで演じる
1794 play up ～	→		～を誇張する, ～を強調する
1795 point to ～	→		(状況・証拠などが)～を示す, (大事な点・理由など)を指摘する
1796 pull back (～)	→		後退する〈from ～から〉, ～を後退させる, 思いとどまる
1797 pull in ～	→		(観衆・客など)を引きつける, (利益・金など)を得る
1798 pull off ～	→		(困難なこと)をやってのける
1799 pull through ～	→		(病気・苦境など)を切り抜ける
1800 push for ～	→		～を要求する, ～を得ようと努める

例　文	訳
1761 Everyone held their breath as the antique plane (　　　　) (　　　　) and rose slowly into the air.	旧式の飛行機が<u>離陸して</u>ゆっくり上空に上るとき，皆がかたずを飲んだ。
1762 He found it hard to (　　　) (　　　) (　　　) his parents' expectations.	彼は両親の期待に<u>応える</u>のは難しいと思った。
1763 You need to book the hotel room today to (　　　) (　　　) this special price!	この特別価格を<u>確定する</u>ためには，そのホテルの部屋を今日予約する必要があります！
1764 I get the impression that she (　　　) (　　　) (　　　) me.	私は，彼女が私を<u>見下している</u>という印象を受けている。
1765 Since I lost my job, I'm struggling to (　　　) (　　　) (　　　).	失業してから，私は<u>収支を合わせる</u>のに苦労している。
1766 I can't afford to buy you a new bike, so try to (　　　) (　　　) (　　　) your old one.	あなたに新しい自転車を買ってあげる余裕はないので，古いので<u>間に合わせる</u>ようにしなさい。
1767 We have to leave now if we want to (　　　) (　　　) to the play on time.	芝居の時間に<u>間に合う</u>ように行きたいなら，今すぐに出発しなければならない。
1768 I couldn't (　　　) (　　　) what he said because it was so complicated.	彼が言うことはとても複雑だったので<u>理解</u>できなかった。
1769 We are planning to completely (　　　) (　　　) our house this spring.	今春，私たちは自宅を全面的に<u>改装する</u>ことを計画している。
1770 All these goods have been (　　　) (　　　) by up to 50%.	これらの商品は全て最大50パーセント<u>値引きされ</u>ている。
1771 The boy (　　　) (　　　) a baseball field in the schoolyard.	その少年は，校庭に<u>線を引いて</u>野球場と<u>した</u>。
1772 She was really upset when she (　　　) (　　　) (　　　) being promoted for the second time.	彼女は，2度目の昇進のチャンスを<u>逃した</u>とき，とても動揺した。
1773 The judges (　　　) (　　　) the contestants to six finalists.	審査員はコンテストの出場者を<u>6人の決勝進出者に絞った</u>。
1774 We would like to offer you this job (　　　) (　　　) trial (　　　).	<u>試験的に</u>，あなたにこの仕事を提供したいと思います。
1775 (　　　) (　　　) (　　　) my husband and myself, I would like to welcome you all to this party.	私たち夫婦を<u>代表して</u>，このパーティーにお越しいただいた皆さんを歓迎したいと思います。
1776 You seem to think I don't agree with you, but (　　　) (　　　) (　　　), I agree with you completely.	私があなたに同意しないと思っているようですが，<u>それどころか</u>全面的に同意します。
1777 Doctors can perform blood tests (　　　) (　　　) (　　　).	医師は<u>その場で</u>血液検査を行うことができる。
1778 I'm (　　　) (　　　) (　　　) (　　　) quitting my job.	私は仕事を辞めるかどうかの<u>瀬戸際</u>にいる。
1779 I'm confident our business is now (　　　) (　　　) (　　　).	我々の事業はもう<u>危機を脱した</u>と確信している。
1780 (　　　) (　　　) the bad weather, we will have to cancel the picnic.	悪天候<u>のため</u>，私たちはピクニックを取りやめなければならないだろう。

解答 1761 lifted off　1762 live up to　1763 lock in　1764 looks down on　1765 make ends meet　1766 make do with　1767 make it　1768 make out 1769 make over　1770 marked down　1771 marked out　1772 missed out on　1773 narrowed down　1774 on a, basis　1775 on behalf of　1776 on the contrary　1777 on the spot　1778 on the verge of　1779 over the hump　1780 Owing to

学習日 _____ 月 ___ 日

熟 語	🎧 1回目	👁 2回目	意 味
1801 push through ~	→		(議案など)を通す，~を突き進む
1802 put down ~	→		(金額)を手付金として払う，~を書き留める
1803 put forth ~	→		▀▀ (力など)を発揮する，(計画・案など)を提出する
1804 put forward ~	→		~を提案[提出]する
1805 put in ~	→		(設備など)を備え付ける，(金・時間・精力など)をつぎ込む
1806 put A through (to B)	→		Aの電話を(Bに)つなぐ
1807 read off ~	→		(リストなど)を読み上げる
1808 refrain from doing	→		~するのを控える，~するのをやめる
1809 regardless of ~	→		~に(も)かかわらず，~にかまわず
1810 roll in (~)	→		(金など)がたくさんある，転がり込む，どっと集まる
1811 roll up ~	→		~をくるくると巻く，(そで・すそ)をまくり上げる
1812 round off ~	→		~を締めくくる，~をうまく終える
1813 round up ~	→		(散らばった人など)を集める，~を逮捕する
1814 rule out ~	→		~を排除する，~を除外する
1815 run against ~	→		~に不利になる
1816 run down ~	→		(車・運転手が)~をひく，~のことを悪く言う，~を突き止める
1817 run through ~	→		ざっと~を読み上げる[に目を通す]
1818 scoop up ~	→		~を抱き上げる，~をすくい上げる
1819 scratch out ~	→		~を削除する，やっと(生計)を立てる
1820 see about ~	→		~を検討する，~を手配する，~を何とかする

例　文	訳
1781 After ten years of living in the city, he decided to (　　　　　　) (　　　　　　) and move back to the countryside.	都会で10年間暮らした後，彼は<u>荷物を</u><u>まとめて</u>田舎に戻ることに決めた。
1782 Her French is so good that she could easily (　　　　　　) (　　　　　　) a native speaker.	フランス語がとても上手なので，彼女は十分ネイティブスピーカー<u>で通用する</u>。
1783 The terrorist (　　　　　) himself (　　　　　) (　　　　　) a police officer.	そのテロリストは自分<u>を警察官だと偽っ</u><u>た</u>。
1784 Could you (　　　　　) my message (　　　　　) (　　　　　) him, please?	彼<u>に</u>私のメッセージ<u>を伝えて</u>もらえますか。
1785 It was hot and crowded on the train and I almost (　　　　　) (　　　　　).	電車は暑い上に混雑していて，私はほとんど<u>気絶し</u>そうだった。
1786 It took me three years to (　　　　　) (　　　　　) my car loan.	自動車ローン<u>を完済する</u>のに3年かかった。
1787 The manufacturer has decided to (　　　　　) (　　　　　) this car model.	そのメーカーはこの自動車モデル<u>を段階</u><u>的に廃止する</u>ことを決めた。
1788 The cat (　　　　　) (　　　　　) the food that some people had left on a picnic table.	ネコはピクニックテーブルに置いていかれた食べ物<u>を念入りに調べて選んだ</u>。
1789 The police (　　　　　) (　　　　　) the garbage looking for evidence.	警察は証拠を求めてごみ<u>の中をくまなく</u><u>探した</u>。
1790 The work has been (　　　　　) (　　　　　) on my desk recently.	最近，私の机の上に仕事<u>がどんどんたま</u><u>ってきて</u>いる。
1791 After days of fighting, the army was finally able to (　　　　　) (　　　　　) the rebels in the east part of the town.	数日にわたる交戦の末，軍はついに反乱者を町の東部に<u>釘付けにする</u>ことができた。
1792 Both leaders (　　　　　) (　　　　　) the problems between their countries.	両指導者は2国間の問題<u>を軽く見せよう</u><u>とした</u>。
1793 I'm really interested to see how this game (　　　　　) (　　　　　).	私はこの試合がどのように<u>展開するのか</u>に大変興味があります。
1794 Newspapers tend to (　　　　　) (　　　　　) unusual stories.	新聞には珍しい話<u>を誇張する</u>傾向がある。
1795 All the evidence (　　　　　) (　　　　　) the fact that he is guilty of the crime.	全ての証拠は彼がその犯罪に関して有罪であるという事実<u>を示している</u>。
1796 After three of their tanks were destroyed, the army had no choice but to (　　　　　) (　　　　　).	戦車を3台破壊され，その軍隊は<u>撤退す</u><u>る</u>しかなかった。
1797 This actor is famous for (　　　　　) (　　　　　) large audiences.	この俳優は，多くの観客<u>を集める</u>ことで有名だ。
1798 I'm not confident that we will be able to (　　　　　) (　　　　　) this deal.	我々がこの取引<u>をうまくやってのける</u>だろうという確信はない。
1799 Even the doctors were surprised when she (　　　　　) (　　　　　) the operation.	彼女が手術<u>を乗り切った</u>とき，医師たちでさえも驚いていた。
1800 The union has been (　　　　　) (　　　　　) better working conditions for some time.	組合はしばらくの間，よりよい労働条件<u>を要求してきた</u>。

熟語編

↓
1801
〜
1820

解答 1781 pack up　1782 pass for　1783 passed, off as　1784 pass, on to　1785 passed out　1786 pay off　1787 phase out　1788 picked over
1789 picked through　1790 piling up　1791 pin down　1792 played down　1793 plays out　1794 play up　1795 points to　1796 pull back　1797 pulling in
1798 pull off　1799 pulled through　1800 pushing for

熟　語	1回目	2回目	意　味
1821 see *A* off	→		(空港・駅などで) A を見送る
1822 see through ~	→		~を見抜く，~を見破る，~を通して見る
1823 sell out	→		(期待を)裏切る〈on ~の〉，(ものが)売り切れる
1824 send for ~	→		(人・助けなど)を呼ぶ，~に来てもらう
1825 send out for ~	→		(食べ物)の出前を頼む
1826 set aside ~	→		(時間・金など)をとっておく〈for ~用に〉，~をわきへどける
1827 set down ~	→		~を書き留める
1828 set in	→		(季節・流行・好ましくないものなどが)始まる，起こる
1829 set off (~)	→		出発する，~を引き起こす，~を作動させる
1830 set out to *do*	→		~することに着手する，~し始める
1831 set up ~	→		(会合など)を準備する，~を設置する，(会社・組織など)を作る
1832 settle down	→		ゆったりとくつろぐ，落ち着く，定住する
1833 settle up (with ~)	→		(~と)清算する，(~に)勘定を支払う
1834 shake up ~	→		~を刷新する，~を動揺させる，~を奮い立たせる
1835 show off (~)	→		いいところを見せる，~を見せびらかす
1836 show up	→		現れる，やってくる
1837 sign up for ~	→		(署名して)~に参加する，(受講など)の届けを出す
1838 single out ~	→		~を(特に)選び出す〈for ~のために，to *do* ~するよう〉
1839 sink in	→		十分に理解される，分かってもらう
1840 sit back	→		何もしないで[手をこまねいて]いる，くつろぐ，(いすに)深く座る

✖ Unit 91の復習テスト　〉わからないときは前Unitで確認しましょう。

例 文	訳
1801 The government tried unsuccessfully to (　　　　) (　　　　) the new tax law.	政府はその新しい税法を押し通そうとしたが不成功に終わった。
1802 Can I (　　　　) (　　　　) 100 dollars today and then pay you the rest later?	今日は100ドルを手付金として払い, 残りは後日に支払うということでいいですか。
1803 She will have to (　　　　) (　　　　) her best effort if she wants to win the tournament again this year.	今年もトーナメントで優勝したいのであれば, 彼女は全力を尽くさなければならないだろう。
1804 I (　　　　) (　　　　) several proposals at the meeting yesterday.	私は昨日, 会議でいくつかの提案をした。
1805 We are planning to (　　　　) (　　　　) a sunroom next year.	私たちは来年, サンルームを設置する予定にしている。
1806 If you can hold the line for a moment, I'll (　　　　) you (　　　　) (　　　　) someone in the sales department.	少々お待ちいただければ, 営業部の者に電話をおつなぎします。
1807 The organizer of the competition (　　　　) (　　　　) the list of award nominees.	そのコンテストの主催者は, 受賞候補者のリストを読み上げた。
1808 Excuse me, but could you please (　　　　) (　　　　) (　　　　) in the library?	申し訳ありませんが, 図書館での私語は控えていただけますでしょうか。
1809 This job is open to all applicants (　　　　) (　　　　) age or gender.	この仕事は年齢や性別に関係なく, 全ての応募者に開かれている。
1810 He must be (　　　　) (　　　　) money to be able to afford such an expensive car.	あんな高級車を買う余裕があるなんて, 彼はお金が有り余っているに違いない。
1811 I (　　　　) (　　　　) my yoga mat and put it back on the shelf.	私はヨガマットをくるくると巻き, 棚に戻した。
1812 We (　　　　) (　　　　) the evening by having a final drink in the local pub.	私たちは地元のパブで最後の1杯を飲み, その晩を締めくくった。
1813 It took the teacher a while to (　　　　) (　　　　) the children and get them on the school bus.	その教師が子供たちを集めてスクールバスに乗せるのに少し時間がかかった。
1814 The Prime Minister has not (　　　　) (　　　　) the possibility of military action.	首相は軍事行動の可能性を排除していない。
1815 Public opinion seems to be (　　　　) (　　　　) the government these days.	最近, 世論は政府にとって逆風となっているようだ。
1816 He was (　　　　) (　　　　) by a white car outside his office.	彼は会社の外で白い車にひかれた。
1817 The meeting began with the chairperson (　　　　) (　　　　) the agenda items.	その会議は, 議長が協議事項を読み上げることで始まった。
1818 The woman (　　　　) (　　　　) her baby and ran from the burning building.	その女性は自分の赤ん坊を抱き上げて, 燃えている建物から逃げた。
1819 The editor (　　　　) (　　　　) a few words from the article with his red pen.	編集者は赤ペンで2, 3の言葉を記事から消した。
1820 I must (　　　　) (　　　　) getting a new car as soon as possible.	私はできるだけ早く, 新車を買うことを考えなければならない。

熟語編

↓

1821
〜
1840

解答 1801 push through　1802 put down　1803 put forth　1804 put forward　1805 put in　1806 put, through to　1807 read off　1808 refrain from talking　1809 regardless of　1810 rolling in　1811 rolled up　1812 rounded off　1813 round up　1814 ruled out　1815 running against　1816 run down 1817 running through　1818 scooped up　1819 scratched out　1820 see about

学習日　　　　　　　月　　　日

熟　語	🦻 1回目	👁 2回目	意　味
1841 **sit by**	→		(悪い事態を)黙って見ている，傍観する
1842 **sit in**	→		参加する〈on 〜に〉，見学[参観]する，代理を務める
1843 **skim over 〜**	→		〜をざっと見る，〜を表面的に扱う
1844 **slip by**	→		(時・機会が)いつの間にか過ぎる
1845 **smooth over 〜**	→		(話し合いをして)(問題・困難など)を処理しやすくする
1846 **speak for 〜**	→		〜を代表して意見を述べる，〜を代弁する，〜への支持を表明する
1847 **split up (〜)**	→		別れる，分裂する，〜を分裂させる
1848 **spring from 〜**	→		〜から生じる，(人が)〜の出である
1849 **spring up**	→		急に生まれる，急成長する
1850 **stand down (as 〜)**	→		🇬🇧(公職などを)辞任する
1851 **stand for 〜**	→		〜の略である，〜を意味する，〜を支持する
1852 **stand up to 〜**	→		〜に抵抗する，〜に立ち向かう，〜に耐える
1853 **stay off 〜**	→		(健康のため)〜を控える，〜に近づかない
1854 **step down**	→		辞任する
1855 **stick around**	→		そこらで待つ，帰らずにいる
1856 **stick to 〜**	→		(主義など)を堅持する，〜をやり続ける
1857 **stick up for 〜**	→		〜をあくまでも擁護する，〜を支持する
1858 **stick with 〜**	→		〜を最後までやり抜く，〜を続けてする
1859 **stir in 〜**	→		〜を入れてかき混ぜる
1860 **stir up 〜**	→		(騒ぎなど)を引き起こす，(想像力・記憶など)をかき立てる

例 文	訳
1821 I went to the airport to (　　　　) my friend (　　　　).	私は友人を見送るために空港へ行った。
1822 Do you really think I can't (　　　　) (　　　　) your lies?	私があなたの嘘を見抜けないと本気で思っていますか。
1823 The respected actor was accused of having (　　　　) (　　　　) when he appeared on the trashy TV show.	尊敬を集めていたその俳優は，くだらないテレビ番組に出演したとき，期待を裏切ったとして非難された。
1824 I asked my friend to (　　　　) (　　　　) the doctor.	私は，医者を呼ぶように友人に頼んだ。
1825 We had to work late at the office, so we (　　　　) (　　　　) (　　　　) some food.	私たちは遅くまでオフィスで働かなければならなかったので，食べ物の出前を頼んだ。
1826 I promise to (　　　　) (　　　　) some time to help you this weekend.	今週末，あなたを手伝うための時間を確保することを約束します。
1827 Why don't you (　　　　) (　　　　) your ideas for your new book on paper?	新しい本のアイデアを紙に書き留めたらどうですか。
1828 It feels like winter is starting to (　　　　) (　　　　).	冬が始まろうとしているように感じる。
1829 We plan to (　　　　) (　　　　) for the beach early in the morning.	私たちは朝早く浜辺に向かって出発する予定だ。
1830 Researchers (　　　　) (　　　　) (　　　　) (　　　　) a cure for the disease.	研究者たちはその病気の治療法を発見する試みに着手した。
1831 If it's OK with you, I'll (　　　　) (　　　　) a meeting next Friday.	あなたが大丈夫であれば，私は来週の金曜に会議を設定します。
1832 I (　　　　) (　　　　) by the fire with a cup of tea and a good book.	私は1杯のお茶と面白い本を持って火のそばでくつろいだ。
1833 Would it be all right if I (　　　　) (　　　　) (　　　　) you at a later date?	後日あなたと清算するということでもよろしいでしょうか。
1834 We have brought in a new manager to (　　　　) (　　　　) the business.	私たちは事業を刷新するため新しいマネージャーを雇い入れた。
1835 The child tried to (　　　　) (　　　　) by singing loudly.	その子供は大声で歌って，いいところを見せようとした。
1836 This is the second time he has not (　　　　) (　　　　) for work this week.	彼が今週仕事に姿を現さなかったのは，今回が2度目だ。
1837 I (　　　　) (　　　　) (　　　　) the college rugby team.	私は大学のラグビーチームに入部届けを出した。
1838 He was (　　　　) (　　　　) (　　　　) promotion due to his outstanding sales record.	彼は，その傑出した販売成績が理由で，昇進を与えられる者として選び出された。
1839 It took some time for the meaning of what he said to (　　　　) (　　　　).	彼の言ったことの意味が十分に理解されるには少し時間がかかった。
1840 Are you really going to just (　　　　) (　　　　) and let me do everything?	あなたは本当に何もしないで私に全部やらせるつもりなの？

熟語編

↓
1841
～
1860

解答 1821 see, off　1822 see through　1823 sold out　1824 send for　1825 sent out for　1826 set aside　1827 set down　1828 set in　1829 set off　1830 set out to discover　1831 set up　1832 settled down　1833 settled up with　1834 shake up　1835 show off　1836 shown up　1837 signed up for　1838 singled out for　1839 sink in　1840 sit back

熟 語	1回目	2回目	意 味
1861 sum up ～	→		～を要約する
1862 take in ～	→		～を摂取する，(光景など)を観察する，～をだます，～を理解する
1863 take on ～	→		(特にきつい仕事・責任)を引き受ける
1864 take over ～	→		～を引き継ぐ，～を買収する，～を占領する
1865 take up ～	→		～を趣味[職業・学問]として始める，(問題など)を取り上げる
1866 talk down to *A*	→		*A*を見下した調子で話す
1867 talk *A* into *doing*	→		*A*を説得して～させる
1868 talk up ～	→		(人・もの)を実際以上に興味深いもののように話す
1869 tear down ～	→		～を取り壊す
1870 tell on ～	→		(特に子供が)～のことを告げ口する，～にこたえる
1871 the other way around	→		(方角・事情などが)逆に[で]
1872 throw off ～	→		(衣服など)をさっと脱ぐ[脱ぎ捨てる]，～を払いのける
1873 throw up (～)	→		嘔吐する，(食べ物)を吐く
1874 tidy up ～	→		(部屋・家・机など)を片付ける，～を整理する
1875 tie up ～	→		(通例受身形で)忙しくて身動きできない，～を固く縛る
1876 tip over (～)	→		ひっくり返る，倒れる，～をひっくり返す
1877 touch up ～	→		(絵・文章・化粧など)を手直しする，～を修正する
1878 track down ～	→		～を追跡して捕らえる，～を追い詰める
1879 trip up (*A*)	→		*A*をつまずかせる，つまずく，しくじる
1880 try out ～	→		～を試してみる，～の効果を試す

例 文	訳
1841 I'm not going to (　　　　) (　　　　　　) and watch as he gets sent to prison.	彼が刑務所に送られるのを<u>黙って見ている</u>つもりはない。
1842 I asked him if I could (　　　　) (　　　　) (　　　　) the management meeting.	私は経営会議に<u>参加し</u>てもよいか彼に尋ねた。
1843 We (　　　　) (　　　　) the details of the report in the meeting.	我々は，その会議で報告書の詳細について<u>ざっと目を通した</u>。
1844 I can't believe I let such a great opportunity (　　　　) (　　　　)!	そんな絶好の機会を<u>逃した</u>なんて信じられない！
1845 I tried my best to (　　　　) (　　　　) the problems with the angry customer.	私はその怒った客との問題を<u>処理しやすくする</u>ために最善を尽くした。
1846 (　　　　) (　　　　) all the workers, the mechanic pointed out that working conditions in the factory were not safe.	全従業員を<u>代表して</u>，機械工は工場の労働環境が安全でないことを指摘した。
1847 After 10 years together, the couple decided to (　　　　) (　　　　).	10年間生活を共にした末，その夫婦は<u>別れる</u>ことに決めた。
1848 The new virus seems to have (　　　　) (　　　　) a live-animal market.	その新しいウイルスは，生きた動物を売る市場<u>から発生した</u>ようだ。
1849 New restaurants and bars are (　　　　) (　　　　) all over town.	新しいレストランとバーが<u>急に</u>町中に<u>でき</u>ている。
1850 After 10 years, he decided to (　　　　) (　　　　) (　　　　) chairperson of the committee.	10年在職した後，彼は委員長を<u>辞任する</u>ことに決めた。
1851 SDGs (　　　　) (　　　　) Sustainable Development Goals.	SDGsは, Sustainable Development Goals（持続可能な開発目標）<u>の略である</u>。
1852 I think you should (　　　　) (　　　　) (　　　　) your boss more.	あなたはもっと上司に<u>抵抗する</u>べきだと思います。
1853 I have managed to (　　　　) (　　　　) sweets this past month.	私はこの1カ月，どうにか甘い物を<u>控える</u>ことができた。
1854 The Prime Minister decided to (　　　　) (　　　　) after 12 years in office.	首相は12年間の在職期間を経て<u>辞任す</u>ることに決めた。
1855 If you (　　　　) (　　　　) until my shift finishes, I will buy you a coffee.	私の勤務シフトが終わるまで<u>そこらで待っていて</u>くれたら，コーヒーをおごるよ。
1856 It is important to (　　　　) (　　　　) one's principles.	自分の信条に<u>こだわる</u>ことが重要だ。
1857 My brother (　　　　) (　　　　) (　　　　) me when the coach accused me of losing the locker room key.	私がロッカールームの鍵をなくしてコーチに非難されたとき，兄は<u>擁護してくれた</u>。
1858 I think we should (　　　　) (　　　　) this business plan.	私たちはこのビジネスプラン<u>を堅持すべき</u>だと思う。
1859 Next, turn down the gas and gradually (　　　　) (　　　　) the curry powder.	次に，火を弱めて，少しずつカレー粉を<u>入れてかき混ぜ</u>ましょう。
1860 She is always trying to (　　　　) (　　　　) trouble between her coworkers.	彼女はいつも同僚たちの間に騒ぎを<u>引き起こそ</u>うとしている。

解答 1841 sit by　1842 sit in on　1843 skimmed over　1844 slip by　1845 smooth over　1846 Speaking for　1847 split up　1848 sprung from
1849 springing up　1850 stand down as　1851 stands for　1852 stand up to　1853 stay off　1854 step down　1855 stick around　1856 stick to
1857 stuck up for　1858 stick with　1859 stir in　1860 stir up

学習日　　　　　月　　　日

熟　語	1回目	2回目	意　味
1881 tune in (to ~)	→		(局・番組などに)テレビ[ラジオ]のチャンネルを合わせる
1882 tune up (~)	→		(楽器)を調律する，(エンジン・機械など)を整備する，調律する
1883 turn around (~)	→		(商売・経済など)を好転させる，~の向きを変える，好転する
1884 turn away ~	→		~を追い払う〈from ~から〉，(客など)の入場を断る，~を背ける
1885 turn in (~)	→		■ ~を提出する，寝る
1886 turn out	→		(turn out (to be) で)であることが分かる，集まる
1887 turn to ~	→		~に頼る，(犯罪・悪習など)に走る，~に取りかかる
1888 walk off with ~	→		~を盗む，(賞など)をあっさり手に入れる
1889 wander off	→		はぐれる，(道路・場所から)外れる，(主題から)脱線する
1890 want for ~	→		~を欠いている
1891 wash away ~	→		~を洗い流す，(記憶・感情など)を洗い去る
1892 wash down ~	→		(食べ物など)を流し込む〈with 水などで〉，~を洗い流す
1893 watch over ~	→		~の世話をする，~を見守る，~を監視する
1894 wear off	→		(薬効・印象・痛みなどが)しだいに弱まる，すり減ってなくなる
1895 wear out ~	→		~を疲れ果てさせる
1896 weigh on ~	→		~に重くのしかかる，~を圧迫する，~を苦しめる
1897 win over ~	→		~を説得する
1898 wipe out ~	→		~を消滅[絶滅]させる，~を撲滅する
1899 work out ~	→		(計画・対策など)を練る，(問題)を解決する，~を計算する
1900 wrap up ~	→		(仕事・交渉など)を滞りなく終える

例　文	訳
1861 Before we discuss anything else, let me just (　　　　　) (　　　　　) the main points so far.	ほかのことについて議論する前に，ここまでの要点を<u>まとめ</u>させてください。
1862 Trees (　　　　) (　　　　) carbon dioxide and release oxygen into the air.	樹木は二酸化炭素を<u>取り込み</u>，酸素を空気中に出す。
1863 I'm nervous about (　　　　) (　　　　) such a big project.	そのような大プロジェクトを<u>引き受ける</u>ことに緊張している。
1864 The new supervisor will (　　　　) (　　　　) responsibilities for the office from next week.	新しい管理者が来週から事務所の責務を<u>引き継ぐ</u>。
1865 He (　　　) (　　　　) golf after he retired.	彼は退職後にゴルフを<u>始めた</u>。
1866 I hate it when my boss (　　　) (　　　) (　　　) me like that!	私は上司があのように<u>見下した</u>調子で私に<u>話す</u>のが嫌いだ！
1867 The boy (　　　) his friend (　　　) (　　　) to the party with him.	その少年は友人を<u>説得して</u>彼と一緒にパーティーに<u>来るようにさせた</u>。
1868 The salesperson (　　　) (　　　) the new computer.	その販売員は新しいコンピューターを実際以上に興味深いもののように話した。
1869 The old school building is due to be (　　　) (　　　) this month.	その古い校舎は今月中に<u>取り壊される</u>ことになっている。
1870 I know what I did was wrong, but please don't (　　　) (　　　) me.	私がしたことは間違っていると分かっていますが，私のことを<u>告げ口</u>しないでください。
1871 Did you propose to your wife or was it (　　　) (　　　) (　　　) (　　　)?	あなたが奥さんにプロポーズしたのですか，それとも<u>逆</u>ですか。
1872 He (　　　) (　　　) his blankets, jumped out of bed, and got ready to face the day.	彼は毛布を<u>振り払い</u>，ベッドから飛び出し，一日を始める準備をした。
1873 She started to feel airsick and (　　　) (　　　) several times.	彼女は飛行機酔いを感じ始め，何度か<u>嘔吐した</u>。
1874 I told my son several times to (　　　) (　　　) his room.	私は息子に部屋を<u>片付ける</u>ようにと何度か言った。
1875 I'm (　　　) (　　　) with work until about 8 p.m. tonight.	私は今夜，午後8時ごろまで仕事で<u>忙しい</u>。
1876 The boat (　　　) (　　　) in rough seas, but all the passengers were rescued.	その船は荒波で<u>転覆した</u>が，乗客は全員救出された。
1877 The photographer (　　　) (　　　) the photographs before showing them to his client.	その写真家は，依頼人に見せる前に写真を<u>手直しした</u>。
1878 The police are trying to (　　　) (　　　) the owner of the white van involved in the accident.	警察は事故に関与した白いバンの所有者を<u>追跡</u>しようとしている。
1879 I was (　　　) (　　　) by my cat on the stairs.	私は階段で飼い猫に<u>つまずいて</u>しまった。
1880 I'm planning to (　　　) (　　　) this new spa today.	私は今日，この新しい温泉を<u>試してみる</u>予定だ。

熟語編 ↓ 1881 ～ 1900

解答 1861 sum up　1862 take in　1863 taking on　1864 take over　1865 took up　1866 talks down to　1867 talked, into coming　1868 talked up　1869 torn down　1870 tell off　1871 the other way around　1872 threw off　1873 threw up　1874 tidy up　1875 tied up　1876 tipped over　1877 touched up　1878 track down　1879 tripped up　1880 try out

例　文	訳
1881 Don't forget to (　　　　) (　　　　) (　　　　) our special program at 7 p.m. tonight.	今夜7時の特集番組にチャンネルを合わせることをお忘れなく。
1882 I need to (　　　　) (　　　　) my guitar before the concert.	私はコンサートの前にギターを調律する必要がある。
1883 The Finance Minister said there were several ways to (　　　　) (　　　　) the economy.	財務大臣は経済を好転させる方法はいくつかあると述べた。
1884 The protesters were (　　　　) (　　　　) by the security staff.	抗議者たちは警備員に追い払われた。
1885 I need to (　　　　) (　　　　) this report by tomorrow morning at the latest.	遅くとも明朝までにこのレポートを提出する必要がある。
1886 The news report about the prince (　　　　) (　　　　) (　　　　) (　　　　) completely fake.	王子についての報道は完全に虚偽だと判明した。
1887 I (　　　　) (　　　　) my homeroom teacher for advice.	私は助言を求めて担任の先生を頼った。
1888 The robbers (　　　　) (　　　　) (　　　　) a million dollars in jewelry.	その強盗は，100万ドル相当の宝石類を持ち去った。
1889 The boy (　　　　) (　　　　) from the group and got lost in the forest.	その少年はグループからはぐれ，森の中で迷子になった。
1890 She saw to it that her children (　　　　) (　　　　) nothing.	彼女は子供たちが何ひとつ不自由なく暮らせるように取り計らった。
1891 It is unfortunate that the rain last night (　　　　) (　　　　) most of the evidence.	昨夜の雨でほとんどの証拠が洗い流されてしまったのは残念だ。
1892 We (　　　　) (　　　　) our meal (　　　　) beer.	私たちは食事をビールで流し込んだ。
1893 Can you (　　　　) (　　　　) my puppy for a few hours this afternoon?	今日の午後，私の子犬を2，3時間世話してくれますか。
1894 The effects of the painkillers began to (　　　　) (　　　　) after an hour.	痛み止めの効果は，1時間すると弱まり始めた。
1895 Listening to her lecture for two hours totally (　　　　) me (　　　　).	彼女の講義を2時間聞いたことで，私はすっかり疲れ切ってしまった。
1896 As time went by, I found that the responsibilities of my job began to (　　　　) (　　　　) me.	時間が経つにつれて，仕事の責任が私に重くのしかかり始めていることに気づいた。
1897 I finally managed to (　　　　) (　　　　) the board of directors to my point of view.	私はついに役員会を説得して私の見方を受け入れさせることができた。
1898 A mystery virus (　　　　) (　　　　) almost all the chickens in the area.	謎のウイルスがその地域のニワトリをほぼ全滅させた。
1899 Negotiators are hoping to (　　　　) (　　　　) a peaceful settlement to the issue.	交渉者たちはその問題の平和的な解決策を考え出すことを望んでいる。
1900 We want to (　　　　) (　　　　) this business deal in a few days.	私たちはこの取引を数日中に滞りなく終えたいと思っている。

解答 1881 tune in to　1882 tune up　1883 turn around　1884 turned away　1885 turn in　1886 turned out to be　1887 turned to　1888 walked off with　1889 wandered off　1890 wanted for　1891 washed away　1892 washed down, with　1893 watch over　1894 wear off　1895 wore, out　1896 weigh on　1897 win over　1898 wiped out　1899 work out　1900 wrap up

ワードリストの使い方

復習テストで分からなかった単語や熟語を書き込んで,
自分だけの単語帳を作ってみましょう！

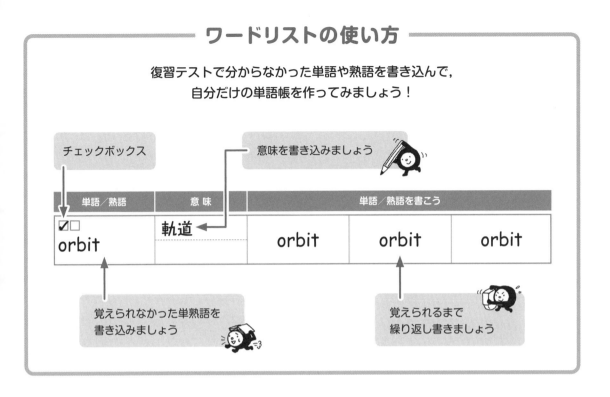

チェックボックス

意味を書き込みましょう

	単語／熟語	意味	単語／熟語を書こう		
☑□	orbit	軌道	orbit	orbit	orbit

覚えられなかった単熟語を
書き込みましょう

覚えられるまで
繰り返し書きましょう

単語／熟語	意味	単語／熟語を書こう		
□□				
□□				
□□				
□□				
□□				
□□				
□□				
□□				

単語／熟語	意 味	単語／熟語を書こう		
☐☐				
☐☐				
☐☐				
☐☐				
☐☐				
☐☐				
☐☐				
☐☐				
☐☐				
☐☐				
☐☐				
☐☐				
☐☐				
☐☐				
☐☐				

単語／熟語	意 味	単語／熟語を書こう		
☐☐				
☐☐				
☐☐				
☐☐				
☐☐				
☐☐				
☐☐				
☐☐				
☐☐				
☐☐				
☐☐				
☐☐				
☐☐				
☐☐				
☐☐				

単語／熟語	意 味	単語／熟語を書こう		
□□				
□□				
□□				
□□				
□□				
□□				
□□				
□□				
□□				
□□				
□□				
□□				
□□				
□□				
□□				

単語編

A

abandon	0728
abridged	1488
abruptly	0800
absence	0847
absorb	0108
abundant	1500
abuse	0520
accelerate	0816
accent	1558
acceptable	0677
acceptance	1258
access	0042
accommodate	0722
accompany	0413
accordingly	0895
account	0047
accounting	0840
accumulate	0812
accuracy	1267
ache	1319
acid	1082
acknowledge	0216
acoustic	1183
acquire	0207
ad	0142
adapt	0210
addiction	0747
additional	0098
address	0020
adequate	0284
adjust	0408
administer	0714
administration	0255
admirable	1588
admit	0419
adolescent	0070
adopt	0102
adore	1523
advanced	0185
adverse	1275
advocate	0517
affair	1347
affect	0002
affiliate	1031
affordable	0200
aggressive	0283
aging	0491
agricultural	0096
aid	0062
aircraft	0083
alert	0483
alien	1077
align	1520
allege	1210
allergy	1349
allied	0882
alongside	1200
alter	0101
alternate	1224
alternative	0270
altitude	0563
altogether	0497
amazing	1395
ambassador	1559

ambitious	1291
amend	1204
ample	1295
amuse	1333
analogy	1541
analyze	0121
anarchy	1154
ancestor	0442
annoy	0825
anthropologist	0675
antioxidant	0531
antique	0973
anxiety	0356
app	1039
apparently	0596
appearance	0178
appetite	0859
applaud	0802
appliance	0731
applicant	0674
application	0430
apprehension	1260
apprentice	1161
appropriate	0481
approve	0421
approximately	1099
aquatic	1574
archaeologist	0223
architect	0443
archive	1502
Arctic	0192
argument	0222
arise	0702
arouse	1422
arrangement	0830
arrogant	0581
artifact	1536
artificial	0274
ascend	1521
aside	0599
assault	1032
assert	1321
assess	1024
assignment	0236
assistance	0231
associate	0027
assumption	0751
asteroid	1463
athletics	0372
atmosphere	0061
attachment	0955
attain	1219
attempt	0046
attendance	0467
attentive	1388
attractive	0286
auditorium	0539
authentic	1075
authority	0059
automatic	0487
autonomous	1595
autopsy	1560
availability	1361
awareness	0447
awful	0682
awkward	1372

B

bachelor	0956
bait	1336
ballot	1252
ban	0079
bankrupt	1074
bare	0693
barely	0296
bargain	0404
barn	1063
barren	0780
barrier	0175
basement	0853
basis	0456
bay	1270
beforehand	0499
behavioral	0785
beneath	0299
beneficial	0186
betray	1205
beverage	0628
bewilder	1101
biased	0377
bid	1010
bill	0044
binding	1495
biographical	1184
biologist	0829
blame	0316
blast	1561
blaze	0757
blister	0957
blockade	0958
blow	0439
blurry	0983
boast	1025
bold	1596
bond	0732
boost	0112
botanical	1185
bounce	1132
boundary	0552
boundless	1581
brand	0333
breakup	1155
breed	0154
bribe	0803
brick	1269
bride	0951
briefly	0598
broad	0880
brochure	0465
browse	0406
brutal	1186
budget	0058
bug	0938
bulb	0248
bulky	0786
bullet	0860
bundle	1442
burden	1352
bureau	1133
burglar	1443
burial	0471
burst	1011
buzz	1423
bystander	0170

C

calculate	0417
camel	0530
candidate	0131
canyon	1444
capable	0279
capture	0701
cargo	0082
carve	0313
category	0349
cattle	0533
caution	1362
celebrity	0737
cell	0033
certainty	0943
certificate	1459
characteristic	0556
charitable	1089
chart	0659
chatter	1439
cheat	1220
checkup	0738
cheery	0988
chemical	0051
cherish	0720
chief	0392
chill	1524
cholesterol	0667
chore	1162
circuit	0733
circulation	0730
circumstance	0340
citizenship	0862
civil	0877
civilization	0172
claim	0003
classify	0215
clause	1540
cliff	0653
climatic	1083
closure	0564
clue	0560
clumsy	1273
clutch	1102
coalition	1036
coarse	1381
coastal	0395
coherent	1600
coincidence	1250
collaboration	0932
collapse	0317
colleague	0230
collision	1042
colonize	0307
combat	0502
command	1359
commendable	1187
commercial	0771
commission	0638
commit	0221
committee	0639
commute	0204
comparable	1091
compartment	0553
compel	0901
competence	1253
competitive	0196
complaint	0256
completion	1048
complex	0195

complicate	0707
compliment	1146
complimentary	0892
component	1243
compound	0565
comprehensive	0792
compress	1007
comprise	1310
conceal	0814
concede	1510
concentration	0850
concept	0325
concrete	1292
conditional	1171
condo	0959
conduct	0106
confer	1230
confess	1317
confident	0778
confine	0712
confirm	0123
conflict	0155
conform	0525
congestion	0437
conquest	1341
consent	0746
consequence	0429
consequently	0293
conservation	0361
conservative	1289
considerate	1179
consistent	0683
conspire	0916
constantly	0294
construct	0022
consult	0303
consume	0009
contaminate	1119
contemplate	1326
contemporary	1169
contempt	1368
content	0240
context	0752
continent	0462
continuously	0900
contract	0076
contradict	0411
contrast	0227
contribution	0436
controversy	0672
conventional	0681
converge	1424
convert	0416
convey	1216
convince	0314
cooperate	0605
coordinator	0654
copper	0468
coral	0572
cordial	1582
corporation	0262
correlation	1357
correspondence	1251
corrupt	1280
costly	0288
council	0234
counter	0026
counterfeit	1285
counterpart	0762
courtesy	1562
courthouse	0662

cove 0663
coverage 0450
cowardly 0989
coworker 0370
craft 0851
crave 1125
crawl 0510
creativity 0545
creature 0171
crew 0646
criminal 0057
crisis 0441
critic 0039
critical 0379
crucial 0874
cruel 1293
crust 0852
cuisine 1245
cumulative 1586
curb 1002
curious 0783
currency 0758
current 0084
curse 1038
curve 1525
custody 0764
cynical 1093

D

dairy 0396
daring 1064
deadly 0591
deal 0008
debt 0257
decade 0065
decay 0718
deceive 1221
decent 1178
deceptive 1577
decisive 1080
declare 0823
decline 0015
decode 1008
dedicate 1225
deduct 1425
deed 1563
defeat 0115
defensive 0795
define 0407
definitely 0593
deflate 1526
deflect 1303
deforestation 0434
degrade 1117
dehydration 1163
dejected 1496
delegate 1327
deliberately 1197
democratic 1288
demonstrate 0111
demote 1304
dense 0974
departure 0641
dependency 1134
depict 1315
deposit 0445
depression 0669
depth 0655
descendant 0630
description 0642
deserve 0409

designate 0813
desirable 0968
desperate 1188
despise 1305
despite 0297
destination 0241
destruction 1350
detach 1527
detain 0927
detect 0501
detention 1465
deteriorate 1325
determine 0104
detour 1246
developer 0729
devise 1503
devote 1324
diabetes 0247
diagram 0474
diameter 1549
dictate 1019
dictator 0952
diet 0031
digestive 0397
dimension 1533
diminish 1005
dioxide 1043
diploma 1050
direct 0107
dirt 0939
disabled 0585
disadvantaged 0864
discard 1103
discipline 1016
disclose 1127
discomfort 1135
disconnect 1426
discontent 1234
discourage 0122
discourse 1564
discrimination 0841
disguise 1001
disgust 0768
dismiss 1130
disorder 0532
dispatch 1202
disposal 1235
disprove 0509
dispute 0761
disregard 0815
disrupt 1120
distinct 0579
distinguish 0902
distract 0403
distress 1466
distribution 0848
district 0151
diversity 1266
divert 1121
division 0359
divorce 0344
dizzy 1286
dock 0664
domain 1369
domestic 0384
dominate 0706
donate 0201
doom 1030
dose 0164
doubtful 1472
downfall 1542
downturn 1150

dozen 0469
draft 0756
drag 1026
drain 0647
drastic 1170
drawback 1136
dread 0766
drone 0177
drought 0547
drown 0620
due 0089
dull 1489
dump 0213
durable 1180
duration 1445
duty 0323
dweller 1263
dye 1430

E

eager 0893
ease 0715
ecological 0998
ecologist 0374
economical 0975
economist 0133
ecosystem 0253
edge 0558
edible 0589
edition 0649
educator 0330
effective 0087
efficient 0575
eject 1312
elaborate 1579
election 0152
electrical 0875
element 0457
eligible 1396
eliminate 0016
elite 0879
elsewhere 0496
embassy 0179
embrace 1113
emerge 0405
emission 0147
empathy 1547
emphasize 0504
employment 0078
enable 0105
enact 0818
enclose 1528
encounter 0711
encouraging 0381
endangered 0493
endeavor 1226
endorse 0522
enforce 0217
engage 0305
enhance 0811
enlist 1104
enormous 0272
enroll 1115
ensure 0018
enterprise 1254
enthusiasm 1568
entire 0099
entrust 1433
epidemic 0781
equality 0229
equator 0965

equip 0905
equivalent 0870
era 0753
errand 1034
eruption 0140
escort 1213
essential 0090
establishment 0360
esteem 1468
estimate 0311
ethical 0887
evacuate 0518
evaluate 0220
eventually 0289
evidence 0045
evil 0394
evolution 0168
exaggerate 0205
exceed 0507
excel 1114
exceptional 0984
excerpt 1147
excessive 0772
exclusive 1177
executive 0148
exemption 1157
exert 0819
exhale 1514
exhausted 0966
exile 1236
existence 0444
exotic 1173
expand 0019
expectancy 0660
expel 1308
expense 0068
experienced 0478
experimental 1281
expertise 1049
expire 0809
exploration 0836
explosion 1256
export 0906
exposure 0438
extend 0126
external 0883
extinction 0544
extravagant 1189
extreme 0094

F

fabric 1041
fabricate 1208
facilitate 1214
facility 0034
factor 0049
faculty 1353
fade 0609
faint 1490
faith 1148
fake 0482
falsify 1313
famine 1257
fancy 0400
fare 1355
fasten 1518
fatal 0484
fate 1365
fatigue 1248
faulty 0787
favorable 1473

feast 1137
feature 0245
federal 0282
feeble 0694
fertile 0495
fetch 1529
fictional 0976
fictitious 1497
fierce 1373
figure 0127
filthy 1190
finance 0446
fine 0013
finite 0985
fire 0011
firm 0335
fit 0190
flaw 0742
flexible 0276
flu 0470
fluid 0760
foe 1237
folk 1480
forbid 1231
forge 1531
formation 0329
former 0278
formulate 1513
forthcoming 1166
fortune 1055
fossil 0225
foster 0511
foundation 0358
founder 0828
fountain 1446
fracture 1544
fragile 0576
fragment 1152
fragrance 1339
frankly 0898
frantic 1576
frequency 0367
friction 1035
frustrate 1222
fuel 0073
fulfill 1029
fund 0137
fundamental 1290
funeral 1440
furious 1481
fusion 1543

G

gaze 1522
gender 0668
general 0095
generate 0211
generous 1474
genetic 0187
genius 1447
genome 0060
gently 1198
genuine 1375
geological 0969
geometry 1264
germ 0537
glacier 1555
glance 0907
glide 0921
globalization 0464
gloomy 1377

☐ gossip	1427	☐ import	0318	☐ invalid	1399	☐ loyal	0398	☐ mutual	1385
☐ gracious	1498	☐ impose	1322	☐ invaluable	1086	☐ luxury	0232		
☐ gradual	0977	☐ impractical	0687	☐ invasion	0542			**N**	
☐ grain	0461	☐ impressive	0577	☐ invest	0023	**M**		☐ narrative	1159
☐ grant	0353	☐ improper	1282	☐ investigation	0551	☐ magnify	0513	☐ navigate	0424
☐ graphic	0650	☐ impulse	1565	☐ invisible	1398	☐ mainland	0165	☐ needle	1452
☐ grasp	1306	☐ inaccurate	1296	☐ invoice	0960	☐ mainstream	0480	☐ negotiate	0709
☐ grassland	1448	☐ inactive	0993	☐ involvement	0839	☐ maintenance	0328	☐ nerve	0750
☐ gratify	1516	☐ inadequate	1297	☐ ironic	1482	☐ makeup	0739	☐ nest	0827
☐ graze	1432	☐ inappropriate	1298	☐ irrational	1092	☐ mammal	0132	☐ nightmare	1553
☐ grief	1556	☐ incentive	0767	☐ irresistible	1494	☐ mandatory	0588	☐ nod	1232
☐ grind	1501	☐ incidence	0945	☐ irresponsible	1491	☐ man-made	0490	☐ nonetheless	0797
☐ grip	0615	☐ incident	0559	☐ isolated	0376	☐ manner	1356	☐ norm	1458
☐ gross	1167	☐ inclination	1366	☐ issue	0005	☐ manufacture	0203	☐ nosy	0698
☐ grumble	1122	☐ income	0053	☐ itinerary	1238	☐ marine	0680	☐ notably	0899
☐ guarantee	0212	☐ inconvenient	0994			☐ massive	1090	☐ noticeable	0873
☐ guidance	0644	☐ incorporate	1405	**J** **K**		☐ master	0843	☐ notify	0908
☐ gut	0528	☐ incredible	1084	☐ jail	0821	☐ maternity	0940	☐ notorious	1492
		☐ indefinite	1571	☐ janitor	0854	☐ mature	0685	☐ novel	0573
H		☐ independence	0835	☐ jar	1566	☐ maximize	1411	☐ nowhere	0661
☐ habitat	0138	☐ indicate	0017	☐ journal	0460	☐ mean	0571	☐ nuclear	0678
☐ halt	0724	☐ indifferent	1088	☐ junk	0640	☐ means	0453	☐ numerous	0093
☐ handout	0632	☐ industrial	0881	☐ justice	0837	☐ meantime	1436	☐ nutrient	0067
☐ harass	0512	☐ inequality	0842	☐ kidnap	0922	☐ measure	0063	☐ nutrition	0332
☐ harbor	0933	☐ inevitable	1081	☐ kidney	0331	☐ mechanical	0281	☐ nutritious	0485
☐ harmless	0889	☐ infant	0735	☐ knot	1461	☐ media	0052		
☐ harsh	0271	☐ infect	0414	☐ knowledgeable	0789	☐ mediate	1507	**O**	
☐ hasty	0784	☐ inferior	1294			☐ medication	0153	☐ oath	0534
☐ hazard	1255	☐ inflammation	0666	**L**		☐ medieval	1378	☐ obesity	0352
☐ headquarters	0463	☐ influx	1037	☐ labor	0246	☐ meditation	0962	☐ obey	0304
☐ heating	0536	☐ informative	1589	☐ landfill	0831	☐ Mediterranean	0691	☐ objective	1140
☐ hectic	0788	☐ infrastructure	0435	☐ landmark	1262	☐ mellow	1580	☐ obligation	0569
☐ heed	1105	☐ ingredient	0267	☐ landscape	0645	☐ memorable	1390	☐ oblige	1233
☐ heighten	0903	☐ inhabitant	0262	☐ last	0001	☐ menace	1545	☐ obscure	1175
☐ herd	1335	☐ inhale	0918	☐ latest	0277	☐ mercy	1537	☐ observer	0637
☐ heritage	0541	☐ inherent	1193	☐ latter	0885	☐ mere	0884	☐ obstacle	0432
☐ hesitant	0793	☐ inherit	1408	☐ launch	0721	☐ merely	1194	☐ obstruct	1314
☐ highlight	0505	☐ initial	0479	☐ lawn	0934	☐ merit	1437	☐ obtain	0024
☐ hinder	1511	☐ initiate	1215	☐ lawsuit	0451	☐ methodology	1441	☐ obvious	0776
☐ hollow	1475	☐ inject	1020	☐ layer	0354	☐ microbe	0627	☐ occasionally	0896
☐ honor	1403	☐ injury	0243	☐ leak	0820	☐ migrate	0120	☐ occupy	0608
☐ horizontal	1570	☐ inmate	1247	☐ lean	0621	☐ military	0088	☐ occur	0007
☐ horrible	0695	☐ innovation	0734	☐ leave	0526	☐ millennium	0844	☐ offensive	0578
☐ horrify	1505	☐ inquiry	0550	☐ leftover	1259	☐ mimic	1022	☐ offset	1009
☐ hospitality	1469	☐ insight	1340	☐ legacy	1470	☐ mine	0242	☐ omit	1207
☐ hostile	0189	☐ insistent	1575	☐ legally	0600	☐ mingle	1508	☐ ongoing	0865
☐ hover	0623	☐ inspection	0466	☐ legend	0538	☐ minimal	1073	☐ on-the-job	0986
☐ humanity	0838	☐ inspire	0309	☐ legislation	1062	☐ minimum	0072	☐ operate	0110
☐ humble	1382	☐ institution	0129	☐ legitimate	1279	☐ minister	0634	☐ oppose	0119
☐ hybrid	0555	☐ instruction	0543	☐ leisure	0961	☐ ministry	0665	☐ oppression	0931
☐ hydrogen	1138	☐ insurance	0077	☐ lengthy	0979	☐ minor	0193	☐ opt	1414
☐ hygiene	0930	☐ intact	0791	☐ lenient	1271	☐ misery	1557	☐ option	0037
		☐ intake	0448	☐ lessen	0202	☐ mislead	1413	☐ orbit	1044
I		☐ integral	1389	☐ liberate	1106	☐ misleading	0689	☐ organ	0038
☐ identify	0021	☐ integrate	1211	☐ lightning	0529	☐ mode	1451	☐ organism	0157
☐ ignition	1467	☐ intellectual	0391	☐ likelihood	0345	☐ moderate	1076	☐ organizer	1453
☐ illegal	0091	☐ intelligent	0779	☐ likewise	0500	☐ modernization	1139	☐ originate	0603
☐ illogical	1578	☐ intend	0124	☐ limited	0183	☐ modify	0523	☐ otherwise	0290
☐ illustrate	0710	☐ intense	0871	☐ literacy	1046	☐ moisture	0351	☐ outbreak	0233
☐ imaginary	0999	☐ intensive	1174	☐ literally	1095	☐ mold	0472	☐ outburst	1532
☐ imbalance	0944	☐ intentionally	0799	☐ litter	1014	☐ molecule	1435	☐ outcast	1346
☐ imitate	0917	☐ interact	0308	☐ livelihood	1051	☐ momentum	1550	☐ outcome	0562
☐ immeasurable	0990	☐ interfere	0826	☐ liver	0656	☐ monarch	1158	☐ outdated	1165
☐ immediate	0197	☐ intermediate	0699	☐ livestock	0346	☐ monitor	0114	☐ outline	0824
☐ immigrant	0135	☐ internal	1476	☐ load	0319	☐ monopoly	0657	☐ outnumber	1415
☐ immune	0092	☐ interpersonal	1477	☐ lodge	1506	☐ monument	0535	☐ outrageous	1277
☐ impaired	0991	☐ interpret	1323	☐ longevity	1450	☐ moral	0679	☐ outsider	0341
☐ impassable	0992	☐ interrupt	0624	☐ long-term	0191	☐ motive	1052	☐ outsource	0801
☐ implement	0703	☐ intersection	1153	☐ lottery	0244	☐ mud	0250	☐ outstanding	0590
☐ imply	0109	☐ interval	1449	☐ loudly	0894	☐ multiple	0378	☐ outweigh	1124
		☐ intimate	0978			☐ murder	0362		
		☐ intrigue	1227						

overall	0097	poverty	0056	radiation	0238	resilient	1573	sensitive	1071
overdo	0909	practical	0280	radical	0188	resist	0506	sensory	0399
overdue	1168	practice	0035	raid	0912	resolve	1406	sequel	1535
overestimate	0911	precede	1504	random	1079	resort	0601	serene	1191
overhaul	1334	precise	1085	range	0162	resource	0074	series	0834
overhear	0428	predator	0636	ransom	1338	respiratory	1599	servant	1455
overlap	1107	predict	0125	rash	0970	respondent	0740	session	0452
overlook	0219	preference	0260	ration	1142	restore	0306	setback	1546
overly	1094	pregnant	1484	raw	0488	restrain	1003	settlement	0343
overrate	0919	prejudice	0855	realistic	0888	restrict	0607	severe	0100
overtake	1012	premature	1387	reasonable	0583	resume	0716	sewage	0676
overthrow	1028	preparation	0861	rebel	0415	résumé	0249	shallow	0385
owe	0422	prescription	0322	rebound	1515	retail	0727	shame	0476
ownership	0357	presence	0363	recall	0913	retain	1013	shift	0265
		present	0010	recede	1329	retreat	1301	ship	0004
P		preserve	0118	reception	0369	retrieve	1116	shortage	0055
		presidential	0886	recession	1053	reunion	0652	shriek	1109
pale	1483	presume	1416	recipient	0264	reveal	0029	shrink	0719
paperwork	0629	pretend	0923	recognition	0673	revenue	1143	sibling	1567
paradox	0364	prevail	1311	reconcile	1118	revise	0606	signature	0953
participation	0440	prevalent	1392	reconstruct	1108	revive	0817	significant	0086
particle	0237	prevention	1363	recruit	0810	revolt	1302	simmer	0924
patch	0473	previously	0291	recurrent	1493	rewarding	1485	simplify	0914
pathway	0651	prey	0169	redeem	1309	riddle	1241	simultaneous	1591
peasant	1351	primarily	0798	reduction	0342	rigid	1380	sincerity	1342
peculiar	1374	primitive	0684	redundant	1386	riot	0150	sinister	1067
pedestrian	0935	principle	0833	reference	0568	ripe	1000	site	0032
peer	1434	priority	0239	refine	1417	risky	0194	skeleton	0180
penetrate	0524	prisoner	0365	reflect	1320	ritual	0570	skeptical	1278
per	0298	privilege	1156	reform	0822	rivalry	0744	slack	1383
perception	0763	problematic	0967	refugee	0261	roam	1023	slight	0489
perilous	1274	procedure	0071	refund	0160	robbery	0857	slope	1554
permanently	0796	proceed	0423	refusal	0845	root	0326	smash	1331
permission	0174	procession	0963	regard	0012	rotate	1006	smoothly	0897
perpetual	1181	proclaim	1530	region	0040	rotten	1400	sneak	0514
persecution	1239	productivity	0156	register	0028	roughly	0594	soak	0622
persistent	1276	profession	0748	regret	0604	routine	0557	soar	1228
personnel	0671	proficient	1182	regulation	0075	rubber	1462	socialize	0625
perspective	1060	profitable	0388	rehearsal	1454	ruin	0904	sociology	1456
perspire	1509	prohibit	1015	reinforce	1218	rural	0184	soil	0081
persuasive	1391	promotion	0254	reintroduce	0208	rust	0371	solid	0389
pessimistic	1597	prompt	1078	reject	0302			solitary	0971
petition	1337	propel	1328	related	0199	**S**		somehow	1195
petty	0592	property	0136	relatively	0292			sophisticated	0486
pharmacy	1552	proponent	0770	relay	1519	sacred	1486	soul	0375
phenomenon	0458	proportional	1590	relevant	0574	sacrifice	0749	sour	1584
physician	1059	propose	0315	reliable	0782	sanction	1344	spacious	0582
physics	1061	prospect	1438	relieve	0610	sane	1471	species	0030
pierce	0910	prosperity	0856	religious	0198	sanitation	1242	specific	0273
pile	1409	protective	0774	relocate	0508	satellite	0167	spectacle	1457
pillar	1370	protein	0134	reluctant	0777	satisfaction	0455	sphere	1345
pioneer	0454	protest	0116	remark	1404	savage	1587	spiritual	0492
pit	0946	prove	0113	remarkable	1072	saving	0143	spoil	0401
placement	0475	province	0769	reminder	0549	scale	0459	sponsor	1402
plague	1401	provoke	1123	remodel	0618	scan	0708	spontaneous	1283
plantation	0546	psychology	0251	remote	0380	scandal	1348	spot	0321
pledge	1517	publication	1240	removal	0561	scarce	0794	sprain	1110
plentiful	0690	publicity	0745	renew	0218	scatter	0521	stable	0383
plot	0348	puncture	0928	renovate	1410	scenic	0696	stale	0863
plural	1069	punish	0420	repay	1027	scheme	1047	stance	0759
political	0085	purchase	0006	repetitive	1598	scholarship	1144	standby	1265
poll	1141	pursue	0717	replacement	0633	scold	1332	staple	1478
pollute	0320			replicate	0804	scorn	1367	stare	1318
populate	1217	**Q** **R**		representative	0158	scrape	1330	starve	0612
port	0368			reproduce	0704	scratch	0613	static	1592
portray	1201	qualified	0268	reptile	1364	sculpture	0631	statistics	0336
pose	0503	quantity	0141	reputation	0224	seasonal	1583	status	0226
possession	0347	quarter	1360	requirement	0258	secretary	0355	steady	0393
post	0301	questionable	1164	reschedule	0209	secure	0775	steep	0876
postpone	0425	quota	1244	resent	1111	segment	1149	stem	0670
potential	0182	quote	1203	resident	0036	seize	0705	stereotype	0648
pottery	0235	racism	0936	resign	1129	sensation	1160	stern	1087

sticky	0494	surrender	0616	tighten	1421	unequal	1594	vomit	0808
stimulate	0402	surrounding	1054	tip	0338	uneven	0972	vote	0103
stir	1418	survival	0327	tissue	0527	unexpected	0285	voucher	0755
stock	0050	suspect	0206	token	1056	unfairly	0597	voyage	0373
storage	0334	sustain	1126	tolerant	1479	unfamiliar	0686	vulgar	1572
straightforward	0586	sustainable	1287	toll	0337	unfold	0926	vulnerable	0773
strain	0743	swallow	0426	toxic	0275	union	0324	
strangle	0929	swarm	1534	trace	1057	uniquely	1100	**W Y**
strategy	0149	sway	1407	tragic	1066	unite	0614	
stray	0515	sweep	1018	trait	0754	universal	0700	wage	0176
stream	0635	swell	0806	transaction	0736	unpleasant	0996	wander	1428
strengthen	0312	swift	1585	transfer	0014	unpredictable	0688	warehouse	0159
strictly	0498	sympathize	0920	transform	0725	unrest	0964	warranty	0858
striking	1068	symptom	0139	transmit	0713	unsafe	0692	waterfall	0166
strive	1419	syndrome	1464	transparent	1065	upbringing	1145	waver	1512
stroke	0941			transplant	0726	upcoming	1499	wealth	0548
stroll	0805	**T**		transportation	0128	update	0214	weapon	0066
structure	0069			treasure	1569	uphold	0807	weary	0869
struggle	0025	tactics	1354	treaty	0433	uproar	1249	weed	1358
stubborn	1272	tailor	0427	tremble	1316	urge	1021	welfare	0350
stumble	1004	tale	0942	tremendous	0390	urgent	0891	well-being	0741
sturdy	0866	tame	0587	trespass	1431	usage	0658	wheelchair	0477
subject	0064	tap	1268	trial	1045	utilize	0418	whereas	0300
subjective	1172	target	0117	tribe	0173			wholly	1098
submit	0602	tariff	1343	triple	0619	**V**		wicked	0997
subscription	0263	tax	0041	triumph	1539			widespread	0269
subsequently	1196	tease	1229	trivial	1384	vacant	0987	wilderness	0849
subsidize	1223	technically	1097	troop	1551	vaccine	0567	wildlife	0181
substantial	0584	tedious	1176	trunk	0832	vague	1300	willing	0386
substitute	0554	temper	1151	tuition	0161	valid	1192	wisdom	0950
subtle	1379	temporary	0580	tumble	1548	vehicle	0080	withdraw	0412
successor	1538	tempt	1128	twist	0617	venture	1058	wither	1206
suck	1429	tender	1371	typically	0295	venue	0765	withstand	0723
sue	0310	tense	0790			verbal	0868	witness	0449
sufferer	0146	termite	0626	**U**		verify	0519	witty	0982
sufficient	0287	terrific	1487			vessel	0266	workforce	0259
summit	0937	territory	0144	ultimate	0980	via	1199	workout	0431
summon	1307	testament	0954	unauthorized	0867	vice	1460	workplace	0228
superior	0387	testimony	1033	unaware	1393	vicious	1397	worsen	0516
superstitious	0995	texture	0947	uncertain	1299	victim	0163	worthwhile	1394
supervisor	0643	thaw	0925	unconditional	1284	victorious	0981	wound	0846
supplementary	0697	theft	0130	uncover	1412	vigorous	1376	wreck	1261
supply	0054	theory	0048	underestimate	1212	violate	1209	wrinkle	0915
suppress	0611	therapy	0540	undergo	0410	virtually	0595	yield	1017
supreme	0878	threat	0145	undergraduate	0949	virus	0043	
surgeon	0366	thrill	1420	underground	0382	visibility	1040	
surpass	1131	thrive	1112	underlying	0890	vital	1070	
surplus	0566	thumb	0948	uneasy	1593	voluntarily	1096	

熟語編

A

□account for ~	1601
□accuse A of B	1602
□act on ~	1603
□act out ~	1604
□add up to ~	1605
□adhere to ~	1606
□air out ~	1607
□all but	1608
□allow for ~	1609
□answer for ~	1610
□aspire to do	1611
□attribute A to B	1612

B

□back down	1613
□back off	1614
□back up ~	1615
□bank on ~	1616
□be committed to ~	1617
□be destined to do	1618
□(be) free of ~	1619
□be obsessed with ~	1620
□be subject to ~	1621
□blast off	1622
□blow up	1623
□bounce back	1624
□branch off	1625
□break away from ~	1626
□break down	1627
□break off ~	1628
□break out	1629
□bring about ~	1630
□bring down ~	1631
□bring off ~	1632
□bring on ~	1633
□bring out ~	1634
□bump into ~	1635
□burn out ~	1636
□by means of ~	1637

C

□call for ~	1638
□call off ~	1639
□call on ~	1640
□carry away ~	1641
□carry through ~	1642
□catch up on ~	1643
□check off ~	1644
□chip in	1645
□clean out ~	1646
□clear out ~	1647
□clear up (~)	1648
□close in (on ~)	1649
□come after ~	1650
□come before ~	1651
□come down to ~	1652
□come down with ~	1653
□come into ~	1654
□come off	1655
□come through	1656
□comply with ~	1657
□contribute to ~	1658
□cope with ~	1659
□count for ~	1660
□count on ~	1661
□cover for ~	1662

□cover up ~	1663
□crack up	1664
□cross out ~	1665
□cut back (on ~)	1666
□cut down (on ~)	1667
□cut in (on ~)	1668

D E

□deal in ~	1669
□deprive A of B	1670
□die down	1671
□die out	1672
□dispose of ~	1673
□do away with ~	1674
□drag on	1675
□drag out ~	1676
□draw on ~	1677
□draw up ~	1678
□dream up ~	1679
□drive off ~	1680
□drive up ~	1681
□drop back (to ~)	1682
□drop out (of ~)	1683
□ease into ~	1684
□eat up ~	1685
□embark on ~	1686
□endear A to B	1687
□even up ~	1688

F

□face off	1689
□fall away	1690
□fall back on ~	1691
□fall for ~	1692
□fall off	1693
□fall on ~	1694
□fall through	1695
□fall under ~	1696
□feel for ~	1697
□figure out ~	1698
□fill out ~	1699
□fire up ~	1700
□fit into ~	1701
□fix up ~	1702
□for all ~	1703
□for the time being	1704
□force down ~	1705
□free up ~	1706
□frown on ~	1707

G

□gear up ~	1708
□get around (~)	1709
□get around to doing	1710
□get away with ~	1711
□get by	1712
□get down to ~	1713
□get in on ~	1714
□get into ~	1715
□get on with ~	1716
□give away ~	1717
□give in (to ~)	1718
□give off ~	1719
□give A over to B	1720
□give rise to ~	1721
□go back on ~	1722
□go for ~	1723
□grow into ~	1724
□grow on ~	1725

□grow out of ~	1726

H

□hand down ~	1727
□hand off ~	1728
□hand out A (to B)	1729
□hang around (~)	1730
□hang on	1731
□hang up ~	1732
□head off (~)	1733
□head out	1734
□hold back ~	1735
□hold off ~	1736
□hold out (~)	1737
□hold over ~	1738

I J K

□in a row	1739
□in favor of ~	1740
□in response to ~	1741
□in terms of ~	1742
□in the event of ~	1743
□in vain	1744
□jump at ~	1745
□keep track of ~	1746
□keep up with ~	1747
□kick around ~	1748
□kick in	1749
□kick off A (with B)	1750
□kick A out (of B)	1751
□knock down ~	1752

L

□lay into ~	1753
□lay off ~	1754
□leave off (~)	1755
□let alone ~	1756
□let down ~	1757
□let out ~	1758
□let up	1759
□level off	1760
□lift off	1761
□live up to ~	1762
□lock in ~	1763
□look down on ~	1764

M N O

□make (both) ends meet	1765
□make do with ~	1766
□make it	1767
□make out (~)	1768
□make over ~	1769
□mark down ~	1770
□mark out ~	1771
□miss out on ~	1772
□narrow down ~	1773
□on a ~ basis	1774
□on behalf of A	1775
□on the contrary	1776
□on the spot	1777
□on the verge of ~	1778
□over the hump	1779
□owing to ~	1780

P

□pack up	1781
□pass for ~	1782

☐ pass off *A* (as *B*)	1783	
☐ pass *A* on (to *B*)	1784	
☐ pass out	1785	
☐ pay off ~	1786	
☐ phase out ~	1787	
☐ pick over ~	1788	
☐ pick through ~	1789	
☐ pile up	1790	
☐ pin down ~	1791	
☐ play down ~	1792	
☐ play out (~)	1793	
☐ play up ~	1794	
☐ point to ~	1795	
☐ pull back (~)	1796	
☐ pull in ~	1797	
☐ pull off ~	1798	
☐ pull through ~	1799	
☐ push for ~	1800	
☐ push through ~	1801	
☐ put down ~	1802	
☐ put forth ~	1803	
☐ put forward ~	1804	
☐ put in ~	1805	
☐ put *A* through (to *B*)	1806	

R

☐ read off ~	1807	
☐ refrain from *doing*	1808	
☐ regardless of ~	1809	
☐ roll in (~)	1810	
☐ roll up ~	1811	
☐ round off ~	1812	
☐ round up ~	1813	
☐ rule out ~	1814	
☐ run against ~	1815	
☐ run down ~	1816	
☐ run through ~	1817	

S

☐ scoop up ~	1818	
☐ scratch out ~	1819	
☐ see about ~	1820	

☐ see *A* off	1821	
☐ see through ~	1822	
☐ sell out	1823	
☐ send for ~	1824	
☐ send out for ~	1825	
☐ set aside ~	1826	
☐ set down ~	1827	
☐ set in	1828	
☐ set off (~)	1829	
☐ set out to *do*	1830	
☐ set up ~	1831	
☐ settle down	1832	
☐ settle up (with ~)	1833	
☐ shake up ~	1834	
☐ show off (~)	1835	
☐ show up	1836	
☐ sign up for ~	1837	
☐ single out ~	1838	
☐ sink in	1839	
☐ sit back	1840	
☐ sit by	1841	
☐ sit in	1842	
☐ skim over ~	1843	
☐ slip by	1844	
☐ smooth over ~	1845	
☐ speak for ~	1846	
☐ split up (~)	1847	
☐ spring from ~	1848	
☐ spring up	1849	
☐ stand down (as ~)	1850	
☐ stand for ~	1851	
☐ stand up to ~	1852	
☐ stay off ~	1853	
☐ step down	1854	
☐ stick around	1855	
☐ stick to ~	1856	
☐ stick up for ~	1857	
☐ stick with ~	1858	
☐ stir in ~	1859	
☐ stir up ~	1860	
☐ sum up ~	1861	

T

☐ take in ~	1862	
☐ take on ~	1863	
☐ take over ~	1864	
☐ take up ~	1865	
☐ talk down to ~	1866	
☐ talk *A* into *doing*	1867	
☐ talk up ~	1868	
☐ tear down ~	1869	
☐ tell on ~	1870	
☐ the other way around	1871	
☐ throw off ~	1872	
☐ throw up (~)	1873	
☐ tidy up ~	1874	
☐ tie up ~	1875	
☐ tip over ~	1876	
☐ touch up ~	1877	
☐ track down ~	1878	
☐ trip up (*A*)	1879	
☐ try out ~	1880	
☐ tune in (to ~)	1881	
☐ tune up (~)	1882	
☐ turn around (~)	1883	
☐ turn away ~	1884	
☐ turn in (~)	1885	
☐ turn out	1886	
☐ turn to ~	1887	

W

☐ walk off with ~	1888	
☐ wander off	1889	
☐ want for ~	1890	
☐ wash away ~	1891	
☐ wash down ~	1892	
☐ watch over ~	1893	
☐ wear off	1894	
☐ wear out ~	1895	
☐ weigh on ~	1896	
☐ win over ~	1897	
☐ wipe out ~	1898	
☐ work out ~	1899	
☐ wrap up ~	1900	

旺文社の英検®書

☆ 一発合格したいなら「全問＋パス単」！
旺文社が自信を持っておすすめする王道の組み合わせです。

過去問集 過去問で出題傾向をしっかりつかむ！
英検®過去6回全問題集 1〜5級
音声アプリ対応　音声ダウンロード　別売CDあり

単熟語集 過去問を徹底分析した「でる順」！
英検®でる順パス単 1〜5級
音声アプリ対応　音声ダウンロード

模試 本番形式の予想問題で総仕上げ！
7日間完成 英検®予想問題ドリル 1〜5級
CD付　音声アプリ対応

参考書 申し込みから面接まで英検のすべてがわかる！
英検®総合対策教本 1〜5級
CD付

問題集 大問ごとに一次試験を集中攻略！
DAILY英検®集中ゼミ 1〜5級
CD付

二次対策 動画で面接をリアルに体験！
英検®二次試験・面接完全予想問題 1〜3級
DVD＋CD付　音声アプリ対応

このほかにも多数のラインナップを揃えております。

 旺文社の英検®合格ナビゲーター
https://eiken.obunsha.co.jp/
英検合格を目指す方のためのウェブサイト。
試験情報や級別学習法, おすすめの英検書を紹介しています。

※英検®は、公益財団法人 日本英語検定協会の登録商標です。

株式会社 旺文社
〒162-8680 東京都新宿区横寺町55
https://www.obunsha.co.jp/

 Obunsha

［英検準1級 でる順パス単 書き覚えノート 改訂版］　S3m123